数字化转型

企业破局的34个锦囊

[美] 加里·奥布莱恩（Gary O'Brien）
[中] 郭晓（Xiao Guo）
[美] 迈克·梅森（Mike Mason）著

刘传湘 张岳 曹志强 译

Beijing · Boston · Farnham · Sebastopol · Tokyo

O'Reilly Media, Inc. 授权机械工业出版社出版

机械工业出版社

图书在版编目（CIP）数据

数字化转型：企业破局的 34 个锦囊 /（美）加里·奥布莱恩（Gary O'Brien），郭晓，（美）迈克·梅森（Mike Mason）著；刘传湘，张岳，曹志强译 . --北京：机械工业出版社，2021.1（2021.5 重印）

书名原文：Digital Transformation Game Plan: 34 Tenets for Masterfully Merging Technology and Business

ISBN 978-7-111-66962-3

I. ①数… II. ①加… ②郭… ③迈… ④刘… ⑤张… ⑥曹… III. ①企业管理 – 数字化 – 研究 IV. ① F272.7

中国版本图书馆 CIP 数据核字（2021）第 024554 号

北京市版权局著作权合同登记

图字：01-2020-1656 号

封底无防伪标均为盗版
本书法律顾问
北京大成律师事务所 韩光 / 邹晓东

书　　名 / 数字化转型：企业破局的 34 个锦囊

书　　号 / ISBN 978-7-111-66962-3

责任编辑 / 孙榕舒

封面设计 / Randy Comer，张健

出版发行 / 机械工业出版社

地　　址 / 北京市西城区百万庄大街 22 号（邮政编码 100037）

印　　刷 / 北京文昌阁彩色印刷有限责任公司

开　　本 / 147 毫米 ×210 毫米　32 开本　10.625 印张

版　　次 / 2021 年 2 月第 1 版　2021 年 5 月第 3 次印刷

定　　价 / 79.00 元（册）

客服电话：(010) 88361066　88379833　68326294
华章网站：www.hzbook.com
投稿热线：(010) 88379604
读者信箱：hzit@hzbook.com

O'Reilly Media, Inc.介绍

O'Reilly以"分享创新知识、改变世界"为己任。40多年来我们一直向企业、个人提供成功所必需之技能及思想，激励他们创新并做得更好。

O'Reilly业务的核心是独特的专家及创新者网络，众多专家及创新者通过我们分享知识。我们的在线学习（Online Learning）平台提供独家的直播培训、图书及视频，使客户更容易获取业务成功所需的专业知识。几十年来O'Reilly图书一直被视为学习开创未来之技术的权威资料。我们每年举办的诸多会议是活跃的技术聚会场所，来自各领域的专业人士在此建立联系，讨论最佳实践并发现可能影响技术行业未来的新趋势。

我们的客户渴望做出推动世界前进的创新之举，我们希望能助他们一臂之力。

业界评论

"O'Reilly Radar博客有口皆碑。"

——Wired

"O'Reilly凭借一系列非凡想法（真希望当初我也想到了）建立了数百万美元的业务。"

——Business 2.0

"O'Reilly Conference是聚集关键思想领袖的绝对典范。"

——CRN

"一本O'Reilly的书就代表一个有用、有前途、需要学习的主题。"

——Irish Times

"Tim是位特立独行的商人，他不光放眼于最长远、最广阔的领域，并且切实地按照Yogi Berra的建议去做了：'如果你在路上遇到岔路口，那就走小路。'回顾过去，Tim似乎每一次都选择了小路，而且有几次都是一闪即逝的机会，尽管大路也不错。"

——Linux Journal

中文版序

2020 年是中国"十四五"规划的编制之年，这份规划是开启现代化建设新局面的五年规划。把握这样一个历史契机，讨论企业数字化转型的规划是十分适时的。作为本书的作者之一，能够在这个时刻通过本书和大家分享我们的一些观察，我感到非常荣幸。

通过 ThoughtWorks 这家全球科技服务公司的平台，我们见证了当下数字化时代中的许多优秀企业，从全球知名的亚马逊、微软，到崛起于中国的阿里、腾讯。追寻这些企业的共同特质，定义现代数字化业务的能力，是我们一直努力的方向。毫无疑问，在一个瞬息万变的商业时代，从能力视角出发，任何企业想要面面俱到或是预测未来，都是不可能的。

于是我们采取了更为务实的做法。三位作者分别从不同的视角去审视这个时代下企业需要具备的核心能力。我的两位合著者是全球知名的组织和技术战略顾问，而我则每天关注着 ThoughtWorks 这家国际企业和我们所服务的全球知名企业的技术与战略需求。虽然我们三人过去几十年的职业背景各不相同，但在达成企业需要什么样的数字化能力上却有着高度的共识——科技将重塑这个世界的商业！

过去十年，科技驱动的商业颠覆不断在我们身边上演。十年前，我们需要为每一次出行做详细计划；而今天，带上一部智能手机，就可以走遍中国。十年的时间让我们对诞生于硅谷的共享经济模式习以为常。纵观全球，这样的颠覆还在加速，科技的进步影响着越来越多的传统行业，比如，大数据和人工智能技术的应用就已经深刻地改变了全球制造业。

和很多企业家一样，在埋头于各种日常运营决策时，我也会时常感到紧迫。虽然 ThoughtWorks 是一家具备科技基因的企业，但商业颠覆在科技服务行业更为敏捷，新的竞争可能从意想不到的层面展开。所以我希望能够有一些随时提醒自己的"锦囊"，让我在日常管理之余可以去思考数字化以及徐徐展开的第四次工业革命，关注需要持续构建哪些组织能力，时刻提醒自己那些关乎企业未来生死存亡但当下看似不紧急的重要事务。比如本书 34 个锦囊中的"分类投资组合，平衡投资优先级"，会督促我频繁地审视企业的投资，动态调整，兼顾近期财务健康和远期公司发展。

我相信，这种对日趋加快的数字化的紧迫感也存在于很多企业家的脑海中。既然 ThoughtWorks 有这么多年的数字化咨询和自我实践经验，为什么不把我们的观察思考总结出来，进行分享，并借着本书系统地梳理一下自己在数字化企业治理方面的思考呢？于是我找到了自己经常合作探讨企业数字化转型，并且有着深厚实践背景的两位同事，在工作之余，讨论、总结、书写，最终形成了这本关于探索数字化转型路径的拙作。对我来说，这本书既是一面镜子，帮助我自省每一个商业决策，也是一个机会，帮助我把这些思考分享给更多的企业决策者，创造更多交流和碰撞的机会。

本书在翻译成中文版时，正值全球新冠肺炎疫情暴发。在应对全球社会危机时，我们同样看到了科技的力量。ThoughtWorks 全球各地的团队快速建立了远程协作机制，不少地区携手当地合作伙伴推出了创新性的线上服务，我们持续的组织变革也迈向了"线上化"。这些举措让我切身感受到了企业接下来所面临的数字化"新常态"。

最后，我要感谢 ThoughtWorks 全球数以千计的员工，大家共同打造了这样一个开放平台，并真诚地向我提出了非常多的关于日常管理工作的反馈和建议，让我能够有机会去体会数字化时代的林林总总。和很多企业家一样，我坚信数字化企业必然是更加平等和包容的，而企业的平台也必将开放给每一位有着创新精神的伙伴。

郭晓

ThoughtWorks 全球 CEO

2020 年 7 月

译者序

在进行本书的翻译工作时，正值全球新冠肺炎疫情暴发，这让我们有了整块的时间去思考。企业数字化转型的必要性和紧迫性不言而喻，疫情过后也无须再做更多的铺垫了。

十多年的转型咨询经历，让我有机会设计和参与了不同路径的组织转型。有从团队到产品，再到整个组织的"稳步渐进式"转型，也有一开始就从组织整体下手的"破釜沉舟式"转型，同样有经历过从部分流程（比如创新和产品化启动）开始，最后完成全面替代的"绞杀式"转型。

在翻开本书之前，我也期望能针对数字化转型，找到一套系统化的统一框架或者套路，以便帮助企业快速规划自己的转型之路。然而，不确定性是我们必须要面临的挑战，针对具体的商业上下文，很难有确定的转型方法和套路。这两种思维的冲突，是我在翻译过程中感触最深的。具体的转型过程中，在明确的转型目标牵引下，业务的各个组成部分都要随着外界变化而快速响应。

本书对我触动最大的有三点。第一，唯一不变的是从客户视角出发，只有"客户共情"才能真正把握一个产品和服务的未来。数字化转型也需要把从客户出发提升到战略高度。第二，必须贯彻执行数据驱动。互联网给我们带来了诸如"海盗模型"（AARRR）的思考，我们看到类似招商银行这样的传统企业都已经把用户月活（MAU）作为北极星指标，并取得了非常不错的商业收益，这正是本书提出的"先见性指标"重要性的展现。第三，技术和业务的逐步融合。身处技术日新月异的时代，我们必须建立技术思维，利用技术使能业务的发展。只有通过技术重塑业务，我们的业务才能快速响应市场变化，成就市场的差异化竞争优势。

本书结尾总结了 34 条转型策略，犹如 34 个"锦囊"，希望为大家在探索数字化转型的道路上提供指南。

很荣幸参与本书的翻译，同时感谢共译的同事张岳和曹志强。我们在翻译的过程中发生了很多次碰撞，也学到了很多，希望本书中文版出版后能够吸引更多的志同道合者。

刘传湘
2020 年 7 月

目录

第二部分 数据驱动决策，打造 高响应力组织

序言

变化、变化、变化。我在这个行业已经工作 50 多年了，专家们一直都在谈论变化，以及需要快速做出响应。下一个 10 年会有所不同吗？我投"不同"一票。《第四次工业革命：转型的力量》一书的作者克劳斯·施瓦布（Klaus Schwab）似乎同意我的观点：

> 当前（技术）突破的速度是史无前例的。与以往的工业革命相比，第四次工业革命正以指数级速度而不是线性步伐向前发展。此外，它正在颠覆所有国家的各行各业。这么广泛而深入的变化预示着整个生产、管理和治理系统都将面临转型。[注1]

施瓦布认为，这次工业革命经历了四个时代：

- 机械生产时代
- 科学和大规模生产时代
- 数字革命时代
- 技术转型时代

每次工业革命都给企业、政府和其他机构带来了重大颠覆。我们能从这些颠覆中学到什么呢？首先，颠覆式的变化是经常发生

注 1：Schwab, Klaus. "The Fourth Industrial Revolution: What It Means, How to Respond." *World Economic Forum*, January 14, 2016.

的，而且通常发生得很快。许多机构都无法经受住这种变化。机构的生存与发展不仅需要适应外界变化，通常还需要一点运气。正如本书作者所言："标准普尔500指数成分股企业中约一半将在未来10年被取代。"因此，我们得到一个假设，即50%的组织在未来10年内将不再领先（也可能无法生存下去）。那怎样才能使企业进入50%的成功梯队呢？

领导者需要真正地思考企业在未来5到10年所面临的变化的速度，并考虑如何响应。在这个颠覆性变革的时代，成功不会来自局部的微调，而将来自企业与组织赖以生存的各个方面的巨大调整。加里·奥布莱恩（Gary O'Brien）、郭晓和迈克·梅森（Mike Mason）在本书中为我们提供了他们根据经验得出的分析、思考与洞察。

作者指出了企业在这个新工业革命时代需要拥抱的三个领域，并提供了实现领先所需的战略和工具。第一，组织需要迅速转变为以客户价值为导向。第二，组织需要成为能为客户交付价值的具有高响应力的敏捷组织。第三，组织需要将技术融入每个成员的核心竞争力中。

当今的企业通常以忽视客户价值为代价来增加股东价值。亚马逊（Amazon）就是一个逆潮流而动的公司。杰夫·贝佐斯（Jeff Bezos）从一开始就不按常理出牌：不要担心竞争对手、短期目标或华尔街，要注重客户服务和长远发展。尽管以客户为中心已经成为商业箴言，但诸如ROI和股东价值等传统的财务指标仍然主导着管理层的决策；理解和度量客户价值并决定如何计算它往往被留给营销部门。这些发展了几十年的业务流程、实践、组织架构、财务事项以及其他支持内部职能的事物，都不是以外部客户的视角来运作的。创建一个可以持续交付客户价值的高响应力敏捷组织，要求领导者检视传统的职能和层级结构，并使业务与客户价值流保持一致。当今经济全球化的复杂性和相互关联的本质，意味着必须简化商业模式以及组织运作方式。本书作者提供了关于如何完成这些事情的原则、指导方针和行动方案，同时明智地避免去提倡具体的组织架构形式。正如他们所说，每个行业和企业都是不同的，打造高响应力企业所需的各个模块，其流畅程度对于某个组织来说都是独特的。为了找到这种独特性，他们提出了一种学习和适应企业特定需求的精益切片方法。不要试图复制别人的方法——即使是亚马逊的，因为这并不可行。他们建议使用核心支柱创建自己独特的数字化转型方法。

数字化转型的第三个领域是技术，它既是颠覆性的来源，也能为组织提供适应这种颠覆性的能力。多年来，技术主要用于支撑业务职能，从制造业到金融业都是如此。如今，技术，尤其是软件，已经变为产品的核心。不仅仅是技术人员，组织中的每个人都需要将技术知识融入他们的核心能力中。本书为如何达成这一里程碑式的目标提供了实用性策略——再次通过精益切片方法——来为应对可持续增长与变化奠定基础。

我们正处于经济史的一个转折点，如何应对从"前数字化时代"到"数字化时代"的转变？对于组织度量成功的标准、组织架构、向技术转型的方法，是到处填补漏洞，还是持续进行变革？你能响应变化并为竞争对手创造变化吗？如果想要破解未来迷宫的地图，那么本书是一个非常不错的起点。

Jim Highsmith
ThoughtWorks 执行顾问
《EDGE：价值驱动的数字化转型》合著者
《敏捷项目管理：快速交付创新产品》作者

前言

数字化已经深入我们的日常生活。起床后，你会通过智能手表检查睡眠质量，向 Alexa 询问天气情况；出家门之前，在移动 APP 上订购星巴克咖啡；在优步（Uber）上叫车去上班；在 Spotify 上听音乐。这还不包括花在电子邮件、Twitter 和 Facebook 等数字社交媒体上的时间。

2018 年 9 月 17 日，美国芝加哥市中心一幢办公楼里的一家零售店开张了，主要出售零食和即食主食。走进商店时，你在旋转门处扫描手机上的二维码；买完东西后，可以直接走出去，而不用找收银员结账。事实上，商店里根本没有收银员。你的账户会自动为你拿走的商品付费。

商店如何知道你从货架上拿了哪些商品？当走进商店的那一刻，一个由摄像机和传感器组成的网络就开始捕捉你的购物行为。这些不是我们通常在商店里看到的简单的安全摄像头——它们包含计算机视觉系统、重量传感器、运动传感器、射频识别（RFID）标签。当你从架子上取下一个三明治并把它放进包里时，与这个动作相关的各种数字足迹将被收集起来并发送给系统。人工智能和深度学习处理这些数据，识别三明治，并将其添加到你的虚拟购物车中。当你改变主意，把三明治放回货架上时，系统会自动识别并将其从虚拟购物车中移除。

这家店就是亚马逊 Go——下一代无现金零售店。亚马逊宣布，到 2021 年，它将开设 3000 家这样的商店，人们无须再排队结账。

数字化不仅影响着我们的日常生活，还对企业产生了广泛而深远的影响。2007 年，全球市值排名前十的企业依次是埃克森美孚、通用电气、微软、中国工商银行、花旗集团、美国电话电报公司、荷兰皇家壳牌、美国银行、中国石油和中国移动。而 2017 年，排名前十的分别是苹果、谷歌母公司（Alphabet）、微软、脸书、亚马逊、伯克希尔哈撒韦公司（Berkshire Hathaway）、阿里巴巴、腾讯、强生和埃克森美孚，其中除了三家以外，其余全是科技企业。不仅仅是大企业，美国信息技术企业在 MSCI（摩根士丹利资本国际）市值中所占的份额从 2007 年的 15% 上升到 2017 年的 25%。

2016 年的一项研究显示：1965 年，标准普尔 500 指数成分股企业的平均生命周期为 33 年；1990 年，缩短到 20 年；到 2026 年，预计只有 14 年。在此背景下，这意味着标准普尔 500 指数成分股企业中约一半将在未来 10 年被取代。数字技术对金融行业产生了深远影响。Isobar 和 alpha-DNA 在 2018 年 7 月的《Topline 报告》中发布的数字实力指数（DSI）指出，DSI 前 10% 的企业"下一年的收入为 +14.5%，而后 10% 的企业为 −7.8%。在过去五年的季度预测中，排名前 10% 的企业有 65% 的时间超出了预期；排名后 10% 的企业只有 52.7%"。该报告断言："数字化落后者的长期影响是毁灭性的，三年内股东价值将损失 14.9%，而且这种损失还会随着时间的推移而增加。"

鉴于行业与社会的波动如此之大，领导团队也面临着有史以来最大的压力，需要提出新的企业战略去应对外界变化。

随着技术变革的加速和更具有颠覆性，它成为 2016 年达沃斯世界经济论坛（WEF）年会"掌控第四次工业革命"的一个主题。世界经济论坛的创始人克劳斯·施瓦布教授就这个话题出版了一本书，名为《第四次工业革命：转型的力量》（Currency 出版社）。他认为：毫无疑问，21 世纪初正在见证一系列具有重要历史意义的经济变化，其特征是更普遍的移动互联网化，性能更强大的传感器变得更小且更加便宜，以及人工智能和机器学习的应用。

我们以前也看到过技术变革，这一轮数字技术变革又有什么特别之处，为什么能与以往的工业革命相提并论？一个最根本的关键区别就是变革的速度。

数字技术正在推动这种颠覆发生，而数字技术本身也在以指数级的速度发展。摩尔定律在过去几十年中已经得到验证，它预言集成电路中的晶体管数量约每两年翻一番。这个简单的指数增长具有强大的威力。有一个印度国王和智者的故事：作为赢得国际象棋对局的奖励，智者要求国王把一粒米放在棋盘的第一个格子里，随后每个格子中米的数量翻一倍。结果到第 64 个格子为止，国王将不得不放入总共超过 18 000 000 000 000 000 000 粒米，大约 2100 亿吨，把这些大米铺在整个印度大陆上能达到 3 英尺^{编注1} 高。

芯片中晶体管数量的变化与上述情况类似：从 20 世纪 70 年代的每个芯片几千个发展到 21 世纪前 10 年的每个芯片几十亿个。一些人认为，指数增长是有极限的（否则，我们将在未来 50 年里让整个宇宙充满晶体管）。他们也许是对的，我们现在可能会看到晶体管数量增长的尽头，但是指数增长曲线并不仅仅局限于每个芯片上的晶体管，也可以在其他技术进步中体现，其中一些只是刚刚开始。例如，我们观察到网络带宽的改善和成本的下降呈类似的指数轨迹；云计算成本下降，传感器的计算能力继续提升，制造成本也在以类似的方式下降。这些基础工程能力的进步，推动了大数据、物联网（IoT）、人工智能、混合现实（增强现实和虚拟现实）的爆炸式发展。这些指数曲线相互叠加，形成复合增长曲线。

数字技术发展并没有放慢到线性轨迹，而是继续以指数方式加速，以至于现在可以"以思想的速度"完成的事情的数量在不断增加，企业智能化的速度正在成为一个关键的成功因素。这意味着我们在金融服务、零售、旅游和媒体行业观察到的数字化颠覆不会放缓。对这些行业的影响将更加深入，并将继续扩展到医疗保健、制

编注 1：1 英尺 = 0.3048 米。

造业、汽车和所有其他行业。例如，现在可以使用代码描述科学试验，并让远程机器复制或验证科学试验。

技术的指数增长给企业带来了三大挑战：

- 面对显著提升的客户期望，企业如何持续响应客户变化。

- 在快速变化和充满不确定性的时代，企业如何频繁探寻新的竞争性优势。

- 对于大量涌现的新技术，企业如何洞察与投资技术以重构业务。

数字化转型就是要应对这些挑战。以同样的方式更快地完成工作，或者以更便宜的价格销售同样的产品，这不仅仅是一次技术革新，还是一次业务转型，应该使整个组织转变思考、协作和工作的方式。我们应该准备好用技术重构业务并重新开始，而不是自动化现有流程或将数字技术嵌入现有产品中。我们应该准备好重新思考我们的业务：可以为客户提供哪些价值，以及如何利用数字技术提供这些价值。尽管答案刚开始可能不明确，但领导者应该明确利用现代数字技术力量的方式，从根本上重新设计业务以释放改进或创新的能量。

数字化转型的最终状态不仅是更多的流程和业务的数字化，更是思考和行为方式的转变，即学习如何倾听和响应，以及持续改进。数字化转型不是在一个个领域"应用数字化"，并期望它在组织的当前环境下存活下来。实际上，数字化转型没有最终状态，也许更应该说是数字化演进，而不是数字化转型。

对于企业来说，速度和响应能力是新的战场，看似大家都在努力解决同样的问题，但问题的上下文不同，因此没有灵丹妙药或银弹。解决问题的关键还是归结为识别和洞察不同信息以及解决独特约束的能力。

本书试图真实地展示企业在第四次工业革命时代所面对的挑

战。根据我们与各种组织密切合作进行数字化转型的经验，我们将学习内容分为三个主要领域：

- 在客户期望不断提高的时代，如何重新调整业务和运营架构以更加关注客户价值。

- 如何建立一个响应更快、更敏捷的组织来应对速度和模糊性问题。

- 如何将下一代技术能力作为核心差异化优势。

针对这三个领域，我们提供了 34 个锦囊，这将有助于组织成功地踏上数字化转型之路。每一章都有一个"关键点"小节，其中包含两个相关锦囊。完整的锦囊列表见最后一章。

数字技术将改变企业及行业合作和竞争，以及整个社会共同生活和工作的方式。对于处于全球和社会变革中的领导者而言，数字化并不是一个轻快的变革计划。这是一场旷日持久的战役，有许多战斗阶段。这条路充满了进步和挫折、胜利和失败、动力和惯性、突破和曲折。对于即将开始或正处于艰难旅程中的领导者，我们希望这些观点能促使大家思考，成为大家的有用参考。

O'Reilly 在线学习平台（O'Reilly Online Learning）

O'REILLY® 近 40 年来，O'Reilly Media 致力于提供技术和商业培训、知识和卓越见解，来帮助众多公司取得成功。

我们拥有独一无二的专家和创新者组成的庞大网络，他们通过图书、文章、会议和我们的在线学习平台分享他们的知识和经验。O'Reilly 的在线学习平台允许你按需访问现场培训课程、深入的学习路径、交互式编程环境，以及 O'Reilly 和 200 多家其他出版商提供的大量教材和视频资源。想要获得更多信息，请访问 *http:// oreilly.com*。

如何联系我们

对于本书，如果有任何意见或疑问，请按照以下地址联系本书出版商。

美国：

O'Reilly Media, Inc.
1005 Gravenstein Highway North
Sebastopol，CA 95472

中国：

北京市西城区西直门南大街 2 号成铭大厦 C 座 807 室（100035）
奥莱利技术咨询（北京）有限公司

本书配套网站 *https://oreil.ly/digi-trsfmn-game-plan* 上列出了勘误表、示例以及其他信息。

要询问技术问题或对本书提出建议，请发送电子邮件至
bookquestions@oreilly.com。

关于书籍、课程、会议和新闻的更多信息，请访问我们的网站：
http://www.oreilly.com
http://www.oreilly.com.cn

我们在 Facebook 上的地址：*http://facebook.com/oreilly*
我们在 Twitter 上的地址：*http://twitter.com/oreillymedia*
我们在 YouTube 上的地址：*http://www.youtube.com/oreillymedia*

致谢

首先，感谢 ThoughtWorks 的同事们阅读了早期的草稿并提供了宝贵的反馈，他们是：Brandon Byars、Ange Ferguson、Martin Fowler、Rachel Laycock、Jonny Leroy、Chris Murphy、Jonathan Pangrazio、Rebecca Parsons、David Robinson、Jonny Schneider 和 Sue Visic。他们在真实世界的数字化转型领域有着令人难以置信的广泛且多样的经

验，这让我们得以从更多的视角去思考，而不是局限于最初的想法。他们的故事、思考和见解为本书增加了色彩和深度。

特别感谢 Martin Fowler 关于将写作作为一种超越内容本身的技艺的建议。谢谢你帮助我们开始这段旅程。

我们真诚地感谢业内同行对终稿的仔细审阅，特别是 Rick Freedman、Jim Highsmith、Dave McKeown 和 Xavier Paz。他们的宝贵意见、批评和建议使我们能够对内容的流程、信息的重点以及与不同类型观点的相关性进行反思。谢谢你，Jim! 谢谢你的全面审查和精彩的序言。

我们要感谢 O'Reilly 的每一个人，感谢他们为这个项目提供了绿色通道，并相信我们的书与其他关于数字化转型的书有足够的区别。非常感谢 Kristen Brown、Melissa Duffield、Bob Russell、Katherine Tozer，尤其是付出长期努力的开发编辑 Alicia Young，她提供了重要的见解和建议，帮助塑造了本书。

Gary O'Brien 寄语：

我要感谢那些帮助我完成从我的脑海中清除这些想法的治疗之旅的人。郭晓，谢谢你逼我去做一些我认为自己做不到的事情。Mike，谢谢你在整个过程中给我讲道理。感谢我的妻子 Nicki 和我的孩子 Jayden、Taylor 和 Emilie，感谢他们的支持、耐心和热情使我坚持不懈。我还要感谢我有幸共事过的那些主管，感谢他们的坦率、信任、自信、激情和耐心——友谊的建立和痛苦的分享。最后，感谢我的同事和我一起登上了转型的"过山车"，并享受了这趟旅程，特别是 Sue Visic，她比大多数人更能忍受这一切。

郭晓寄语：

我要感谢妻子郝丹，感谢你在我最需要的时候给予我的耐心和鼓励。没有你的支持，我不可能完成这个艰巨的项目。Gary 和 Mike，感谢你们愿意在你们的才华和智慧之上妥协和共同创造。我想不出还有什么比在这样具有挑战性的任务中合作更愉快的了。

Mike Mason 寄语：

我要感谢我的合作作者，感谢他们无限的精力和热情。从事任何类型的写作项目都是令人气馁的——尤其是一本关于数字化转型这样困难主题的书——但是他们的奉献精神和勤奋努力为整个工作创造了一个不可思议的支柱。Gary 和郭晓，谢谢你们带领我一起前进！

第一部分

面向客户成效，满足客户不断提升的期望

> 使用数字技术来显著提升客户体验……需要对组织进行激进的手术。
>
> ——Peter Weill，MIT-CISR 主席

数字化转型是对业务和技术的重新定义，不能独立谈论技术趋势或业务趋势。数字化转型不是模糊技术与业务之间的界限，而是使用新技术重新为客户提供价值，是技术重构业务，使得业务和技术完全融合。为了在数字化时代真正蓬勃发展，企业需要致力于持续演进和战略性创新，快速响应市场机会和变化。然而，实际上却很少有组织可以做到这一点。

成功取决于采取行动的勇气。组织能否通过重新确定并衡量为客户提供的价值简化商业模式（工作如何在组织中流动）？组织需要把自己和客户价值绑定在一起，这样可以增加反馈循环并快速适应变化。组织能否创建一种从上到下的精益切片模型，通过充分调整当前运营中的约束，保证可持续的数字化转型？当组织能够创建透明信息和度量指标、快速学习和验证想法、持续调整方法的优先级和规模化有效的方法时，答案自然能浮出水面。

本书首先介绍如何简化商业模式——将客户价值放在商业模式和战略的中心。

第 1 章

简化商业模式

在探讨简化商业模式之前，企业管理层应该考虑如何以数字技术重构业务，以及为何把客户价值作为未来业务战略的中心，而不是其他因素，例如收入和盈利能力。在本章中，我们将讨论为什么业务战略的中心应该是为客户创造价值，以及如何通过向客户交付价值来简化商业模式。

1.1 股东利益与客户价值

过去三十年，股东利益最大化是最具影响力的管理理论；换句话说，企业应该最大限度地回报股东利益。理论上，管理团队与股东利益应该保持一致，但是还是导致了一些有害的行为。例如，通过将股票价格与薪资挂钩，一些企业领导者更专注于股票价格而不是业务的健康经营，多达 80% 的经理愿意削减研发支出以达到目标。股东利益最大化与追求短期利润之间有了密切的联系。

股东利益的缺点

我们曾经帮助一家大型金融机构进行数字化转型，我们遇到了以下情况：该银行在一些分支机构安装更多的 ATM。当我们追问原因时，一位经理解释说这些分支机构的人工柜台客户流量比其他分支机构的高。人工柜台过多会导致分支机构的运营成本升高。分支机构的运营成本是银行的主要盈利指标和管理者关键绩效指标。安装更多的 ATM 可以产生更多的机器客户流量，因此有利于银行的盈利。

我们想检验这个假设，因此在几个分支机构进行试验和用户研究。我们发现，尽管 ATM 的使用率有所提高，但一些消费者仍然更愿意与柜员交谈。对于这些客户来说，与真实的人接触的信任感和舒适感比交易的便利性和速度更为重要。当我们深挖这些现象（与经理交谈）时，经理给出了一个有趣的建议："我们需要更好地设计空间，让客户先发现 ATM 而不是人工柜台。也许这会让他们使用 ATM。"

我们提出了异议："为什么？这不是客户想要的。"

经理回答道："这对企业有利，我们需要减少分支机构的运营支出。"

有趣的是，即使是在股东利益最大化的时代，GE 首席执行官（1981～2001）杰克·韦尔奇（Jack Welch）对股东利益最大化的批评也被广泛引用。他在 2009 年接受英国《金融时报》采访时说："股东利益是世界上最愚蠢的想法。"以下是他接受记者（他的妻子苏西·韦尔奇（Suzy Welch））采访时的回答：

> 在一个关于资本主义未来的采访中，我被问到对"股东利益作为一种战略"的看法。我的答复是，这是一个愚蠢的想法。股东利益是成效——而不是战略……股东利益是结果，而不是战略……你的主要服务对象是员工、客户和产品。

在 20 世纪 80 年代初期，为了应对商业模式的持续增长与组织的复杂性，股东利益最大化原则被放大，组织需要创造一个统一的目标。在快速变化的时代，随着业务的不断扩展和复杂化，不断扩大的产品供应、地理边界和合作伙伴关系可能变得很难理解。股东利益填补了业务宗旨的空白，往往掩盖了本应保留在中心位置的**客**

户价值创造力——组织存在的原因。彼得·德鲁克早在 1973 年就说过："业务的目的是创造客户。"

专注于为客户提供价值是实现商业目标的关键，也是简化商业模式的指南。以下是一些重点：

- 它为员工提供了更好、更充实的目标感。

- 相比以内部为中心和以自我为中心的组织，它使组织更具弹性。

- 带来更高的客户满意度、更强劲的增长、更高的生产力和更高的员工满意度。

数字技术趋势并不是改革的基本动力——社会和客户才是。组织层级结构和财务模式加剧转型的难度。数字技术只是通过提供数字化工具和能力来加速转型。数字化创新是业务战略改造的完美手段。就像在 20 世纪 80 年代困扰整个行业的主要问题，面对快速变化的数字化世界，许多企业发现自己过于复杂和官僚主义，无法快速地做出响应，更不用说顺应潮流通过创新取得成功。

我们从各种数字化转型案例中得到的教训是，它不仅仅关于技术问题，最重要的是关于业务战略。要想加速并更具有响应力和创新性，不仅需要自动化现有流程或创建新渠道以与客户互动，还需要更深入地研究业务战略和商业模式，转换组织的目的，形成从内部目标到客户价值的简化商业模式。

创造客户价值是业务战略和重新塑造商业模式的中心，短期或长期的盈利能力是由此产生的战略结果。获利水平应该被视为投资者或债权人对业务的约束，但不应是业务目的。亚马逊将大部分利润投入了为客户创造价值并增长销售额的业务。尽管盈利水平有差异，但亚马逊在 2018 年仍然成为第二家达到一万亿美元的企业，仅比苹果公司晚几个月。

杰夫·贝佐斯在 1997 年致股东的创始信中写道：

> 我们认为，衡量我们成功的基本标准将是市场领导地

位。市场领导地位越高，我们的经济实力就越强。市场领导地位可以直接转化为更高的收入、更高的盈利能力、更高的资金流动速度以及相应更大的投资资本回报率。

亚马逊将客户放在第一位，而不是"短期盈利或华尔街的反应"。

1.2 确定组织的简化模式

虽然简化的商业模式前景诱人，但对传统企业仍具有非常大的挑战。传统企业已经围绕组织层级结构和财务模式优化了数十年。现在要实施简化的商业模式主要存在以下障碍：

- 难以定义和度量客户价值，数字技术很难驱动持续改进。

- 在业务战略和技术上的转型工作既昂贵又复杂，大规模转型难以执行。

- 现有的组织架构、预算和思维方式会成为障碍，需要转型引擎和执行规范，使得价值能从组织传达给客户。

- 围绕职能和系统构建的部门或团队，其目标与客户成效不一致。

- 缺乏可见性和透明度，难以促进和鼓励真正有意义的变革。

- 领导者需要坚守转型路线的勇气，并为可持续变革做出必要的转变。

为了移除这些障碍、更加以客户为中心，需要调整和简化商业模式，我们在这里先简要介绍以下五个方面，随后第一部分的其他章节将提供更深入的信息以及付诸实践的策略。

1. 客户价值洞见

要踏上简化商业模式之旅，首先要把业务存在的原因和给客户带来的价值放到组织战略中来考虑。对于一家银行来说，简单讲，战略就是帮助人们获得财务增长。将此目的转化为一系列中期成效，帮助组织集中每个人的精力——如同箭头后面的箭杆。成效的数量并不需要太多，我们与之合作的几家大企业，最终都将其收敛到大约 20 个关键客户成效。

不要只关注提供的商品和服务,还要关注这些商品和服务对客户的影响——客户看到的价值。尽管数字技术通过提供更多工具来帮助你了解客户的想法及其看重的价值,但更关键的是,数字技术能帮助重塑客户所看到的价值。技术正在改变一切,客户价值也会改变。我们正在进入过渡性价值的新时代。内心的平静、控制感和最终的个性化正在成为衡量客户价值的新维度,我们将在第 2 章中介绍。

2. 精益切片方法

我们强烈建议采用渐进的方法来推动成效实现,而不是设计一个瀑布式的转型计划以"大爆炸"的方式改变整个组织。针对每个成效建立指标,组建跨职能的转型团队,集思广益。这样可以使得一线执行员工、领域专家、客户和合作伙伴都参与进来。轻量级的试验和演进将帮助你快速提炼有益的想法。

当开始验证这些想法时,你将遇到诸如投资周期和组织架构之类的组织约束。精益切片方法会更容易揭示这些组织约束,并将其影响最小化。

由于学习成本,前几个精益切片往往需要更长的时间。经过三到四个精益切片之后,持续交付价值,通过成效指标和成功经验建立起良好的推动力。组织约束将更加可视化,其中一些得到解决,使得新兴的业务和运营架构浮现出来,因此将变革推广到整个组织也变得容易得多。

第 3 章将更深入地探讨此概念,展示为什么精益切片方法会随着每个新切片而加速发展,以及为什么此方法是组织变革的一个很好的起点。

3. 成功的度量指标

度量指标定义了转型的内容。如果主要指标是收入和利润,它将向整个组织传达一个信号,那就是组织最在乎财务指标。如果不改变成功的度量指标，以客户为中心的战略就很难实施。简单来说，客户价值就是从产品或服务中获得的目标达成，这是客户来找你的原因。利益是组织获得的回报。虽然收入和利润是业务的重要指标，但更重要的是客户价值带来收益，而不是收益带来价值。

可以轻松地跟踪和报告"产出指标"，例如完成的工作和活动的数量，但很难衡量客户价值和成效。然而"难以衡量"并不应该成为纯粹关注组织利益和可量化虚荣指标的借口。

第 4 章将介绍适当的价值度量策略，以度量客户成效和组织改进。该章还将展示如何避免更传统的、以个人为中心的度量（例如关键绩效指标（KPI）的陷阱。

4. 工作目标对齐

使组织、团队、架构、决策和资金与客户成效保持一致，说起来容易做起来难。当重新设计小型组织时，这是非常有意义的。而对于大型组织而言，现有的结构和管理体系将积极地与之抗衡。第 5 章将展示级联模型如何把战略核心的客户成效分解为可由较小的团队实施的可检验举措。

第 5 章还将探讨像 EDGE[注1] 这样的轻量级治理和优先级排序模型如何帮助连接和对齐所有工作流，以确保在高价值项目上取得成效，同时允许团队以快速循环方式进行试验、创新和交付。

5. 透明与可视化

可视化信息雷达中的可视元素和警示，便于所有人了解信息。对于高管和领导者而言，建立一张清晰且可视化的日常工作与成效对应的地图，有助于制订和调整战略性业务决策。对于团队来说，进度、产出及其与业务成效对应的直观展示，使试验、学习和试点工作具有明确的方向和成就感。第 6 章将探讨可视化与透明如何帮助创建一个安全的环境，在该环境中，对话以事实为中心，决策不

注 1：Jim Highsmith et al., *EDGE: Value-Driven Digital Transformation* (Addison-Wesley, 2019).

受个人偏见的影响。

对于重新调整和简化以客户价值及客户成效为中心的业务战略，以上五个原则至关重要。这并不意味着它们是转型之旅的实施路线图。这是一个逻辑顺序，旨在帮助你了解这些领域之间的联系和依存关系。我们已经看到，每个企业面临着不同的挑战和机遇，组织会根据其利弊以不同顺序专注于这些领域。在第一部分的其余章节中，我们将通过更多示例和详细信息深入探讨这五个原则。

1.3 关键点

本章要点：

- 简化业务战略，以客户价值而不是内部利益为中心，将通过提高透明度和可视化来改进决策。

- 关注以下五个相关联的领域，逐步调整组织和业务架构，使其更加以客户为中心：

  - 以客户成效为成功导向。

  - 使用精益切片方法。

  - 明确度量的对象和目的。

  - 将工作目标和团队目标与客户成效保持一致。

  - 建立透明且可视化的系统。

两个锦囊：

- 通过聚焦客户，简化商业模式：讨论本章介绍的"简化的商业模式"涉及的五个领域，以及这些领域在组织内的现状。

- 倡导客户价值，构建业务战略：围绕客户价值并使用客户语言来构建业务战略。

第 2 章

洞察客户价值

客户价值是数字化转型的基础和起点。首先你要理解价值对客户意味着什么，这将帮助你明确如何重新设计组织。但是客户价值的定义比大多数人所想的要模糊得多。

我们有幸在一家大型电信公司的呼叫中心旁听了几个客户的售后电话。客户询问他们的服务器是否已能连上网络。操作员抬头查看系统中交换机上的连接，并做出肯定回答。片刻之后，客户换种方式重复说："我要开车四个小时到达目的地。如果到达那儿后无法连接到互联网，我必须开车回来再完成工作。那么，这时我的服务器是否已能连网？"在这种情况下，客户所重视的不是系统是否认为交换机上的连接已打开：考虑到往返八个小时的车程，客户重视他是否可以从特定位置访问互联网。关键是要通过客户的视角看清价值。

存在两种不同视角的客户价值：企业认为其正在交付给客户的价值（在这个例子中，是建立互联网连接的能力）；客户期望和感知到的"后果"，即他的成效。组织根据客户成效来定义客户价值的能力，将在很大程度上决定数字化转型的成功与否。以此定义的价值是一个不断变化的目标，数字技术在其中扮演着重要角色，既可以通过客户的视角更好地探索和理解价值，也可以改变客户对价值的看法。本章将介绍如何通过关注客户成效来实现目标。

2.1 关注客户成效

在基于客户成效的简化商业模式的概念上构建整个组织的战略绝非易事。在工业时代，许多成功的企业专注于商品和服务——提供更多的功能、更好的质量和更低的成本。

不管数字技术是否进步，围绕客户价值对组织和战略进行回顾、评估和调整的需求总是存在的。数字化变革并没有创建新概念，而是促使组织快速采用这种方法。

最近，一个在线房地产网站开始招聘抵押贷款经纪人。客户习惯了用在线房地产网站搜索房屋，有时将其作为首选的房屋交易市场接触途径，而非中介机构。对于世界各地的主要房地产网站，注册用户数和每月访问用户数使其跻身排名最高的网站之列。网站通过在房屋搜索过程中收集的数据，很容易洞察客户购买房屋的下一步是抵押贷款。

抛开抵押贷款，房屋交易也是一个漫长的旅程，涉及许多不同的产品和服务提供商，其中包括保险、天然气、电力、垃圾回收、搬家等。数字技术使获得、签约甚至整合这些服务变得前所未有地便利。凭借数字化能力，企业在专注于更高层次的战略和目标时，更容易洞察出为客户增加价值的新服务。

这不仅仅是市场营销技巧或产品营销技巧，还是商业模式和运营方式的真正转变。有时，通过内部投资和转型推动将关注点转移到客户价值上。喷气发动机制造商劳斯莱斯（Rolls-Royce）和剃须刀生产商吉列（Gillette）有一个共同点：零部件销售和维修业务。吉列以较低的利润销售剃须刀架（甚至有时免费赠送），大部分利润通过可替换剃须刀片获得。同样，劳斯莱斯以较低的利润销售喷气发动机，通过维修和服务合同获得收益。

发动机非常昂贵，并且需要非常专业的领域知识来维修，以致大多数银行不愿意为购买喷气发动机提供贷款。尽管劳斯莱斯不是第一个把零部件销售和维修服务作为核心商业模式的公司，但却是第一个将售后服务水平推向极致的公司。除了最基本的安全性之外，飞机所有者或航空公司最关心的是发动机是否平稳运转和费用的可预测性。任何意外的故障都可能导致航班延误、数百名乘客等待、高昂的航班变更成本。它们希望维修时间越少越好，同时希望发动机能提供更多的平稳运行时间。那么，为什么不使商业模式与此保持一致，即销售"平稳运行时间"而不是零部件和维修服务呢？这种模式与航空公司的利益非常吻合：与收入（载客的飞行）相关的可预测费用。

新型数字技术的出现使企业向这种商业模式过渡。装有传感器的喷气发动机就像一棵装饰好的圣诞树，有的发动机已经有超过5000个传感器，每秒可生成超过 10 GB 的数据。劳斯莱斯通过在存储、计算能力、分析工具和算法方面的改进，可以经常分析这些数据，预测发动机的维修需求，并在适当的时间安排维修。飞行中的实时分析工具甚至能够诊断和检测飞行中的潜在问题，维修人员甚至可以在飞机降落之前就准备好维修程序，从而减少航班延误，延长飞机的使用时间。

劳斯莱斯位于英国德比的全球运营中心里摆满了大屏幕监视器，显示了数十个图表和可视化信息雷达，24 小时不间断地播放实时信息。这个数字枢纽成为劳斯莱斯新的竞争优势，推动其为客户创造价值。如今，劳斯莱斯 80%的喷气发动机使用"平稳运行时间"的销售模式。

外部趋势正推动一些行业将重心转移到客户价值上。福特汽车（Ford Motor Company）是其中最成功的公司之一。亨利·福特（Henry Ford）和同行没有将汽车视为昂贵的玩具，而是将其视为远距离的大众运输工具。正是便宜和高质量使得汽车为大多数人使用。从那时起，"销售更多汽车"一直是福特和其他大多数汽车制造商的业务战略中心。大多数成功的业务战略都是围绕为客户生产价格合理的汽车而建立的。

电动汽车生产商特斯拉（Tesla）的崛起，开启了内燃机"消亡"

的倒计时。但是，整个汽车行业的商业模式和价值创造并不会受到电动汽车的根本性挑战。除了在电池和底盘设计方面的工程创新外，特斯拉与传统汽车公司有着更明显的区别。特斯拉不仅将汽车视为可以安装许多软件的硬件，还将其视为带有硬件载体的软件。在现代的数字化时代，软件升级通常在远程完成，无须带计算机去商店升级软件版本。特斯拉采用这种方式，第一个通过远程方式升级"汽车操作系统"（固件）。与传统的召回方式相比，这种方式使企业可以频繁地升级软件版本。凭借数字化思维，特斯拉同样第一个为商用汽车提供了半自动驾驶技术。

特斯拉是制造全自动驾驶汽车的公司之一。苹果、谷歌、优步和许多其他初创企业都加入了制造全自动驾驶汽车的竞赛。这给传统汽车制造商带来了很多担忧。有人一定会问：在全自动驾驶汽车时代，人们为什么仍要拥有汽车？优步、滴滴等平台提供的叫车服务使得整个运输价值链正在被重塑。汽车制造商在这个新的数字化世界中的定位是什么？拥有大量客户关系和客户数据的数字化创新者正在把汽车制造商简化为硬件分包商。

对于汽车制造商而言，这既是挑战，也是机遇。汽车制造商接受了这一挑战，正在调整其业务战略。与仅拥有汽车的目标相比，大多数汽车制造商着眼于更高的客户目标和目的：汽车出行。戴姆勒（Daimler）网站中的"我们的战略"部分写道：

> 作为汽车制造领导者，我们的目标是成为领先的出行服务提供商。

戴姆勒希望进军出行服务领域，而不仅仅是汽车制造。为了执行该战略，除了核心汽车制造业务，戴姆勒开始建立更多的出行领域部门，收购了 mytaxi（类似于优步和滴滴的叫车软件）公司，投资了 car2go（类似于 Zipcar 的共享汽车服务公司）。戴姆勒还成立了 Moovel，该公司提供综合出行服务，通过分析剩余座位、价格、交通拥堵等信息，为用户提供最佳的交通选择。这些投资提供了新的机会，使得戴姆勒可以为客户创造新的价值，开拓新的市场。新的数字技术和平台正在创造这些新的机会，让汽车制造商转换传统战略。

许多大型汽车制造企业也正在经历类似的旅程。通用汽车创立了 Maven 以参与汽车共享领域的竞争，还投资了 Lyft 以涉足叫车服务领域。福特汽车在 2018 年收购了更多出行企业，调整了组织架构，来向车主提供更广泛的出行产品和服务。

考虑到福特汽车的传统战略"汽车是远距离的大众运输工具"的初衷，看到小比尔·福特（Bill Ford, Jr.）激动而不是沮丧地拥抱新的模式，或许就不那么令人惊讶了。

不仅是银行业和汽车业，数字技术正迫使各行各业重新审视客户价值。众所周知，一些国家的医疗保健行业要么价格昂贵，要么效率低下，或者两者兼而有之。数字化企业进入这个市场，是因为它们知道人们真正想要的是身体健康，而不是治疗疾病的药物和医药费。健康的生活方式可以有效预防某些疾病，大大减少对药物和去医院就诊的需求。这迫使医疗保健行业更加注重通过预防性产品和服务而不仅仅是治疗性产品和服务保持健康的价值。

数字技术不仅颠覆行业，还帮助企业更好地了解客户如何看待其提供的价值。围绕对客户成效的良好理解制订战略，以客户成效作为交付价值的度量。数字技术可帮助组织更好地洞察客户成效，正在创造达成客户成效的新方式。在本章的最后，我们将提出一些有关如何了解行业和商业的建议，方便企业设计和达成最佳客户成效。

2.2 技术对客户价值和期望的影响

传统上，大多数企业自认为向客户交付的都是有价值的产品和服务，往往忽略了客户使用这些产品和服务所得到的结果是否满足客户的期望。从客户的视角看待价值会随着环境和场景的不同而不同，也更加个性化、更难表达。

在数字技术流行之前，营销团队就依靠焦点小组，通过访谈和调查收集客户需求。新的技术和数字理念（如触达、移动、用户界面、云计算、算法等）的出现，正在使企业加深对客户的理解，从而拓宽通过线下和数字化渠道向客户提供的商品和服务的范围。技术驱动的初创企业正持续挖掘未被满足的客户需求和满足成效的新方法；现有企业通过持续演进和度量客户数据与成效，利用技术将业务扩展到邻近的市场或行业。

数字技术为我们提供了收集数据以及通过数据洞察出客户期望的新方式：

尽可能建立一个单独的、完整的客户视图

组织一直都有大量的客户数据——个人信息、交易信息、通信地址以及与售前和售后的交互信息，但是传统数据的最大问题是数据散落在各种遗留系统中，造成了重复、碎片化和不一致。在过去的 20 年中，许多企业投资建立了客户管理（CRM）系统，通过创建单个数据库，提供每个客户的完整视图，使得产品团队、销售团队和服务团队可以通过分析这些数据，洞察客户的行为和需求。

尽可能链接更多的外部数据源

Facebook 有超过 10 亿活跃用户，Twitter 每月大约有 3.3 亿活跃用户，Snapchat 大约有 2 亿活跃用户。这些社交媒体每小时、每分钟都会产生大量数据。关于这些数据的所有权和隐私问题，人们仍在进行辩论，这确实是一个非常重要的话题。该讨论超出了本书的范围，我们强烈建议对这个话题感兴趣的人阅读 *Mining the Social Web*（O'Reilly）一书，该书对此问题进行了明确阐述。尽管如此，社交媒体已成为客户数据的新的重要来源，展示出了此前大多数企业都无法获得的有关客户行为、目标和期望的不同洞察。

尽可能从数据中学习

廉价的计算能力和新的算法（如机器学习技术）带来了全新的数据挖掘和数据分析工具。机器比人更易在海量数据中找到线索。通过研究客户的购买行为，零售商可以更容易地识别出一位年轻女士是否怀孕（根据其突然购买无香乳液和维生素）。

尽可能获得实时数据并分析

价格更低、性能更好的传感器被嵌入各种可穿戴设备（比如手镯、鞋子和衣服）。这些设备与手机一起提供了大量的实时数据，包括位置、语音、运动、体温等。优秀的机器学习算法甚至可以对日历或社交媒体等其他客户数据进行实时分析并推断出有意义的上下文。例如，推断出当前的活动、周围环境，以及人的情绪和压力水平。通过对这些实时数据进行建模和分析获得的洞察，催生了新的服务和产品。

我们使用"尽可能"一词，是因为各个行业和企业之间的发展分布不均。尽管如此，大多数企业都在构建工具和能力以便更好地理解客户。

数字技术也提高了客户的期望，改变了客户对价值的看法。接下来将介绍一些具体的价值。

2.2.1 内心平和的价值

联邦快递（FedEx）的创始人弗雷德·史密斯（Fred Smith）曾说过："很早以前，我们就知道包裹的状态信息与包裹本身一样重要。"[注1] 在 20 世纪 70 年代，联邦快递是第一个在每个商品上贴上计算机可识别序列号的公司，其目的是跟踪并改善包裹处理流程。这种方式的效果非常好，快递行业由此诞生了跟踪包裹的依据——快递单号。

联邦快递意识到，跟踪信息不仅对企业很重要，对于发送包裹的人可能也很重要，因此其决定建立系统来向客户提供实时信息。在互联网普及以前，客户可以致电联邦快递询问包裹的位置。通过信息透明化，减少了客户对不确定性的焦虑感。如果知道包裹的状态信息，客户就会安心且感到高兴。这种体验，即情感体验，对客户而言是非常有价值的。如今，实时状态跟踪已成为快递行业的标

注 1：Fred Smith, "Continuous innovation fuels FedEx success", FedEx, September 8, 2015.

准服务。客户对快递公司的要求也逐渐提高。

对于等待大学录取通知书的客户来说，内心的平和同样很重要。在等比萨送达的 15 分钟内，内心的平和对客户很重要吗？答案是肯定的。随着智能手机、移动互联网和 GPS 技术的广泛应用，比萨配送公司只要投入适量资金就可以建立数字化能力，让客户通过手机实时跟踪比萨的物流信息。事实证明，客户喜欢美味的比萨，也喜欢它的物流轨迹。

在航空业，航班中转、延误及取消和行李丢失使乘客感到困扰和不满的情况非常常见。数字化和自动化正在缩短重新预订航班所需的时间。延误导致的重新预订甚至可以在延误飞机着陆之前完成，同时这些信息将在第一时间被自动推送给客户。想象一下，当延误飞机降落时，乘客从打开手机的那一刻起，就可以获得新的转机信息。现在，越来越多的航空公司为旅客提供从值机柜台到行李提取转盘的实时信息，都是为了创造更好的旅行体验，让客户放心。借助数字技术，航空公司除了增加飞机座椅间的腿部空间和热毛巾外，还可以有更多的方式来提升客户满意度。

客户在等待联邦快递包裹的同时，也会等待其他公司的快递。客户会进行服务对比，在得到内心平和的体验后，他们的期望会升高——除了产品和服务本身，还需要更好的交付体验。整个快递行业都会受到影响。

2.2.2 掌控感的价值

长久以来，心理学家一直在研究人类内心深处的潜意识，他们认为，人类的一种本能是通过控制环境获得期望的结果。掌控的感觉不仅是一种期望，也是心理上的需要。如今在消费品和零售领域，产品经理和体验设计师更注重让客户来选择和控制。

数字技术可以让客户获得更高的控制权。比如，客户在购买产品之前，会通过互联网了解产品功能、性能、价格、售后支持（基本上包含产品所有信息），同时与不同的品牌进行比较。购买的渠道也很多，比如线上购买、商店购买、自提或者快递到家。收到货物后，可以通过在线视频获取使用说明，通过与售后团队在线聊天获取帮助或解决问题，或者使用自助服务诊断工具。如果真的对产品不满意，还可以通过快递退回产品。

丰富的信息、更多的选择和决定权使大多数客户感到满意。人们对其他行业中的掌控感也有了更高的期望。医疗保健行业是受到较大冲击的行业之一。在数字技术普及之前，大多数人习惯了在医疗保健系统中被告知应该做什么。如今，许多体检机构、保险公司、医生和医院都开始使用数字技术为患者提供更多信息、更多选择和更多掌控的权利。患者就诊的每个环节和接触点都被重新设计，从预约、就诊信息、准备就诊或治疗，到数字化自我监控工具、远程诊断和虚拟医生。可穿戴技术也将进一步增强人们对自身健康状况的管理，以至于甚至"不需要"参与医疗保健系统。

美国一家医院的 CIO 强调，必须改变思维方式——仅仅拥有最好的医生和医疗设备是不够的，还要将患者视为消费者。患者就医、治疗、与医生交流及在医院内的体验与治疗结果一样重要。在当今的数字化世界，人们（无论是消费者还是患者）都知道什么是良好的体验，并据此做出相应的选择。数字技术既是这种转变的原因，也是解决方案。

2.2.3 个性化的价值

在 20 世纪 80 年代长大的一代人，应该会记得看电视的"老方法"：提前浏览电视节目排期，在节目开始前坐在电视机前等待，或者不断切换频道去发现有趣的节目。如今这种"一刀切"式的方法已不再适用。

互联网对跨平台搜索与信息整合的支持促成的按需定制流媒体服务，正在颠覆内容传播行业。如今，奈飞（Netflix）等流媒体企业意识到，要想使客户满意，不仅要通过互联网播放流媒体内容，更重要的是去发现客户最喜爱的节目。这些节目并不是最受欢迎的节目，这不足为奇——尽管人类喜欢社交，希望和朋友讨论最新的、最受欢迎的节目，但毕竟每个人都有不同的喜好。事实证明，我们对内容的偏好有着各种各样的微妙差异。对客户来说，快速找到自己喜欢的内容至少和观看最受欢迎的节目（媒体企业、专家和评论者共同决定的）一样重要。

其他媒体和娱乐行业也迅速追赶上来，随着语音、动作识别等技术的成熟，用户可以快速找到喜欢的节目。但是像奈飞这样的在线流媒体服务提供商已经开始了新的探索。内容推荐通常基于广泛的类型标签和自我喜好数据的匹配，而奈飞拥有关于客户观看喜好的更细致的数据：比如人们此时观看的内容、之后观看的内容、之前观看的内容、一年前观看的内容、最近观看的内容以及一天中的观看时间数据。奈飞可以使用机器学习算法处理所有这些元数据，并获得令人惊讶的有关用户喜好的洞察，有时甚至与客户自己的想法背道而驰。根据奈飞的报道[注2]，观看漫威（Marvel）电影的人中，超过10%是第一次接触超级英雄漫画。人们在奈飞上观看过的电视节目中，超过80%是推荐系统推荐的。

数据分析和机器学习技术的进步，使视频内容比以往更加个性化。奈飞相信自己对人们的品味和喜好非常了解，因此从帮助观众找内容发展到了制作内容，包括原创制作了热门连续剧《纸牌屋》（*House of Cards*）和《女子监狱》（*Orange Is the New Black*），甚至制作了获奖的电影。奈飞在财报会议上宣称，2017年搜索量最大的10部影视作品中，有5部是奈飞原创出品的。

如今的客户在个性化期望上远远高于上一代人。Stitch Fix是使用机器学习为客户创造个性化体验的新型服饰销售商，它推崇从数据中了解客户的个人品味和偏好，而不需要客户自己寻找想要的衣服。Stitch Fix抛弃了通常的"购物"过程，转而定期向客户发送衣服和配饰。当然，客户可以退还不想要的商品。Stitch Fix的成功建立在预测和满足客户的品味与需求之上。

注2："Decoding the Defenders: Netflix Unveils the Gateway Shows That Lead to a Heroic Binge", Netflix, August 22, 2017.

2.2.4 低交易成本的价值

通过互联网或者多渠道协同，人们可以获得的商品和服务越来越多，这改变了客户的购买成本。尤其是数字平台业务，其单笔交易成本在大幅降低，如优步网上约车、Airbnb 租房服务、iTunes 出售应用程序，它们都抓住了创新的长尾，表现出色。平台业务已经存在了数十年（信用卡、大型购物中心），甚至有几个世纪的历史（集贸市场）。随着机器学习技术有效地将需求与供应联系起来，数字技术的进步有效地减少了业务运营摩擦。现在，客户只需在移动设备上按一下按键即可获得价格合理的优质服务。

与传统目标客户不同，每个个体都是机器学习时代用户体验（UX）的定义者。个性化、掌控感和内心的平和只是几个典型的维度。从客户的角度来看，消费产品或服务所获得的情感回报和体验越来越重要。进行投资或开发旨在为客户创造价值的产品时，需要确保专注于客户看重的价值。客户最看重什么？如我们介绍的案例所示，在数字化时代，没有一个一成不变的答案：

价值是通过不同的维度体现的，且随着时间而改变。

我们如何围绕多元化和不断发展与变化的客户价值制订业务战略？

2.2.5 持续满足客户成效

2015 年 ThoughtWorks 的范式转移峰会上，国际航空集团数字化业务转型负责人 Glenn Morgan 谈到了数字化时代企业面临的两难选择。他谈到了企业受到规模化和速度的影响和约束所面临的机遇与挑战，得出改进的最佳方法是"战略高，行动小，学习勤，扩展快"。

要在数字化时代蓬勃发展，传统企业需要坚持细粒度的控制，跟上客户期望的发展，持续快速变化。并不是所有的组织都能做到这一点，原因有以下几个方面。

"战略高"往往导致宏大的计划。对于领导者来说，具备战略高度、大胆且有远见很重要。这既能让人拥有雄心和信心，也能引导制订全面的战略定位和详尽的运营计划，将愿景映射到多个目标，制订明确的转型路线图，建立支持目标的新举措以及所需的能力、平台和投资。当企业长期的计划被分解为成千上万的细粒度举措时，战略就缺失了清晰的反馈机制。可能很难看到举措与客户期望之间的联系。组织内的许多部门在内部花费了太多时间，无法真正将其行动和结果与客户价值联系起来。更重要的是，在启动这一系列大的举措之后，即使客户和市场的反馈表明应该调整计划，改变或停止举措也会非常困难。

"学习勤"指需要进行频繁的试验，而试验的规模往往被低估。战略和计划的制订仅仅是开始，随后组织架构需要改变，技术交付实践需要改变，投资组合管理需要改变，成功的度量标准需要改变。这些对于快速发展的组织来说都是挑战。这就是"行动小"重要的原因。无须一次完成所有举措，而在于频繁地试验和变化。

数字化转型是如此复杂，一家银行的领导者曾经沮丧地问道："我们转型的第一步是什么？"我们的答复是首先要真正理解客户的期望。他很高兴地回答说，他们刚刚花了很多钱进行用户调研，得到的结果是"70%的客户想要抵押贷款！"抵押贷款？我们认为没有人会由于令人兴奋的产品特性或令人愉悦的体验想要抵押贷款。人们真正想要的是一个家。

在传统银行业"销售更多抵押贷款"的思维中，抵押贷款的销售金额和成交量是成功的度量标准。因此我们不难推断，整个产品是围绕金融产品捆绑、数字抵押顾问等功能形成的，而且重要的投资被分配给了构建产品特性和完善金融产品的团队。

现在，把成功的度量标准变为客户成效和价值度量。"让人们拥有一个家"是客户价值。这个战略目标直接对齐客户期望，而企业员工也会有同样的认知。关键是要知道发生了什么。增加的工作不是产品特性，而是旨在帮助客户找到负担得起的产品和住所的服务。要达到目的，团队成员需要跨职能的技能，当然，成功的度量标准也会改变。想象一下，员工每天回顾自己的工作都是计算帮助多少人拥有了"家"。

2.2.6 采取行动需要勇气

数字化转型首先需要洞察客户的价值判断被什么影响，然后基于此，选择度量标准并收集数据，同时最大限度地提高交付价值的频率。要让产品和服务具备更强的适应外界变化的能力。我们谈论的不仅是更快地完成交付，还要重新思考为客户提供的价值是什么以及如何实现它。技术是实现这一目标的关键推动力——利用新的技术（机器学习和 AI 等）创造新的交付价值的方式，采用微服务的平台架构实现频繁的试验和变化。新的战略方法应着眼于响应力、试验细粒度举措、快速学习和把学到的知识快速推广应用。

知道并不意味着能做到。知道不是困难的部分，难的是客户价值度量、持续的度量、当然也包含勇气。根据得到的信息采取行动需要勇气。快速响应意味着停止进行其他事情，需要动员人们、重新分配资金、降低偏爱项目的优先级。真正将经受考验的是，领导者会为客户与业务的利益行事吗？还是团队会陷入增加新功能的持续辩论呢？数字化转型需要找到企业文化中的核心力量来创造变革的动力。我们希望转型的推动力不仅来自淘汰趋势的威胁，而且来自对客户的同理心、追求第一的雄心、追求卓越的抱负和追求更高目标的承诺。

数字化转型理论很简单：理解业务战略和目标，与客户价值保持一致，并勇于根据数据持续优化价值交付。"纵身一跃"（leap-of-faith）的假设是，从长远来看，业务提供的价值越多、各个方面越协调，业务将获得或产生的利润就越多，也将带来更多的股东价值。美国密歇根大学分析了美国顾客满意度指数得分较高的企业，分析结果显示，在 2000～2012 年，它们的股票上涨了 390%，而同期标准普尔 500 指数下跌了 7%。这只是体现了通过关注客户价值建立的忠诚度与业务本身的长期利益的直接联系的众多例子之一。

2.2.7 如何开始

领导者也认可数字化转型是非常困难的思维方式转变，需要实践和持续推动。改变组织的文化语言和组织架构不是一件容易的事，原因不是组织缺少信息或知识，而是将客户数据用作营销工具或用于需求产生的来源时，这些信息没有让组织战略直接和客户价值联系在一起。"巧合"的是，与组织管理方面的"业务线"类似，技术趋势中也添加了一些新的时髦词汇——"云""SaaS"或"中台"，然后这些组织的日常运营仍然基于以生产力和盈利能力为重点的战略。

看看我们收集的组织长期计划清单：

- 持续吸引客户和业务增长。

- 扩大 X 市场中的地位。

- 提供卓越的客户体验。

- 利润增加 X%。

- 增强 X 方面的技术能力。

- 增加产品 X 的销量。

- 收入目标达到 X。

- 股价提升 X。

- 净推荐值（NPS）达到 X。

从以上组织目标不难看出，它们描述的是企业的利益，而非客户的成效。很多组织目标都是如此——非常注重内部指标，很难从中提取出组织战略和优势。它们基于组织中每个业务部门的绩效，而不是客户的实际期望，也不能反映客户如何看待组织提供的价值。一个大型组织的高级经理曾经向我们抱怨，如果该组织的战略文件意外遗失，没人会在意，因为它没有任何独特之处。这也许是组织战略的一块试金石：组织是否会担心竞争对手看到自己的战略目标？

为目标设计成效指标的方法有很多种，目前正确的方向很大程度上依赖于领导者的经验和专业知识。以下是帮助组织进行思维方式转变的一些方法，可使组织的目标成效中更好地体现客户价值：

JTBD 理论（来自 Strategyn 公司）

我们曾经目睹过客户使用 JTBD（Jobs To Be Done）模型，帮助领导者重新定义客户感知的价值。通过洞察客户如何度量价值，组织可以按照客户视角描述成效。Strategyn 公司的网站上用了一个例子来描述除草剂的使用：起初产品价值描述是"去除杂草"，后来改为"防止农田中的杂草生长"，然后可以扩大其价值，改为"种植最好的农作物"。可以按照这三种描述想象一下三个图像：视角不同，工作也会有很大差异。

用户画像

这是一种描述客户的有效工具，已经存在了很长时间，能够将客户的共同特征抽象成虚构客户。目的是从客户视角出发，更多地了解客户的期望、行为与目标，并将其作为创造和验证结果的讨论依据。

精益切片

包括按生命周期阶段等划分的组织架构和根据每个阶段设计的成效，成效是每个阶段的进入点和准出点。其他划分依据可以是客户类型、客户特征或位置。

设计思维

使用证据而非直觉，结合设计方法来研究客户行为，即根据客户为什么需要产品（例如，改善健康状况）而不是组织的利益（销售更多健康食品）来构架问题。

场景规划

场景规划通过结构化的方式弥合现实世界和观念世界之间的鸿沟，使领导者对未来进行不同的思考。通过收集和研究现有的事实和信息，并将其转换成具有战略意义的信息，该过程让决策者有了新的感知，并最终改变观念。

使用这些方法制订的组织长期计划如下所示：

- 通过收入预测帮助我制订未来规划。

- 帮助我进行财富保值和增值，并传递给下一代。

- 帮助我管理资产。

- 帮助我做退休规划。

- 帮助我买房。

- 通过评估当前状况，帮助我做出更好的生活决定。

- 帮助我创业和经营公司。

- 帮助我向保险公司索赔，方便我更快地康复。

- 帮助我改善健康状况。

重新设计客户与服务的交互场景的一个例子是：美国国家邮政服务按照客户的使用逻辑设计"发送邮件"和"接收邮件"的流程和状态，以及与客户期望相符的成效指标。

关键是要洞察客户期望及使用产品和服务获得的价值，找到增加客户价值的领域，在增值领域进行多元化的探索。这些成效指标可帮助组织满足市场需求并最终获利。

业务成效指标要与客户视角价值建立直接联系，或者至少有来自客户视角的价值的假设。接下来需要确定如何度量它们，并且调整组织的工作方式，实现这些成效指标或进行验证和改进具体举措。在进行度量和工作调整之前，思考一下举措变更或达成目标的新举措。是时候让组织发生变革了——组织架构、预算分配、治理模型等。组织应该如何进行这些变革？有没有可以遵循的方案？是否可以从另一家企业得到验证过的模型？第 3 章将讨论这些问题。

2.3 关键点

本章要点：

- 必须洞察客户的期望和价值，将成效指标置于组织战略和数字化转型的核心位置。

- 数字技术是一把双刃剑。它提高了组织理解客户成效和找到满足这些成效所需新方法的能力。但是，产品和服务也在持续改变客户对价值的期望，使组织战略持续与客户价值保持一致变得更加困难。

- 对齐组织战略和客户价值的数字化转型的难度被低估了。不仅需要一套新的组织架构设计和能力，还需要组织根据数据采取果断的行动，以识别和响应持续提高的客户期望。

两个锦囊：

- 通过客户共情，理解客户价值：使用本章中的一些方法来描述价值对你的客户意味着什么。

- 围绕客户价值，定义业务成效：用客户的语言描述成效，用成效重写你的战略。使用明确的、唯一的度量标准来验证成效。

第 3 章

精益切片转型

精益切片方法是一种迭代与增量的方法，运用数字技术，实现客户价值最大化原则，发展业务、运营组织与企业。以增量的方式制造汽车：先制造底盘，再添加引擎，随后添加轮胎等，最后可以从 A 地开到 B 地。以迭代的方式来寻找从 A 地到 B 地的更好的出行方式：先尝试步行，再尝试滑滑板，随后尝试骑车或开车。在大规模转型范畴，这两种思维方式都是需要具备的。

组织在营造强烈的紧迫感、明确清晰的愿景、建立强大的联盟以及进行有效沟通时，与约定俗成的、瀑布式的、全方位的方法并没有什么不同。但在设计变革路线图时，情况就不同了。精益切片方法不认为领导者或变革团队已经有了明确答案，也不认为可以从某个成功的组织或同行那里简单地复制变革路线图。精益切片方法认为，当今的商业节奏需要快速学习，通过模糊性进行管理。需要首先提出与变革相关的假设，然后对其进行试验，从中学习，最后根据学习成果持续地改进组织。本章将展示如何做到这一点。我们首先回顾一下传统方法失败的原因，以更好地理解精益切片方法的必要性。

3.1 为什么大型转型项目会失败

大型数字化转型项目取得了巨大成功的案例不多，有些甚至是惨败！大多数项目介于两者之间，取得了一些积极的成效，在某些方面做出了适当的方向性影响，却慢慢耗尽了企业的精力。它们的命运总是要么很快被淡忘，要么被重新洗牌并纳入另一个新的转型计划中。不管是在成熟的还是发展中的行业里、大型的还是小型的组织中，我们都观察到了类似情况的发生。

值得指出的是，无论是在数字化时代还是之前的时代，大型变革项目的执行本身就很困难。1995 年出版的《领导变革》（哈佛商业评论出版社）一书中，哈佛大学教授约翰·科特（John Kotter）阐述了经典的八步变革模式。不奇怪的是，很多组织和领导者在其中反复遭遇了挑战：

- 营造紧迫感。

- 组建领导团队。

- 设计变革愿景。

- 沟通变革愿景。

- 善于授权赋能。

- 积累短期胜利。

- 促进变革深入。

- 融入企业文化。

人的本性是不喜欢改变。许多转型项目都有变革领导者或掌握了各种变革理论的顾问，但说起来容易做起来难。领导者通常都能找到进行变革的十足理由，比如收入下降、错失新市场机会或竞争激烈，但对主营业务来说，这些往往都不是生死攸关的问题。领导者也是人，他们同样会受到厌恶损失的认知偏见的影响，在这种偏见的影响下，尽管价值完全相同，但他们认为失去的东西比得到的东西贵重三倍。让领导者克服对损失的厌恶并在心理上接受进入未知领域，不是一件小事。

数字化转型也不例外，在事关组织生死存亡的时候才采取行动，可能已经太晚了。在主营业务仍然表现良好的时候尽早采取行动、营造紧迫感，需要高超的智商和情商。不这样做的理由也有很多：现有的收入会被蚕食、额外的成本、短期盈利能力降低、员工的士气下降、技术不够成熟等。与危险的数字化世界相比，现有的舒适区是个好地方。

即使营造了某种紧迫感，执行团队也团结在一起、全力以赴，仍然会被大大低估的是坚持不懈的决心以及与整个组织的沟通过程中所要耗费的精力。领导者总是忙于很多高优先级任务，时间往往不够。通常在第一轮或第二轮全体会议之后，沟通工作的收益就会递减。当第 25 次重复同样的信息、表达同样的想法时，我们必然不会感到兴奋。

变革开始时，真正的障碍就会出现：组织的约束加强、现有的承诺推迟或取消、个人的抱负受到抑制、汇报层级被打破。仅仅有紧迫感和远见是不足以消除这些障碍的。为转型扫清道路需要真正的勇气和努力，领导者需要付出更多。当做了太多妥协时，障碍就变成了永久的障碍，推动者的士气就会下降，变革就会停滞不前。最终，转型计划将达到一个"新阶段"：当前的情况看起来是新的，但与过去并没有什么不同，只是有了一些组织架构变化和新的战略词汇。工作的"转型"引擎也将回到过去的常态。

我们在会议室里可视化了一个客户整个组织的工作，以及与组织战略预期成效的关联关系。最初，这似乎是一个有效的练习，结果看起来过于整洁，对齐地太过完美。通过进一步调查，我们发现超过 80% 的正在进行的工作都起源于三年以前。事实证明，大多数正在进行的工作比目前的战略早了许多年！每年这些工作只是被简单地"重新定位"，看起来像是匹配到了新的方向。这使得这些项目获得了资金，证明了持续的努力，并验证了当前组织架构。核心引擎只是利用变化的表象来证明现状。

这里并没有贬义，传统组织不可能停止一切并重新开始。全面转型方法迫使人们服从，而不是给他们能力去适应，甚至迫使人们停止正在做的事情。当团队或中层管理人员奋力维持所偏爱的项目、积极发表支持变革的话语、指望其他人而不是自己做出改变时，这种转型就变成了虚张声势和空话。最后，仅仅是全面转型的范围得以扩大，以及缺乏停止或适应当前工作的能力或授权，这使得数字化转型的想法不堪重负，导致许多企业从别人那里"抄袭答案"。

数字化组织围绕着为客户提供更多价值的原则组织和运营。它们倾听和观察，准备做任何必要的事情来响应客户价值。它们不继承传统的系统、流程和思想。对它们来说，一切都是可以改变和适应的。这是一种新的工作方式，不仅仅是说说而已——转型的知识来自那些从事这项工作的人。更多的传统组织在执行数字化转型时不能忽视这个事实。

当今最流行的趋势之一是复制"Spotify 模式"，各组织都在实施它们的"小队"和"部落"、"协会"和"分会"，并准备好进行跨职能的重大变革。然而 Spotify 自己却大声疾呼"不要抄袭我们"，因为这是它一路走来所吸取的教训、它创造的文化，以及它在组织试图复制时不断进化的过程。我们认为转型是一个学习自己的经验教训、建立自己的文化和改进自己的组织的过程。这是一个学习和进化的旅程。不幸的是，它没有捷径，也没有什么灵丹妙药。

"实施"这个词是有问题的：数字化转型是所做的事情、所创造的文化、新的规范或工作方式，不是要实施的项目工作。"实施"意味着已经有一个定义了所有答案的总体规划，"复制 Spotify"也暗示了这一点。传统转型思维倾向于这种带有预设的实施路线图、跟踪和"全方位"的"瀑布"方法，并选其为首选方法。

这种描述性的、带有详细路线图的瀑布实现方法给数字化转型带来了一些重大的挑战。这里，我们着重介绍三个主要方面：

- 全面转型方法

- 带有偏见的决策

- 模仿别人

3.1.1 全面转型方法

全面转型方法很少是全盘考虑的,这听起来很矛盾。一个全面的、预先设计好的转型,其目的是同时改变一切,每个部门都有相应的转型路线图:从组织架构设计、流程和角色定义到预算、关键绩效指标和绩效考核。

每个部门几乎都总能找出一些借口:"我们太大了、工作太核心了、有些事情处在中间环节、不可改变、受合规约束"等。尽管有强烈的紧迫感和强大的联盟,但组织开始在所有地方应用豁免,并试图封锁某些区域以免受到变革的影响。

为了限制变革对跨部门边界的影响,组织创建了太多变通的方法。随着时间的推移,每个部门的变革项目开始以不同的速度进行,相互之间没有联系,失去了同步。组织通常被定义为跨界的、复杂的有机体,并没有按照结构划分,因此跨界影响是不可避免的。变革不可避免地超越人为的等级界限,将影响到每个人。受到所有其他职能的影响时,认为可以改变自身的速度和响应是不现实的。

以大部门为导向的变革路线图在纸面上看起来是一个整体,但实际上很少如此。每个部门仍然具有不同的目标和优先级,而且早期有太多工作要做,许多工作计划在变革真正开始时就过时了。没有足够的时间和空间来同时学习、适应和协调。一个设计良好的执行计划很快就会分解为一系列独立的"救火行动"。

出于同样的原因,不能同时进行多个独立的转型项目。做转型决策不是业务部门的任务,需要考虑到整体。随着规模化敏捷理论和其他方法论的爆炸式出现,在组织中使用多种方法并不罕见。如果只是松散地应用"同类最佳"的实践,往往会有冲突。

一个很好的例子是企业正在将"Spotify 模式"应用到业务,而IT 部门正在实施 IT 即服务(IT-as-a-Service)。前者要求组建跨职能团队,弱化了 IT。后者的规则仍然留在 IT 部门,对 IT 看得很重。前者优化客户成效，后者优化成本。两者都没有对与错，但很明显是冲突的，或者背道而驰。IT 部门开始推动采用敏捷方法，但同时缺失了业务一致性和承诺来做同样的事情。其结果就是一个"敏捷三明治"，其中一部分提高了速度，但作为整体并没有更快地将价值交付给客户。

3.1.2 带有偏见的决策

　　与我们合作过的一家金融机构花时间请客户描述价值对他们意味着什么，获得了三百多项客户反馈，最终决定把重点放在前 20 个提及次数最多的事项上。该机构还询问每位领导者，他们认为客户最想要的东西是什么。在这些领导者提到的所有事项中，只有 4 项进入了客户所列名单的前 20 名。这个案例表明，当真正受到挑战的是当前的工作与观点时，对变革的抗拒就达到了顶峰。

　　通常，决策是为了证明现状而不是挑战现状，是为了适应现有的权力结构而不是改变它。对于不同层级的人们来说，似乎重要的是个人目标，例如完成已经开始的工作、体现正在交付成果、达到预设指标以及履行先前的承诺等。许多人反对这种转型，将其视为一种潮流，而当咨询顾问离开时，这种潮流就会消失。他们更喜欢将信息偏向于从事他们感兴趣的工作，以及从事适合下属技能的工作。

　　这种决策偏见造成了一长串几乎没有尽头的需要清除的障碍。从理论上讲，有了新的角色定义、新的汇报层级、新的关键绩效指标、新的奖励和新的预算等，通过将整个组织投入一个新的架构来脱离现有的基石是可能的。但这些问题不仅仅与要实现的业务成效和要交付的客户价值有关，还和牵涉其中的人有很大关系。在设计新组织时，个人的愿望、技能、优势、劣势和关系都是不容忽视的。完成事情的"正确"方式通常是学习和发展而来的，而不是根据非个人的设计实现的。

　　这里，我们将重点放在通用方法上：为什么迭代和增量方法更适合解决这些问题。在本书的第二部分，我们将更详细地讨论这些决策偏见和组织约束，以及在过渡期间解决这些问题的办法。

3.1.3 模仿别人

简单地照搬成功组织或行业数字化领袖的做法，就应得到类似的结果。这很诱人，也几乎是符合逻辑的。已经实施的部分有很大价值，有助于成功。关键在于这只是部分而不是整体——没有蓝图或路线图可循，也没有所有人都能到达的神奇终点。实施数字化转型的旅程和方式，不是单次胜利，而是一系列小小的胜利，是一系列试验——被证明成功时才会规模化，是创造一个环境并在其中进行学习，根据数据做出正确的选择，以优化你的组织，最大限度地提高向客户交付价值的规模与频率。

复制是将计划汇总的快速方法，使得很容易解释需要做什么，并帮助组织在早期设定一个快速的步伐，以便更快地"开始"。但很快发现复制品与组织的规范和文化相抵触且某些部分与组织的独特性不一致时，就需要对目前的所有混乱场面进行重新安排，这会挑战你的勇气——当不可避免的事情发生时，你有多愿意说"有一些事是我们做错了，让我们做些不同的事情"呢？

复制组织架构尤其难以回滚，因为组织会过早地"嵌入"变革。我们的一个客户在同行取得成功后，就开始很早地改变组织架构。这是一次大规模的推广，导致许多人失去职位并更换角色。这是勇气的表现，但也对组织自身造成了相当大的破坏。由于多种因素的综合作用，"抄袭"对组织的影响并不是很好。组建了次优团队、出现了责任缺口，协作也有问题，这些都需要解决。情况几乎无法逆转，组织不可能再进行一次大规模的重组，回到以前的架构，让人们回到原来的团队、向以前的上司汇报。组织架构的变化比其他任何事情都更容易导致变革的衰竭，只能在一段时间内做一次，以达到有效的效果。在使用复制方式之后，次优团队和责任缺口将成为新的起点。

当涉及规模化时，应尽可能将大型的转型决策推迟到最后一刻，以便最大限度地了解如何去做。在这些方面的延迟能帮助组织最大限度地收集数据并学习帮助提高转型的准确性。通过对有效方法的增量验证，那些真正能改善成效的部分就会逐渐扩大。过早地做决定，可能就会陷入次优的改变中。

3.2 实施精益切片

根据定义，精益切片方法首先是窄而有针对性的，是细而深的（参见图 3-1）。确定精益切片有点像一门艺术，类似于设计思维原则。一些成功的组织将自己的精益切片定位于客户成效。正如第2 章所讨论的，即使非常大的组织也应该只有 10 到 20 个由客户价值定义的主要成效，例如"当生活中出现意外和市场动荡时给我支持"，将其作为聚焦点并围绕它建立一个精益切片。

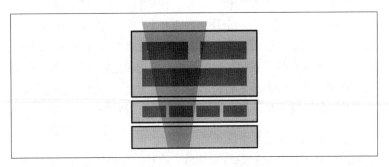

图 3-1：精益切片贯穿业务的各个部分，能帮助组织识别出变革的障碍

一些组织把重点放在客户旅程上，比如"研究我的选择"，还有一些组织使用客户细分作为构建精益切片的主要框架。进行精益切片没有明确的最佳方法，而且受到企业和行业的特定业务与运营模式的影响。但是有一个明确的反模式：职能部门内的精益切片（不仅仅是 IT 部门）。我们已经太多次看到组织将"建立一个新的数据分析工具"或"通过聊天机器人减少呼叫中心员工数量"用作数字化转型之旅来开始精益切片。客户不会以这种方式看待价值或与企业互动，因此无法以职能部门为单位最大化价值交付。

一个精益切片是一个整体的方法。常见的误解之一就是，它只意味着"一小块蛋糕",事实上,大多数组织都把一个部门或业务看作一个精益切片。相反,一个精益切片意味着对整个组织的垂直切割,将业务的所有元素整合成一个价值交付部分,这一小部分是一个完整的价值部分。精益切片既薄又深,它类似于敏捷的概念,只是在更高的层次。

3.2.1 度量精益切片

定义具体成效之后,需要制定适当的度量标准,以及如何捕获微弱信号以及先见性指标,以便更早地识别是否朝着成效前进。接着,假设一个可以提升度量结果的举措,将它级联到一系列可以改进度量标准的工作中。待办事项列表本身是动态的,应该使用轻量级治理方式来不断地检查、学习,然后决定何时加倍、停止或转向新的假设。我们将在第4章对此进行更深入的讨论。

3.2.2 让每个人都在精益切片中

精益切片是由客户定义的,是端到端的客户价值切分,涉及领导者到一线开发人员。精益切片需要组织内所有职能部门参与,才能真正识别和验证组织流程、文化与思想造成的约束。它应包括大多数职能部门的代表,有些部门(例如业务部门和IT部门)需要投入全职工作的人员,有些部门将提供兼职能力的专业知识,帮助解决相关的职能约束(例如财务或人力资源)。如果不是所有职能部门都参与,就会暴露出很多能够抵抗这些变化的系统性抗体。在这个方面,我们需要紧迫感、远见卓识、强有力的联盟,帮助建立对齐、消除障碍并推动摆脱基于现状的决策偏见。

3.2.3 围绕精益切片组建团队

跨职能团队需要围绕重点领域进行组建。传统的业务或部门界限将被扩展和试验。在此过程中还将暴露角色定义、汇报层级、关键绩效指标、绩效视图和其他传统人力资源问题。正如我们反复强调的,数字化转型从根本上来说是由技术进步加速推动的,因此在整个过程中坚持对技术进行思考很重要。由于技术改进成效应该为客户带来更多价值，因此业务领域与运营视角对于定义适当的成效指标变得至关重要，进而应该围绕每一项工作组建一个跨职能团队来实现这些成效。接下来，我们将详细讨论如下主题：度量方法、匹配工作与团队、可视化、处理运营与职能约束、需要理解的技术内涵以及领导力。

每一个精益切片都是很小的一部分，变革推动者联盟不需要将其宝贵的精力和资源分散到整个组织，应该专注于通过一个更小的团队而不是整个组织来推动单一的业务成效。无论领导者如何致力于创造紧迫感、构建愿景并进行沟通，在一个全面而复杂的组织中，需要优先考虑有限的带宽和精力。

雄心勃勃的计划和宏伟的愿景并不需要以大爆炸和巨大的冲击波为开始，这些冲击波从一开始就扰乱了每个人。精益切片被设计成以破坏性最小的方式捕获最大的学习量。它还为团队提供了试验、学习和改进的时间。

重要的是，要迅速创造小的胜利，并庆祝它们，为整体转型思维造势。更重要的是，如果假设和设计是错误的，就要尽早快速地调整。较小的变化更容易修正或回退。精益切片让团队有机会在早期试验这些假设，它可以是任何东西：新产品理念、客户合作方式、团队组织、工作环境或地点等。如果基于假设的试验运行良好，就可以像度量结果所显示的那样扩展工作方式，达成更好的客户成效和更快的价值交付。如果没有，这将是一个检查原因、调整执行或更改假设的机会。这些小规模的试验为团队提供了成功或失败的经验和学习的空间。

3.2.4 对精益切片保持耐心

第一个精益切片通常是最困难的。这不仅仅是为了找到解决问题的方法，也是为了锻炼新能力。新能力是指试验和学习的组织能力——如何发现一个想法，然后通过学习来指导决策。转型本身必须坚持这些原则。领导者需要接受不能预先设计成效的事实，通过学习足够的知识，了解什么对组织的独特文化是有效的。

在第一个精益切片（如在识别问题、提出解决方案、构建试验和学习能力方面）上取得了足够的进展之后，便可以转向第二个精益切片。

同样，需要确定由客户价值定义的正确的业务成效，然后制定度量标准，并将其级联到一个待办事项列表上，围绕工作和度量建立团队。第二个精益切片的重点是验证学到的知识和解决方案，很可能涉及类似的职能边界端到端深度跨越，但位置不同，人群也不同。这些差异将延伸和验证解决方案与学习结果，几乎肯定会打破其中一些。这是从精心设计的小试验中学习并提出新解决方案的机会。对于一个看似相似的问题，可能在两个不同的切片上有不同的解决方案。这里的重要步骤是理解差异的根本原因，并在更高的抽象层次上提出假设。

解决方案原则的一致性比细节的一致性更重要。是对职能约束的妥协，还是由所涉及的业务成效或流程／技术的不同而产生的合理差异？例如，有两个精益切片，每个切片都需要解决客户激活问题。起初人们本能地认为这是重复劳动，但不要太快下结论。让两个团队都试验一下，可能会得到一个更具创新性的解决方案，或者发现由于两个领域之间的独特性，这两个解决方案都是必需的。

在两个精益切片之后，足够多的学习经验和试验－学习能力让领导者可以考虑潜在的快速扩张。第三个精益切片可以从一个定义更清晰、内容更详细的计划开始，且仍要保持一种"试错"的心态。当然会有大量的学习来改进模型和解决方案，但它们有很大可能会是小的、渐进的改进，而不会在学习与演进后完全推翻当前设计。现在还不是宣布胜利的时候，第三个精益切片应该会给领导者和转型团队带来极大信心，相信正确的运营和组织模式已经出现。

3.2.5 将精益切片与更大范畴的转型举措融合到一起

对于大多数组织而言，由于现代企业职能的相关性，三个精益切片将覆盖整个组织的四分之一到三分之一。当第四个或第五个精益切片展开时，组织的其他成员应该已经听到并看到了他们周围的变化。通过针对愿景和紧迫感的持续沟通，组织内的大多数部门都应准备好以更大的参与意愿和更有效地适应组织的扩张模式参与下一个精益切片。

现实中，当精益切片团队不断发展时，组织内其余部分不太可能会"坐以待毙"。为了满足改变的冲动，我们建议使用"T模型"，考虑将切片工作和其他更大范畴的转型举措进行融合。更大范畴相关活动的一些例子如下：

- 学习与培训。

- 采用每个人都可以参与的假设和试验。

- 将使用的语言和分类方法更改为客户术语。

- 实施可视化活动，如团队和项目墙展示。

- 实现价值驱动的项目组合管理概念。

这对于确认下一个需要改变的目标以及可能的下一个精益切片团队来说，也是一个很好的输入。当采访一位与我们共事的高级副总裁时，他强调了透明和包容的重要性：

> 你可能认为已经组建了一个很好的变革推动者联盟，让每个人都了解并参与到变革的原则和进程中，但是很可能错过了组织内部的关键影响者或者还没有完全参与到在幕后以这种方式工作的团队中。往好了说，你错过了一个接触更多思想和灵魂的机会；往坏了说，你可能会疏远一群认为自己（已经）在为解决方案树立榜样的人。
>
> 寻找并欢迎转型团队成员或联合领导者，他们将与组织的不同部分（特别是那些你自己的影响力可能有限的部分）建立联系并参与其中，这样整个组织都能感受到与使命产生了关联，并为此感到兴奋。

精益切片的"试验–学习"特性将帮助你真正确定什么可行、什么不可行。它会阻止你用文字把现在伪装成未来，避免让每个人都陷入一种大规模变革的状态，以致产生阻力并迫使人们伪造成功。你将学习独特的新业务架构——北极星指标，其中业务与技术协同工作，以最大限度地提供客户价值。

3.3 转型"永无止境"

要牢记的最重要一点是，在新的业务架构浮现出来之后，转型依然不会停止。转型不仅改变组织架构和流程，还必须改变处事方式，以及对未来变化的看法和应对方式。这种不断学习、不断迭代和不断变化的思维方式必须成为企业新文化的一部分。

客户经常问最终状态是什么、成功会是什么样子。我们认为，使用"最终状态"一词的部分原因是希望宣布胜利，继续前进，回到正常的工作状态。转型是一项艰巨的工作，克服系统惯性和学习新事物需要付出额外的努力，并会产生疲劳。在当今的商业环境中，它通常超出了大多数人的舒适区。反映这一点的是，人们经常把"变革疲劳"当作完成转型过程——达到不再有变革的最终状态的一个理由。从根本上讲，数字化转型意味着践行数字化时代所需的快速学习，并利用新方法从技术发展中学习以获益。

在数字化世界中，"最终状态"不存在于组织之外，也不可能存在于组织之中。围绕独特产品、知识产权或通过壁垒建立起来的传统竞争优势，在当今世界持续存在的时间将比过去短得多。现在，竞争者只需要几个月而不是几年就能迎头赶上。以数字技术为动力的新服务、新产品或新竞争对手，将在几个月（而不是几年）内大举进入现有市场。

管理"变革疲劳"

"变革疲劳"在当今的传统组织中并不罕见，需要找到更好的方法来管控它。由市场变化、客户期望与外部竞争格局驱动的另一种"变革疲劳"一直存在。企业不能为了喘口气而叫停外部趋势，颠覆从本质上来说是不舒适的。如果有选择，大多数人更愿意不被打乱，但我们共同创造了这个加速技术变革以及随之而来的持续地、永无止境地颠覆现状的新时代。为了在这个不断变化的新市场中生存和繁荣发展，我们别无选择，只能接受新范式。

成功的数字化转型项目应该是建立更强大的力量，以更有效地处理变革、减少疲劳。变革不会消失，但疲劳会减轻。不会出现变化较少或没有变化的"最终状态"，只有一个"未来状态"，在这个状态中，变革在客户期望的驱动下继续进行，而业务知道如何快速处理它，且"疲劳"比今天感觉到的少得多。

正如在前言中提到的，用"数字化演进"来描述这个过程可能比用"数字化转型"更合适。转型往往意味着一个开始和一个结束，转型的状态实际上是不断学习和适应的状态。精益切片方法能够比爆炸式的规范性转型项目更好地实现这一目标。未来将是一个几乎永无止境的精益切片循环，而不是下一个大的转型项目的启动。

对于许多企业而言，这将成为"我们做事的方式"的一部分。这超出了预期或准备，是一种更为根本的文化转变。正如我们在软件团队进行敏捷转型的经验中所看到的那样，成功的数字化转型最终应以企业文化变革为基础。

基于数字技术发展的现状构建新的业务架构固然重要，但构建持续试验、学习和变革的期望是数字化转型的另一个维度。精益切片方法比一个大的转型项目更好地为组织设置了这个期望。这往往比18个月或两年的转型项目要漫长。业务架构的准确性以及需要改变的制度规范是证明其合理性的权衡因素。

考虑到这一点，领导者需要更好地接受模糊性和不断的变化，而不是计划或实施。不要问最终的结果和最大的胜利是什么样子，要把重点放在如何认识小的胜利和小的学习上，并更多地庆祝它们。

我们已经完成了转型旅程的精益切片方法，接下来将介绍处理第一个精益切片的步骤。在选择由客户价值定义的业务成效之后，在设计待办事项列表以实现目标并建立团队之前，首先需要了解依据的度量标准，以度量在交付方面是否取得了真正的进展来为客户带来更多价值。

3.4 关键点

本章要点：

- 全面的大型转型方法通常无法满足人们的期望并取得成效，在数字化转型中它将更加艰难。

- 精益切片方法更适合暴露职能约束和抗体，且干扰更少，允许你将组织演化为更适合目标的业务架构。

- 持续变革将成为数字化未来的新规范。精益切片方法更好地建立了试验和学习能力，帮助组织在外部市场和客户期望的变化的驱动下继续发展业务运营模型。

两个锦囊：

- 围绕业务成效，定义精益切片：选择一个可以暴露组织内核心约束的成效指标，将其作为转型的第一个精益切片。

- 根据精益切片，组建转型团队：可视化对数字化转型的假设，并利用这些假设来确定获得最多学习经验所需的跨职能团队。

第 4 章

度量与决策

度量的对象会影响决策的及时性，从而影响检测到的信号的强度。获得的信号越弱，可以为客户提供的价值就越高。也可以说数字化转型是识别微弱且重要的信号，据此及时做出决策。

精益切片方法提供了在端到端环境中进行试验和学习的机会。通过信号判断距离成效是越来越近还是越来越远。正确的信号能够帮助更早地做出更好的决策，为客户提供最大化的价值。

挑战并不在于缺少信号，而是信号太多、系统噪声太大，还有获取那些与度量客户价值相一致的信号。事实上，信号强度与成效进展的相关性很弱，强而易度量的信号并不总是适合度量。

在泰勒科学管理（Taylorism）时代的初期，工业时代基于逻辑、理性和经验来优化劳动生产率和经济效率，"确定性"任务通过标准化的过程对其进行评估。在数字化时代，不确定性增加，但我们仍然试图应用从那时起就存在的许多理论。以软件开发为例——我们早就知道软件的价值与它包含的代码的行数不成比例。尽管如此，我们在这个行业中不断地看到一些例子，其中"代码行数"或"速度"被错误地用作反映程序员的生产力的关键信号，就像软件编程最困难的部分是打字。同样的道理也适用于管理财务的方式：以预算中的准确支出（既没有超支，也没有不足）而不是由此带来的任何客户价值为成功的标志。

我们常常将价值度量与工作显得有价值或者我们个人的需要相混淆。有一个顿悟：真实的价值很少是一种量化的度量，而是一个是/否的问题——根据当前的交易，每次都需要询问是否有价值。这才是真正的问题：客户价值很难衡量。也就是说，适当的度量并不总是容易获得的，因此组织倾向于选择更简单、不太相关、不一致的替代方法。当想更多地关注客户成效时更是如此，这通常是由于交易和价值实现之间的时间差。没有明显的衡量标准可以衡量内心平和的价值、个性化的价值、低交易成本的价值，或者掌控感的价值。面对模糊的情况，有时要使用近似值。

举个例子，净推荐值（NPS）已被广泛用作衡量客户对企业产品和服务的满意度与忠诚度的指标。有许多因素可能会在较长的一段时间内影响客户的整体满意度和忠诚度。NPS 是衡量客户满意度长期趋势的一个很好的工具，但在实时反馈或早期反馈中，它并不总是对所开发的产品、所做的改进以及所做的具体任务有效。我们曾见过这样的情况：客户在留言中表示非常满意，并给了 7 分（评分范围从 0 到 10，只有 9 分和 10 分被认为是"推荐者"）。如果一个感到不满意的顾客也给了 7 分，那么报告显示他们是相同的，但显然他们不同。考虑到客户的状态和相关评分通常与员工无关，将这些基于趋势的分析与员工的个人表现联系起来是不合理的，因为客户是对企业而非员工进行评分。不难理解为什么你会听到代理说"请记住这项调查是关于你和我的互动的"或者为什么不愉快的电话会在调查之前被切断。

对于传统组织来说，一种常见的情况是组织架构、政策和行为使得难以度量客户价值（最重要的是，一开始就很难度量）。它被各种类型的度量结果所取代，这些度量结果可以显示出进度，例如企业的收益（如收入和利润），个人 KPI（用于绩效）或活动（如任务、完成的工作和花费的预算）。

需要明确的是，我们并不是在主张传统度量标准不好。重点是需要针对时间和需求采用适当的度量标准。好的度量标准通常是临时的，并且与成效直接相关——在完成或足够好之后，度量结果可能变得毫无意义。这将是抛弃它们并专注于其他（或下一个）度量标准，实现其他目标或新目标的时机。关键是要定期审查度量结果，以确保它们仍然有良好的用途，而不是盲目地将传统的长寿命度量标准用于非预期的用途。这里，关键的一步是将度量标准分离出来，让它们回归最初的意图——物各尽其善，人各尽其能，例如：

- 客户价值是衡量目标达成的决定性指标，用于指导下一步工作。领导者据此决定投资哪些项目、计划、举措和试验。

- 财务度量衡量企业是否健康，肩负财政责任。

- 个人 KPI 旨在帮助人们提高绩效。

- 改进度量表明企业是否在改善并提高效率和成效，以及对活动进行有效的度量。

当然，这些都需要与成效保持一致，即正在做的工作通过度量结果来显示战略达成的进展。现在让我们深入研究一些不同类型的度量标准，例如客户价值、财务和个人 KPI 以及改进。然后，针对为客户提供更多价值的目的研究它们的影响。

4.1 客户价值度量

价值是客户从业务中获得的，收益是获得的回报，如收入、利润等。客户的价值会给业务带来好处。需要改变的信念是，越频繁地提供价值给客户，业务就会越获得利润和成功（即获得更多的利益）。

如前所述，20 世纪的最后 30 年里，组织治理发生了重大转变，重点是使股东的短期收益最大化。股东价值最大化理论支配着管理原则，将组织的成功定义为利润的最大化。大多数组织专注于度量收入和与利润相关的指标，有时以牺牲客户、员工和社会责任的指标为代价。

然而，收入和利润指标落后于公司活动对客户价值交付的直接影响。事实上，短期的相关性往往是相反的。改善客户的体验的新特性会花费金钱，并立即减少利润，而客户满意度和忠诚度的提高所带来的未来收益可能不会反映在短期收益中。

先见性指标优于后见性指标

价值度量与时效性有着内在的联系。后见性指标固然不错，但它是一种随时间变化的指标，根据过去的所有活动来度量当时的表现。很难确定哪些活动对这类度量标准有什么影响。这些度量标准本身往往需要数月的分析才能建立起来，等到以可读的形式展现时，就已经"过时"了。比如财务报告通常代表至少一个月前的数据。

后见性指标会降低组织捕获较弱信号的能力，从而导致错失应对变化的机会：

- 度量的是里程碑或者任务的完成率。

- 工作变得支离破碎，在整个组织中广泛分布，失去了一致性，很少被重新整合在一起。

- 数据需要很长时间才能提供反馈，因此很难及时做出决定。

- 客户价值是无形的，优先级划分比较困难，很难找到一种通用的方法来比较不同的工作。

- 员工看不到工作与成效的关系，导致无法探寻更好的方法来实现成效。

先见性指标是一种预示未来可能结果的信号，研究的实际数据越多，就能越好地预测这些信号，也就能得到越有价值的先见性指标。这种指标的最佳示例常见于"增长黑客"或海盗指标（请参见图4-1），即获取用户、提高活跃度、提高留存率、获取收入、自传播（简称为"AARRR"）。组织可以使用这些度量标准制订关于业务增长的决策。首先度量网站上的浏览量作为先见性指标，然后通过海盗指标漏斗跟踪浏览量的转换。

例如，获取用户阶段浏览量总额的 *X*% 转换为活跃度，*Y*% 转换为收入等。使用这种类型的先见性指标，还可以获得可能存在问题的信号，设置策略在漏斗顶部放入更多内容，从而在相同的转化次数下获得更多的浏览量，或者着重于提高一个或多个元素的转化率。

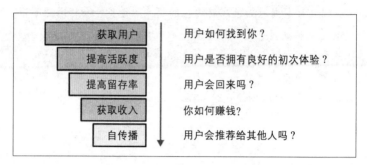

图 4-1：海盗指标（基于 Dave McClure 提出的概念）

我们最近观察了一家航空公司使用先见性指标的案例，该公司试图通过在线渠道增加预订航班的客户数量。经过诸多特性上线、搜索引擎优化和其他营销工作之后，在线数字渠道的转化率和收入始终保持不变。在做了一些分析之后，该公司发现网站的访问量确实增加了，搜索航班的人数增加了，预订航班的人数增加了，甚至选择座位的人数也增加了。然而，75% 的人退出了支付环节，这远比行业平均水平 25% 差得多。研究发现，随着团队在支付功能中添加了更多特性，它也引入了一些小缺陷和延迟。尽管与整个用户旅程相比，缺陷率和延迟并不高于平均水平，但不知何故，客户在这一步更容易失去耐心（或变得沮丧），并快速退出。来自一个团队的小缺陷和问题，最终抵消了其他六个团队所做的全部有价值的工作。如果通过度量先见性指标而不仅仅是收入来发现这一点，那么在这段时间内，客户的预订成功率可能会增加 300%！

如前所述，海盗指标是先见性指标的一个很好的例子，但我们着重强调与客户价值度量挂钩的必要性。应该使用这些级联的先见性指标，并与客户价值建立牢固的联系。孤立地使用这些指标是利益的度量标准，可能不会反映客户价值。

过于关注收入和利润的度量标准时，天平往往会向为企业带来利益而不是为客户带来价值倾斜。度量什么决定了优化什么。优化企业的利益，可能会严重损害客户价值和企业的长期健康发展。这就是为什么我们看到"80%的管理者愿意削减研发、广告和维护等可自由支配开支来达到目标"。[注1]

当然，业务收益是需要关注的，这样才能以可持续的成本为客户提供价值。在没有任何约束的情况下，实现交付给客户的价值最大化的最简单方法就是免费提供一切！

2014年，麦当劳在多个国家试验了一种"自制汉堡"的新菜单，这个战略的目标是为高端客户提供增值服务，允许客户从店内柜台的30种优质食材中进行选择，来制作自己的汉堡。2015年，麦当劳开始在中国、欧洲和美国的超过2000家餐厅进行推广。在推广过程中，除了生产汉堡的高额成本（大约是巨无霸的两倍）外，经营者必须为每家餐厅投资约12.5万美元来安装自助点餐机，这还大大减缓了厨房的运转速度。尽管存在客户价值，但提供这种服务的成本使经营者望而却步。麦当劳最后决定暂缓推广这一计划，最终取消了"自制汉堡"菜单选项，取而代之的是高端选项"星厨系列"。

在业务收益和客户价值之间找到平衡有时非常容易，有时却很困难。在这种情况下，找到先见性指标的能力变得至关重要。这需要能够做出假设：一个先见性指标的变化导致后续度量指标的变化，最终导致业务收益（如利润）的变化。快速地验证这个指标体系的对与错，将允许进一步的假设形成和试验。尽早试验和识别适当的先见性指标，可以帮助找到正确的方法来交付客户价值，并产生更多业务收益。在"自制汉堡"的例子中，潜在的先见性指标可能是：

- 知道餐厅中有定制汉堡的客户的百分比。

注1：John Graham, et al.,"The Economic Implications of Corporate Financial Reporting"*Journal of Accounting and Economics* (September 15, 2005).

- 在自助点餐机前驻足的客户的百分比。

- 使用自助点餐机定制汉堡但在付款环节取消的客户的百分比。

- 研究购买定制汉堡后下一次光临时却购买常规汉堡的客户的百分比：

  ◆ 由于等待时间放弃的客户的百分比。

  ◆ 由于价格放弃的客户的百分比。

其中一些潜在的先见性指标可能很难度量，但数字技术正在使捕捉这些微弱的信号成为可能，而且使其变得更容易。在投入大量资金之前，一些指标可能会帮助发现"星厨系列"比"自制汉堡"更好。

我们认识到，本书持续提出这种试验和学习的模式。如果已经有一套答案的话，事情就简单多了，但这正是我们生活的快速变化中的数字化世界。它需要具有更明确的度量的较小投注和验证相关性的真实性的能力。建立客户价值与业务收益之间不可否认的联系是需要时间和耐心的，但一旦你做到了这一点，获得的投资回报就会快得多、大得多。

4.2 财务度量

"完成数字"的压力很容易成为主要话题，尤其是在财年临近结束之际。我们很容易将所有阻碍敏捷性的问题归咎于财务人员。

财务度量的影响包括：使工作变慢或延迟；预算很快就花完了；组织这时对低价值的工作做出了"糟糕的"决定，因为预算平衡比高价值的工作更重要。以一家大型电信公司为例，我们见证了一些常见的财务行为模式：

- 运营支出（OPEX）预算和资本性支出（CAPEX）预算由不同的团队决定，没有相关性。换句话说，想做的工作与相关运营成本之间没有联系，导致无法支付那些业务承诺要做的工作所对应的人员薪水。

- 上半财年的过度支出使得财务预算在财年中期被削减。这通常会对进行中的工作范围造成压力，延误新工作，降低当年交付的价值。

- 可预见的下个月招聘冻结（下半财年的第一个月）。这导致职能部门倍感压力，填补大量职位空缺，基于运气而不是工作价值来决定。

- 第四季度息税折旧摊销前利润（EBITDA）目标上升。这导致不可避免的争先恐后地调整支出目标和优先级。

- 财务目标是减少支出，财年结束时工作放慢了速度。在接下来几年的第一个月出现了巨大的"曲棍球棒式"的工作，又回到了上面的第一点。

财务度量很重要，它描述了企业的健康状况，而且在很大程度上，财务度量是度量企业业绩的指标。只是它不能成为唯一的度量标准，不应被用于确定工作优先级或决定工作内容。财务度量出结果的时间通常很滞后，也就是说，发生在工作完成之后很长时间，以至于不能准确地将工作归因于财务度量中的变动。财务指标是一种后见性指标，最终会随着为客户提供的价值而改善。

管理人员和团队需要清楚地了解正在进行的财务度量，理解集体财务责任制。他们应该清楚地认识到，这些约束条件限制了为客户提供更多价值的选择。为了调整一切支持以最大化客户价值，应定期审查财务指标，确保财务责任。

财务度量在很大程度上是后见性指标，而关键是要找到先见性指标并将其与财务度量建立联系，这样团队就可以专注于使用先见性指标，来对日常工作提供反馈。

通过建立"安全地失败"的环境，把先见性指标变为强大且有洞察力的指标。寻找透明与可视化的举措，将是一家企业经历的最有成效的文化变革之一。这样，企业就能够理解期望的成效、花费的资金和交付的价值之间的关系。

以图 4-2 为例，该图显示了花费的资金与交付的价值之间的关系。这是所有人都应该期望的，能够用作与业务的关键沟通和报告结构。核心概念是：花费的资金是线性的，因此投资的是已知的能力，而不是一个一个的项目；可以增量地跟踪在某个时间点交付的价值。这两个度量值是百分比，可以用来比较"成本与价值"，无论在任何时候将它们相加，都能展开有关价值轨迹的对话。还可以上下滚动图表：一个图表可以是它下面的多个图表的百分比的累积，一个成效图表由为实现它所做的工作的总和组成，直到整个业务的单个视图。

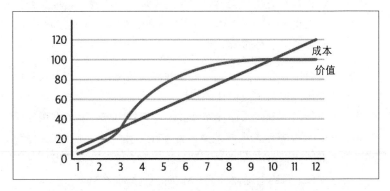

图 4-2：成本与价值的关系图——使用百分比跟踪价值和资金，允许跨工作进行比较，以确保投资于最有价值的东西

当价值低于支出时，需要询问所做的事情是否没有达到预期的价值影响，是否应该停止或转向。当价值高于支出时，或许应该考虑增加投资，加速和提升价值影响。当看到如图 4-2 所示的价值线的平稳期时，希望询问所做的是否足够。例如，如果查看 90/70 的坐标，则可能想知道是否值得花费最后 30% 的资金来获得另外 10% 的价值。有时答案是肯定的，但至少应该探讨一下。

当然，敏捷是这种视图的依赖项，因为它基于通过适当的精益切片技术，不断增加客户价值的交付。工作应按一个个小的独立价值块来完成，这样就可以合理地预测和理解相对价值百分比。许多数字化原生企业取得成功的因素在于以各种方式敏捷规模化，通过持续地支出持续获得可观的价值。随着协调成本超过某个点的价值，大多数组织都达到了收益递减的地步，例如，数字化原生企业使用这种度量标准确定何时投资共享自助服务工具。

在这种情况下，履行承诺更多是提供一个安全的环境，在这个环境中，可以足够透明地跟踪完成成效的进展，建立一种允许在需要时改变方向的模式（我们在第 8 章讨论财务约束时会更多地提到这一点）。有了轻量级的治理过程，就应该能够每两个月或每个季度审查和重新调整客户价值交付与财务责任，其频率肯定要比每年一次或两次要高。它将有助于减轻（或消除）之前提到的一些财年行为模式。

4.3 个人关键绩效指标

企业引入度量指标来衡量员工的绩效，会使价值度量变得复杂。关键绩效指标（KPI）通常与认可、经济奖励、职业发展、权力和地位密切相关。KPI 被设计来度量和反映独立于团队、部门和企业之外的个人活动的价值。这种孤立和突出个人贡献的需要，往往使得 KPI 过于细化，有时甚至与团队和企业提供更多客户价值的目标脱节。KPI 更倾向于衡量个人对业务的贡献，而不是对客户价值贡献。例如，在全球运输服务提供商的案例中，对客户体验的重要性有了明确的理论解释，该企业的四个战略目标之一是提高客户满意度。但是，当我们查看部门的团队和定期进行度量的 KPI 时，它们主要是收入、利润率和效率改善目标。大多数人谈论以价值为基础、以客户为中心的成效和目标，但在指标中都没有得到充分体现。

KPI 是在节奏缓慢且可以计划和确定范围的时候发明的。它度量一个正在进行的流程或活动的成功、产出、数量或质量，度量的是已经存在的流程或活动。

谷歌、领英、推特和其他一些公司已经在使用一个简单的自适应框架：目标与关键结果（OKR）。OKR 是一个目标系统，围绕可度量的目标建立一致性和参与度。OKR与传统计划流程的主要区别在于，OKR经常被设置、跟踪和重新评估，通常每个季度一次。OKR是一个简单、快速的流程，它可以激发每个团队的观点和创造力。

在设计绩效评估流程和KPI时，应该将重点从管理绩效转移到促进绩效。现在有迹象表明，与基于团队的绩效度量标准相比，个人绩效度量标准是次优的。绩效来自共同的成功，来自人们运用才干的能力，也来自与企业目标保持一致。个人需要能够看到绩效的价值，以及工作与交付给客户的价值之间的关系。

绩效评估应该围绕定期的评估来设计，评估一个人是否有能力，帮助团队实现对成效的贡献，而不是在一整年中优化一套固定的流程和活动。如果达成了成效，团队和个人都应该成功；如果没有达成，就不可能实现KPI。当组织表现不佳，或者个人实现了目标而客户并不满意时，我们是否应该向个人支付奖金？为客户做正确的事情和获得奖金之间经常存在冲突。人们被迫在正确的反应和损害自身利益之间做出选择。

我们见证了一位顶级呼叫中心接线员的有趣经历。他接到一位女士的电话，说竞争对手给了她很好的报价，她想知道这家企业是否能以更好的价格回报她的忠诚。接线员毫不犹豫地答应了，提出让同事在四天后打电话给她，进一步讨论此事。她突然"咯"地挂断了电话。接线员很生气，扔掉耳机气冲冲地走了。接线员的绩效是根据产生的销售线索和平均处理时间来度量的。即使有能力立即帮助客户，他也会因为打电话太久而受到处罚，并失去"先进奖金"，销售线索和效率是对业务效益的度量，而不是对客户价值的度量，这可能会让代理人陷入荒谬的境地，从而损害客户和组织的利益，以及代理人的绩效。

个人KPI很可能是衡量价值的最大障碍，尤其是考虑到员工对加薪或绩效等级的重视。管理者应该找到更好的方法来度量个人的绩效，并使其更好地与客户的目标和目的保持一致，这样它就不会妨碍为客户提供真正有意义的服务。最好的绩效评估形式是教人们如何及时向同事提供反馈，使团队能够在工作中互相帮助，而不是在某个时间点进行评估。最好的奖金结构是将奖金发放对象与团队目标结合起来，个人可以对整个团队的集体影响负责。这更容易连接到客户的成效。

4.4 改进度量

改进与成就是组织中应该存在的一种持续的紧张状态。成就关于是否在朝着成效前进，而改进指标关于是否在领域内做得更好。它们能帮助组织变得更好。

做了多少与贡献了多少价值是不同的。由于价值难以衡量，有时也无法量化，因此在没有价值度量的情况下，正在进行的活动或工作就变成了替代性的度量标准。

瀑布式软件开发方法是度量完成的工作而不是交付的价值的典型例子。将产品周期分解为多个步骤：需求收集、特性和架构设计、编码和实现、测试、投产使用。如果需求没有不确定性，开发过程中没有战略或市场条件的变化，技术平台和集成没有意外发生，生产环境和开发环境之间没有差异，那么这就是一个完美的模型。我们很久以前就认识到这实际上是不可能的，敏捷软件开发方法就是这样诞生的：解决瀑布方法缺乏灵活性和适应性的问题。

瀑布方法的另一个有趣的症状是，项目几乎总是看起来是在正轨上，直到即将完成。需求收集、设计、编码——这些阶段客户还不能使用系统，因此没有向客户交付任何价值。然而，从工作完成的角度来看，项目团队进展顺利，庆祝了一个又一个里程碑——整洁的文档和信息板在整个流程中被完美地生成和呈现。通常，项目预警在编码和测试的后期才会响起。如果软件突然要投入使用的话，只有20%的特性可以投入生产，而不是完成了80%。项目状态一夜之间从绿色变为深红色。计划被推迟了，预算增加了。根据《哈佛商业评论》的一项分析，平均项目成本超支27%，其中六分之一的项目超出成本 200%，进度延迟 70%。

使用经典的敏捷方法和精益的持续改进思维模式——了解当前状态，设置目标状态，持续迭代——是数字化转型的基本思路。它支持捕获较弱的信号，帮助更早地识别约束，鼓励探索和学习活动，培养试验心态。

改进指标还有一个额外的好处：比传统的量化度量标准更易于解释，使那些不熟悉这种工作方式的人习惯，还能提供定性的见解。

一些有用的改进指标示例包括：

质量
缺陷减少量、自动化测试覆盖率、调用次数减少量、了解新信息后得以停止的工作量。

生产力
累积流图用于确定需要改进的方面（包括等待时间或交接时间）、团队待完成的工作量、已有能力与所需能力之间的对比。

吞吐量
在一段时间内交付的价值量、验证想法的周期时间。

可预测性
如不确定性圆锥体，无论是在容量规划、技能规划、财务规划，还是在能够利用的想法的数量上，都应该看到可预测性随着时间的推移而增加。

财务
花费的资金与交付的价值、单位价值成本、探索和维持业务之间的投资组合平衡、成效的投资回报（ROI）、每件工作交付对客户价值成效的影响。

敏捷软件交付和持续交付方法强调：从工作中抽取一小部分，从头到尾完成，在进入下一个部分之前就交付价值。这也是在数字化转型过程中提倡的精益切片方法的根基（见第3章）。这种迭代、增量的方法创建了度量端到端价值（而不是活动和完成的工作）的基础和可能性。敏捷方法并不能保证度量价值，事实上，我们已经看到太多敏捷软件项目使用类似于瀑布项目的方法（不完全相同）来度量和报告已经完成的活动和工作。

人们对记录完成了多少工作、投入了多少努力似乎存在一种强烈的制度愿望。这就是我们看到的一些"管理游戏"。为了预算的目的把工作量和竞标捆绑在一起，最终会得到虚构的承诺，还将花费大量时间来管理信息以展示进展或为缺乏进展进行辩护。

改进度量是组织需要建立的关键能力，以便优化客户价值并消除交付的限制。改进度量能显示数字化转型是否推动了预期的改变和进步。在第12章中，我们将讨论建立持续学习和持续改进文化的重要性。认识并实施改进指标将有助于加强这种文化。

4.5 总结一下

当整个城市的灯光熄灭时，电力公司处于最佳状态，因为每个人都清楚他们的目标：让灯光重新亮起来。明确的度量标准和目标使得跨职能团队立即采取行动，不管角色和个人KPI如何，人们将充分发挥才干和技能，致力于完成任务。

随机或不相关的度量标准会导致随机和不一致的工作。人们专注于变得忙碌而不是有效，追求完整而不是有价值。关键是要提供一组度量标准，帮助团队即时做出决策，确保他们所做的工作有助于实现成效，而不仅仅是完成工作或更好地交付结果。一个良好的度量标准与效果和效率方面的成效成就是一致的。它通过客户的价值来表示，并且具有足够的先见性，可以及时对其进行度量，来了解工作在实现其意图。

这些指标应该是关于客户获得他们想要的价值的先见性指标。可能有许多潜在的先见性指标需要考虑，一些较强，一些较弱。需要确保检验与业务收益指标（通常滞后）的联系，找到可以将它们联系在一起的指标。完成的工作并不等于交付的价值。从敏捷软件开发方法论中，可以学到很多东西，包括度量交付价值的能力，以及鼓励透明与可视化的环境，以减轻类似赌博的行为。

实现成效和改进实现成效的方式不应该相互排斥。改进度量将补充成就衡量，并加强持续改进文化。另外，要意识到 KPI 的影响，如果可能的话，重新设计它们——以团队为基础，以客户为中心，通过定期评审进行调整。

下面是我们关于度量标准的最后一个想法：判断度量标准是否正确的一个好方法是应用相反的方法，验证其是否正确。例如，如果不这样做，这个度量标准还有效吗？如果什么都不做，度量标准还会改变吗？ 如果反其道而行之，度量值会减少吗？这些都是有用的检查点，以确保正在应用合适的度量标准。

4.6 关键点

本章要点：

- 通过度量客户价值优化业务。

- 目前许多传统的度量标准的应用方式削弱了团队交付客户价值的能力。

- 应用适合的度量标准来进行决策的重要性。

两个锦囊：

- 构建度量标准，驱动落地举措：为"不确定"类别重新设计度量标准，并根据它们的先见性 / 后见性特性来指导举措，与"确定"类别的举措分开。

- 围绕交付价值，明确投资回报：关键项目持续展示成本与交付价值的关系图。

第 5 章

工作与度量标准对齐

保持一致性可能是数字化转型中最合理、最困难的一步。到目前为止，你已经可以用客户价值来描述成效，定义确保成效得以实现的度量标准，明白用精益切片作为起点的重要性。在本章中，我们将介绍下一步如何将度量标准级联到工作中，以便所有工作都围绕度量的改善来进行。然后介绍如何以这种思维方式调整当前正在进行的工作，在整个投资组合中对工作进行优先级排序。这个流程在开始时可能很难理解，特别是被组织内部各种约束（将在第二部分讨论这些约束）所牵绊时，但是在理解之后，它将变得非常简单且合乎逻辑。

John Seddon 对于用他的目的、度量、方法的系统思考替代传统的目的、方法、度量的思考的描述，最能解释这种心智上的转变。在后者中，度量是事后才想到的，并且在很大程度上描述的是完成而不是成效[1]。这样就可以设计出成功的工作。这简直是作弊！

如今，我们看到了许多相反的例子：在制订组织级战略时，大多数工作已经在职能部门内部进行了。因此，要么重新规划已完成工作，要么找到方法将其挤入战略"池"中，作为向任务提供资金的一种方式。这两种选择都会导致工作在当前职能边界上的次优

注 1： John Seddon, *Freedom from Command and Control: Rethinking Management for Lean Service* (Productivity Press, 2005).

分布，最终导致任务没有对齐。图 5-1 展示了工作对齐或不对齐的 Sankey 图。

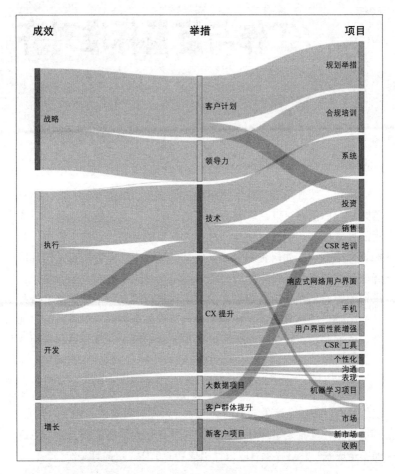

图 5-1：Sankey 图显示了工作如何与战略脱节

在图 5-1 的左侧，可以看到工作是与战略保持一致的，并试图与组织的重点领域保持一致。在这个阶段，领导者会感到舒适和满足，认为工作紧随战略，他们可能会转身离开，将剩下的工作留给中层管理人员去执行。但是可以看到在该图的右侧会发生什么：工作被沿着职能线分解，并与战略失去联系。

这种"新的工作方式"开始于如何将成效分解成更小的组成部分，由更小的团队完成，同时保持联系和协调能力。从长远来看，在与我们合作的两家公司里有大约 50 000 名员工，开始时总共有 20～25 个成效，这里讨论的是大型战略成效。采用这些方法并持续将它们分成越来越小的颗粒，并逐级度量，直到达到适合单个团队交付的规模。这个分解成效的过程就是我们所说的级联。

5.1 级联方法

级联方法提供了一种一致的方式来描述工作，将工作分解成更小的独立部分，同时保持了所有内容相互关联。通过级联，组织可以更清楚地了解投资组合间的相互联系，以及各项工作对成效完成的影响。级联允许管理更细粒度的工作，预支较少的时间、人力和资金。反过来，也可以停止那些没有按照期望的方式完成的工作，并扩大那些最能推动组织前进的工作。

考虑以下场景：你决定要改善健康状况。这有点主观，但关键的指标可能是"每月感觉良好和精力充沛的天数"。为了增加"感觉良好和精力充沛的天数"并获得更好的健康成效，根据生活方式和习惯，你可能决定改善以下几个方面：多锻炼、多睡觉、少喝酒。这些方面本身都是可度量的，并且是相对独立的领域。

接下来，假设你将"少喝酒"作为决定采取的一个步骤，这可以通过每周喝多少酒来衡量，你可以想出一些举措来帮助实现这个目标。第一项举措是减少外出的次数，因为社交压力会让你在社交场合喝得更多。每周设定一个限度，就很容易度量。第二项举措是用水代替酒。这不仅可以帮助你更好地调整自己的节奏，还可以掩盖在社交场合减少饮酒的情况，对它的度量标准是每餐喝酒的量。第三个举措是把家里的酒移到更高的架子上，使你更难接触到酒。这可能有助于减少在家里的饮酒量，度量标准是每周在家喝酒的量。

每个举措都是一个较小的工作部分，相对独立且可以单独实现。每个举措都有自己的度量标准，这样你会很快知道某个行为是否会改善此指标，根据指标的变化，你可以决定是应该继续做下去，还是转换到一个不同的举措上。可能用水代替酒说起来容易，做起来难，也许应该探索一种不同的举措：让水杯离你更近，让酒杯离你更远。这样更容易接触到水杯。可能把酒放在较高的架子上不会影响每周在家喝酒的量。除非有足够的决心将所有酒拒之门外，否则应该放弃这种在家里让接触酒变得更困难的举措。

虽然举措都是单独完成的，是独立的工作和行动，但应该将结果汇总起来，以帮助达成整体度量目标——每周喝更少的酒。将这一点与另外两种投注（多睡觉、多锻炼）的改善相结合，就应该能看到整体指标的改善，即增加每月感觉良好和精力充沛的天数。最终，这会帮助你实现改善健康状况的目标。

这些举措都是假设，尽管都是不错的建议，但不确定它们是否能持续有效，使你感觉良好和精力充沛。举措都是小试验，你可以实施举措并从成效中快速学习，看看什么有效，什么无效。也可以很容易地跟踪每个举措的进度及其对总体目标的影响。根据进度和影响，决定加倍举措或停止举措，或想出新的举措，或决定完全放弃一个举措而专注于另一个举措。也许结果证明，喝酒不是真正的问题，健康饮食才是。这种方法提供了可见性与灵活性，以探索未知和最大化工作的价值。

级联不是一个新概念，可以在很多地方找到，比如精益价值树（如目标、投注、举措），或者其他工作分解术语。还有其他类似的简单框架：

- 目标、主题、假设

- 成效、举措、最小可行产品（MVP）

- 大岩石、普通岩石、鹅卵石

- 史诗、特性、故事

- 1级、2级、3级

这些框架的目的是相同的：把一项工作分成更细粒度、更容易管理的部分。一个良好构建的级联是从组织级的成效（一个精益切片）和它的度量开始的。然后，使用度量来设计可行的工作。下一层的工作重复类似的过程：为每个成效创建一个度量，并用于设计下一层的工作。这种工作、度量、工作、度量的流程，正是相互联系变得如此强大的原因。每一层都明确地与实现上面一层的度量和最上面一层产生的工作相一致。

级联还简化了度量过程，所有的工作都与明显的度量标准和数据源相关联，可以很容易地从一个工作级别跟踪度量的进展，并将进展与上面级别的实现相加，从而满足更传统的进展指标和成效实现的需求。在第4章我们介绍了"成本与价值交付"关系图。级联使得展现价值更容易。

级联越往下，工作量就越小，需要采取的度量也就越多。相比每餐总饮酒量的最终结果，进餐时伸手拿酒杯的次数可能更说明问题，这也是一个的先见性指标。

在第2章的房屋抵押贷款案例中，成效的级联应该集中在帮助客户获得房屋所有权，而不是仅仅出售更多的抵押贷款。"居者有其屋"的成效也给了团队更多的自由来创新，利用新兴技术想出新的解决方案，消除价值交付过程中的摩擦。它使每个人保持一致，并专注于他们的工作如何推动组织达成成效。

让我们看几个例子。

5.1.1 级联方法的应用

银行的成效是为客户提供最具吸引力的房屋贷款体验。我们不讨论成效的质量，而是跟随它，看看它是如何组合在一起的：

- 首先，确定度量标准。度量标准必须与"吸引人"有关，换句话说，当吸引了客户，便实现了成效。因此，需要围绕客户认为有吸引力的东西做一些工作。通过访谈、调查、焦点小组和其他营销技巧，了解到在线申请房屋贷款所需的时间会影响"吸引人"的度量标准。如第4章所述，通过考虑相反的因素来检查它是否是一个好的度量标准。如果增加了在线申请的时间，会不会不那么吸引客户？答案是肯定的。那么现在级联的第一个级别有了第一个假设：通过减少在线申请的时间，提供更吸引人的体验。

- 然后，设计可以减少在线申请时间的工作。待办事项列表中的工作由各种机会组成，这些机会是否能节省时间，具有不同的可能性。把注意力集中在最有可能发生的事情上，就进入了级联的第二层。这些事情都是在项目级别上进行比较的，每个都有一个"时间"度量的子集，作为它们的先见性指标。

- 最后，团队使用敏捷原则和实践，将工作分解成细粒度的独立工作，可以在冲刺或迭代中完成，构建减少在线申请时间的解决方案。这些项目级工作流都使用了先见性的假设指标，格式如下："如果执行 X，则在线申请时间将减少。"

重要的是，持续验证和评估总体目标，让住房贷款体验吸引客户。在这个层面上，减少在线申请时间并不是目标本身，而是实现整体目标的手段，也是一种假设。如果没有看到客户反馈的改善，或者看到的满意反馈减少，那么是时候对这项举措进行进一步投资评估了。

另一个例子是：一个组织试图帮助女性投资者参与投资，将此作为成效。这里的两个具体度量标准是女性客户新开设的投资账户的数量和来自女性投资者的总收益：

- 在级联的第一层，工作旨在增加女性客户新开设投资账户数，或增加现有女性投资者的投资额。通过用户研究发现，投资的信心和投资条款是女性投资的关键。

- 将教育作为级联的下一层和先见性指标。假设变成"这些领域的教育将增加女性在投资方面的信心，进而影响女性投资人数的增加"。

- 级联的再下一层很容易被设定为旨在增加教育的工作，而先见性度量标准是表明这些教育消费正在发生的事物。这一级联的结果是创建了一个专门针对女性投资者的登录页，一系列功能在网站上得到了试验和测试。每个功能都是通过用户在网站上花费的时间或他们在下载操作上花费的时间来度量的。

这项工作看起来像一个之字形：从工作到度量，再到更有先见性的度量。需要考虑的是如何在组织中表示它，以提供一个人们可以关联的心智模型，并反映组织中的真实情况。不要被标题和完善级联关系所困扰，组织中不同的团队可能需要不同级别的级联关系：对于某些组织来说，三个级别就可以得到一个足够小的独立工作，以适应一个团队；对于某些组织来说，可能是五个级别。事实上，每个成效都有不同的层级，因此不要对层级和标题进行标准化。否则，由于团队在其工作中将添加许多定义（史诗、主题、特性、故事、程序、项目、举措、成效等），很可能会导致超过团队需要的层级数量。沿着预定义的路径走下去可能感觉更好，因为这样更结构化、更容易实现——可能更容易教学——重要的是思想，而不是标题。

另一件重要的事情是保持一个精简的待办事项列表。我们都有很好的想法，而待办事项列表往往会成为所有"好想法"的垃圾场。必须控制待办事项列表的长度。保持警惕，理解目标将创造的价值，可以帮助清除那些听起来很酷，但毫无价值的想法。

级联方法有助于将精益切片分解成更细粒度、可由团队执行的独立工作。当一个工作足够小、足够自治时，就可以构建一个跨职能团队来使用所需的技能进行工作，这些技能可以来自当前组织架构中的不同职能部门。

跨职能团队

这里需要强调的一个重要原则是跨职能团队。跨职能团队由具有不同职能专长的人员组成，并为其分配特定的任务。大多数企业并不是这样运作的。任务和度量被按职能划分为多个部分，由不同的职能团队完成。职能团队经过优化后，可以提升针对职能以及该职能目标的成效和技能。它们可以是"开发人员""项目经理""零售团队"和"数字团队"，组织中的职能划分造就了里程碑和工作交接，但组织的价值流需要所有这些职能团队的共同参与。

快速的试验－学习周期无法在过多的工作交接中起作用。例如，想了解什么样的教育材料让女性投资者感兴趣，需要选择不同的内容，以不同的形式和顺序呈现它，将内容发布到线上平台，观察用户如何与它互动，据此做出改变，并重复这一过程。它的周期应该是几天甚至几小时，而不是几周或几个月。投资专家、营销专家、产品经理、用户体验设计师和技术人员需要在同一个房间里围着同一个桌子工作，以便以最小的摩擦和很少的交接快速地完成各种任务。

跨职能团队往往比传统的结构化团队更具创新性。许多研究表明，一群拥有不同背景和技能的人能产生更广泛且有用的原创想法。受过不同正规训练和掌握不同技能的人看待问题的方式往往不同。让具有不同技能的人在同一个团队中一起工作，而不只是举行一个小时的头脑风暴会议，常常会以意想不到的方式带来创新。在跨职能团队中，群体思维——一种受一致目标驱动的非理性决策行为——变得不太可能发生。

有了明确的目标和成功的度量标准，跨职能团队就能很好地协作。紧密的合作也让他们有机会了解组织中其他人的工作、优先事项和动机。这有助于了解全局，了解自己的努力如何影响其他人。冲突和分歧更多地围绕着解决问题，而不是对基于正规训练的方法的偏好或偏见的结果产生。考虑到目标和度量标准的明确性，团队更有动力通过执行和试验结果来解决冲突，而不是争论方法的学术价值。

跨职能团队可以有多种形式，通常是作为工作组建立的，其设计目标是可以在比企业给定的通常决策级别更低的级别上做出决策。跨职能团队既可以是企业的主要组织架构形式，也可以是企业主要的层次结构之外的其他形式。

大量证据表明，这样做是有好处的，但在现实中，构建跨职能团队仍然是困难的。对于大多数企业来说，现有的组织架构是围绕职能构建的——销售、营销、工程、服务、财务、人力资源等。再往下，职能中的汇报结构是围绕技能集构建的。职能主管有自己的目标、预算和优先事项。员工有自己的报告层级和KPI。处理这些组织约束需要不同类型的工作，并且在不同的组织中可能需要不同的路径。我们将在第7章对此进行更详细的讨论。

5.1.2 改进目前的工作

级联对于开始新工作是很好的，那么对于已经在运行的工作呢？不幸的是，这通常是数字化转型之路的起点。在客户价值和成效中明确了所有的成效，选择了第一个精益切片，准备将成效分解为较细粒度、可管理且可度量的工作，结果发现已经有很多正在进行的工作。这些工作貌似可以实现类似的结果，或者重复，或者与级联的待办事项列表有依赖关系。如果任其发展，你将被当前的工作淹没，无法对已确定需要改变的事情采取行动。

当前的工作也不太可能源于客户的成效，更有可能的是，组织认为客户想要的东西也被强制变成客户需要的东西。因此，它会与现在需要做的事情产生冲突。它将会与下列事务的其中一项有关：

- 组织架构和预算。

- 具有专业技能的职能业务线需要保持满负荷运作。

- 长期存在的工作项目的沉没成本，这些工作几乎没有任何价值，失去了最初的目的，但是无法停止，因为在完成之前不能进行资本化。

- 有影响力的团体重点关注的项目。

成效分解的残留部分不一致地分散在整个组织中，很少能够重新结合在一起，从而无法度量每个部分对成效的贡献。团队之间的交接增加，这是因为工作之间的相互依赖关系被职能分解了。由于所有团队都在优先处理不同的待办事项以最大化局部输出，但可能与整个组织的端到端输出不一致，因此等待时间增加。重点是完成工作，而不是实现客户成效。工作变成了决定、出资、完成，然后每个人继续处理下一件事。

如果忽视当前进行的工作，它就会阻碍你，会继续消耗大量的时间和资金，以及真正需要以新的方式工作的人。可以选择将它们全部包含在转型中，但同样的循环会一直发生：每个人都会被困在正在进行的工作中，甚至不能开始做想做的新工作。因此，需要找到平衡，理解成效和度量标准，确定当前工作中的哪些推动了度量标准，并将这些工作带入新的工作方式。

关键并不在于对已有工作建立级联关系，而是使用改进技术以确保不会在流程中引入对当前工作的偏见。比如，提出一些标准，使得当前工作成为级联工作的一部分，它还充当基线的作用，让当前工作必须实现对其的"跨越"。我们建议问以下四个问题：

- 工作是用客户术语描述的吗？
- 工作有先见性的客户价值度量标准吗？
- 工作是否被分解成最小的独立块？
- 成效负责人是否同意该工作将继续推进成效实现？

这不仅是一个修饰的过程，还是一个修剪过程。基于好的想法，一些现有的进行中的工作可能被设计成实现类似的目标和举措。在问了这四个问题之后，我们可能会清楚地发现，它没有为实现真正的客户成效带来什么价值，或者是一笔庞大的投资，无法进行早期试验。但这将是一个机会，可以暂停或停止工作，以腾出人员和资源来专注于可以带来更多价值、更加协调一致的工作，或者将大型项目分解为更细粒度的一致的价值。

除了明确成效和度量定义之外，在将正在进行的工作"转移"到级联的待办事项列表中时，还需要注意团队与流程。如果数字化转型没有在全面的组织中大规模地推动，那么工作可能是由各自为政的职能团队完成的，并伴有交接、依赖和其他摩擦的情况。这也是一个改造团队结构的机会，使其更具有跨职能性，并采用迭代化的流程，如敏捷软件开发方法。它不应该只是一个简单的"提升并转型"的过程——现在是重塑工作的时候了。

在我们对一位高级副总裁的采访中，他分享了通过改变组织使工作与客户成效相一致的经验：

> 转型的领导者需要推动变革，但不要用力过猛以致人们"远离"你。
>
> 这个角色需要不断地提醒团队和领导者，让他们把工作与客户成效联系起来，就像一个蹒跚学步的孩子，不断地问"为什么"团队要做这些工作，客户会从这些工作中得到什么，以及能多快了解到这些工作是否给客户带来了价值。
>
> 这对人们来说真的很烦人。在我们的组织中，团队被成堆的重要工作和优先级压得喘不过气来，他们不会在无意义的事情上工作，但从中无法"找到"客户——我们努力地找到了少量高级别的客户成效，展示了该工作如何与这些成效相关联（甚至后端/API工作）——这一步被证明太大，不仅违反了现有的组织边界（康威定律），而且存在一些需要解决的合法缺陷。
>
> 转型的领导者需要弄清楚如何使工作与客户成效相一致的原则在组织的各个层面上得到"坚守"，然后用增量的方式一点一点地产生共鸣（这与要求组织交付的小型、增量的版本没什么不同）。注意：事实证明，仅仅重复地说"必须重新调整工作以对齐客户成效"并不能使它实现！

高成本的平台化、重造或大型的软件实施项目，都是典型的多年计划，具有预定义的路线图和特性及功能的里程碑。例如，迁移到新的核心银行系统、新的航空预订系统，或新的 CRM 系统。这些基础系统涉及许多客户成效和目标可供选择来进行工作。级联的任务将不可避免地依赖于这些大型项目。

解决这一问题并非易事，路线图上通常有大量沉没成本和组织承诺。不算太坏的消息是，这些大型软件的最新版本已经开始采用基于云的、迭代的和连续的交付方法，而不是传统的"爆炸"方法。可以通过调整路线图和优先级来影响项目实施，使其更频繁地交付。在这种情况下，更重要的是让一些大型软件实施人员加入跨职能团队，兼职或跨团队共享资源，以确保沟通、协调和上下文共享有助于尽可能减少摩擦。

当团队提交变更以交付价值时，总是需要有人对架构组件承担维护责任。这里的关键点是找到平衡级联工作、优化价值交付，同时保障架构质量和可持续性的有效方法。

5.2 优先级排序与治理

很难在级联的开始就知道所有的答案，级联的第二层和第三层主要是假设。从严格意义上来说，挑选举措作为起点是不科学的。这一层的客户成效定义和成功的度量标准，是对下一层工作进行优先级排序的最佳起点。领导者想要选择一个或几个最有可能改变成功的度量标准的机会。例如，在减少饮酒量方面，"少出去"比"在家把酒放在更高的架子上"更有效吗？也许是这样。如果想出去社交，那么前者可能更难，因为这样做会带走生活中的很多乐趣，而这是一个巨大的"代价"。

尽管有大量的技术可以使用，但重要的是要为组织选择一种最透明、最不具对抗性和最灵活的方法。好的优先级排序方法的关键组件是该决策不会长期存在。如今的年度周期给人们带来了太多不切实际的期望，导致无法预测未来，同时犯错误的影响太大，这是因为它们的持续时间太长，并且随着知识的积累，很难支持"重构"

决策。拥有一种鼓励不断回顾和反思的方法，意味着我们可以轻松添加新项目或将资源转移到产生最大价值的工作中。

好的优先级排序方法的主要组件是在分析选项时使用数据而非意见。这有助于加快决策过程。基于证据，当事物不可否认时，问题将从"什么"变为"如何"，并且需要进行权衡。

好的优先级排序方法的其他核心组件包括：

- 建立有关客户价值的公开交流，投资于有助于获得成效的工作。这不意味着不投资于基础设施部分或非客户价值项目，只是意味着有意识地、透明地这样做。

- 提供每个工作的准确视角，每个人都可以从该视角做出决定，即从什么开始最重要。进行沟通时要保持透明和安全，这对于消除对抗和政治因素至关重要，这些因素往往会阻碍整个组织和客户获得最佳成果。

- 每当获悉新信息时，都可以改变想法，从而改变投资。

- 在决策参与上要保持一致性，长期共享和维护决策上下文。授权或者决策者替换不会削弱前期的讨论和已形成的决策。从开始就选择合适的人员参与，并尽量减少团队成员变更，来共同学习和更好地理解整个组织的视角，以提供高质量的决策结果。

转变到使用这些核心组件并不容易。首先，需要缩小工作规模，使决策更小，并且在不产生太大影响的情况下进行调整。接下来，做好犯错的准备，在前进的过程中不断适应。

5.2.1 案例研究：行动中的优先级

回顾最近与客户的一次合作，我们更好地了解了对所涉及的个人和组织本身有效的方法，认识到了工作优先级排序的几个关键点。通过关注待办事项列表的顺序，反思要达到的目标，以及对取得结果的满意程度。

这个流程开始于非常传统的步骤：职能领导者提出要求，高级管理团队同意年度支出，然后将支出按比例分配给职能领导者，让他们对自己的投资负责。关键资源从来没有用于重要的工作。跨职能工作附带交叉成本，每次发生这种情况时，接收团队都会提高工作的优先级。最终，有大量工作处于进行状态，而完成的工作很少，对客户产生的价值微乎其微。单个成效可以被分解成多个部分，并在整个组织内传播，每个部分都会根据接收它的职能部门被划分优先级，但是很难把所有分解出的部分又完整地集成起来。

我们做了一次大胆的探索来简化这个流程，向领导小组简单分发了 10 个绿色圆点。我们把所有工作都展示在墙上，让他们进行投票，把圆点贴在他们认为重要的工作上。经过一番辩论后，他们得到了一个结果。然而，最后大家又回去继续做原来的事情了，许多得到圆点的工作仍然没有开始进行，因为很难停止进行中的工作。继续做团队已经在做的事情更容易，对于无论如何都要做的工作来说更是如此。这也是一个非常具有对抗性的过程，对参与者来说是充满争论和不愉快的。

对上述情况的突破是在一个非现场的过程中实现的，在这个过程中，我们综合了多种技术，在大约 4 小时内完成了 80 个大型工作项目的优先级排序：

它始于"敏捷扑克"的概念，在这个概念中，每个参与者都有一副斐波那契牌，分别是？、1、2、3、5、8。CEO 得到了面值 13 的牌，但她只被允许玩一次。我们引入了一个"加权最短作业优先"（WSJF）的概念（参见图 5-2），让工作的所有者用几分钟时间描述工作及其对客户的价值。接着我们数到三，每人根据价值大小出一张牌。如果有两张牌之间存在很大的差异，就让这两个人在很短的时间内分别解释他们的立场。最后，我们对卡片进行了重新计数，并记录了中等数量的数字。

针对延迟成本（时间对价值的影响）和风险 / 机会的要素重复该过程。后来我们添加了工作规模或复杂性的元素。大家兴趣盎然，玩得很开心。每个人都获得了关于彼此工作的宝贵知识，能够更全面地评估工作的优先级。

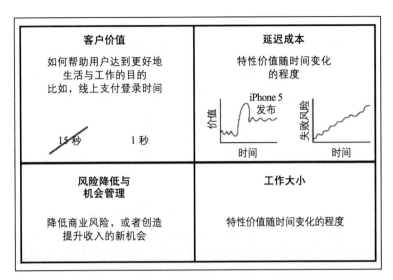

图 5-2：加权最短作业优先不是给出明确答案的工具，而是一种做出有意识决定的方式

安全因素也很重要：我们增加了一个固定节奏，可以一起回到起点，根据不断变化的市场条件重新评估以前的分数，或者增加一个新项目来对照目前的待办事项列表进行评估。我们也没有把重点放在加权分数上。而在将待办事项列表按顺序可视化之后，我们问了一个简单的问题："感觉如何？"，然后为参与者提供了一些实地交换项目的机会，直到所有人都对恰当的交付顺序感到满意为止。

整个会议中最精彩的时刻是，一位领导者在试图解释某项工作的客户价值时，变得束手无策，不得不承认："实际上没有什么价值。"这一滑稽的时刻引发了一场关于为什么这项工作仍然至关重要的有意义的讨论。客户价值不应该是有与没有的决策，而是一个有意识的决定。关键在于，在一个安全的环境中，每个人都可以看到正在进行的工作和想做的工作，作为一个团队，可以为业务做出最好的决定。这只是客户旅程的一个例子，不过组织在透明度、可视化和数据使用方面越成熟，在优先级排序方面遇到的问题就越少。

5.2.2 转向更简单的优先级模型

在正式的优先级流程被更简单的价值识别取代之前，有一个过渡点，每个人都开始着手处理下一件最有价值的事情。这意味着需要忽略职能边界，需要完善将数据作为度量指标和试验性文化的做法。更重要的是，组织将创造更多的定期反思时刻，可以评估工作是否达到了预期，还可以决定什么时候应该适可而止，正如我们在第4章中所描述的那样。

事实上，在瞬息万变的数字化世界中，ROI计算的误差幅度将会非常大，以至于"T恤大小"的猜测之后的任何事情都不会具有更大的价值。也没有必要了解确切的影响，只需要知道投注和举措之间的相对影响即可。

这就需要一个有见识、有依据的猜测。进行优先级排序的最佳方法是，确保在大多数关键领域都有足够的知识，包括客户行为与期望、市场、产品、技术和财务，并且这些知识在流程中的应用是均匀且平衡的，没有一个领域压倒了其他领域。

优先级排序流程不应该耗费太多的精力，因为与传统流程相比，该流程的执行要更频繁。随着工作的推进，将尽早在真实的客户环境中进行端到端解决方案的试验，验证交付给客户的价值和关键度量，获得构建和交付解决方案所需的工作的新信息。你将经常根据新的信息重新评估投注和举措。如果该流程涉及过多的工作量，它就不会像工作所期望的那样敏捷。

几乎总是有更多的想法超出现有能力，更多的试验超出期望时间，更多的举措超出现有资金。优先级必须始终专注于保持较少的进行中工作流，并保持精简的待办事项列表。有价值的想法和举措会从意想不到的地方或相邻的工作流中产生。

5.2.3 在每个级联层级上划分优先级

应该在级联的每个层级上采用类似的优先级排序方法。尽管频率不同，但仍需要持续解决所有层级的问题。第一层的工作需要尽可能频繁地完成。大多数敏捷交付团队每周或每两周进行一次迭代或冲刺。每两周可以是一个很好的频率来审查结果和团队进展，适当调整优先级顺序，保证工作方向、团队规模和资源分配。如果不是实时的，也要尽早进行。当它上升到下一个更高的级联层级时，一系列的投注需要由一个指导小组以类似的方式进行审查，该指导小组负责以较低的频率审查这些投注的成效，可能是每月或每六周一次。类似地，在更高一层，对多个成效进行审查时，频率变为每两个月或每季度一次。

经常有这样的情况：一系列的工作在早期取得了良好的进展，并带来了大量的价值，但随着工作的推进，回报开始减少，因为在完成影响最大的工作之后，度量指标的变化开始减缓。更频繁、更轻量级的优先级排序和治理模型，可以帮助捕捉这些情况，将团队重新定向到不同工作流的下个举措，或者将人员和资源重新分配到其他高优先级举措中。

这是轻量级治理模型的基本框架，用于管理优先级、工作方向和资源分配。至关重要的是，要尽可能地依靠数据来做出决策，以应对沉没成本谬误、可用性启发法和其他认知偏见。我们将在第9章中讨论如何更好地使用数据来制订决策。

5.3 总结一下

以下是级联模型中的关键步骤摘要：

- 将客户成效目标进一步分解为二层、三层或四层工作，以及与之对应的成功的度量标准。每一项相互关联的工作保持紧密联系，每一次分解都是自主的，度量标准都是独立的。

- 围绕已确定的工作建立跨职能团队，在团队级别采用敏捷方法以及其他迭代的持续交付方法。

- 以全新的眼光审视进行中的工作，看看它是否与刚刚确认的目标与度量标准相符。如果是，应用前文提到的四个问题将当前工作带入新的工作方式。

- 采用轻量级的优先级排序和治理模型，以确保所有工作（新工作或正在进行的工作）都得到定期审查，为最有价值的交付优化资源和能力。

级联工作为团队提供了成效的清晰视野。它可以帮助识别用于实时决策的先见性指标，并更快地反馈在成效上的进展。

工作的级联和相关分解将简化度量、工作依赖关系和团队组成。在第二部分，我们将研究采用级联时将会遇到的一些挑战，需要仔细考虑使组织的其余部分与该模型所产生的工作保持一致。

在此之前，我们可以看看使组织中的事情变得可见和透明的最佳实践，这样决策就会变得更明显，相关的心智模型也会为改变创造动力。

5.4 关键点

本章要点：

- 在组织级别的架构中，以客户的角度设定成效有助于员工清楚地了解他们为什么进行工作。级联模型是消除摩擦、确保所有工作都对齐并聚焦实现预期成效（而不仅仅是完成）的好方法。

- 创建一个级联的、有关新的工作方式如何将重点放在实现成效上的心智模型。评估当前进行中的工作，以了解它适合当前战略的哪一部分。

- 工作的优先级排序需要变得更轻量，得到更频繁的审查，并且更多地由数据主导。

两个锦囊：

- 级联成效度量，对齐战略到举措：级联度量来决定实现成效所需的工作，建立并可视化这种从战略到"举措"的级联模式的心智模型。

- 梳理在途工作，对齐目标举措：评估正在进行的举措，看看哪些符合新的工作方式，并将有助于取得成效。把那些与你的第一个精益切片相关的的人和工作分配到这个团队中。

第6章

透明与可视化

谈及透明与可视化时，我们并不是指汇报与监管，尽管这些都可以从中得出。我们讨论的是使用物理视觉提示和大型可视化图表，围绕一个共同的目标将团队结合在一起。我们称之为可视化信息雷达。

设想一下，你已经根据客户价值定义了成效，工作级联已完成，团队已组建，成功的度量标准也确定好了。每个人都在努力完成工作，有一个适当的轻量级治理模型来促进试验－学习的循环。在这样的速度下，无论是正在进行的转型，还是期望为客户实现的成效，保持持续的沟通和信息共享，对保持领导者与团队的一致性和专注度至关重要。

在数字化世界中，所有内容都可以在计算机屏幕上显示，包括电子表格、报表工具以及所有附属的图表。然而PPT演示文稿和Excel数字图表不会对物理环境产生影响，很难改变人们的行为。视觉提示在经验心理学研究和实际案例研究中有很深的渊源，并在用户体验设计中经常被用来将人们的注意力集中在重要的事情上。创建它们的方式没有对与错，只要能带来所需要的洞察力，就是前进的方向。这意味着要发挥创造力，并通过反复试验来找到适合的方法。

在本章中，我们将介绍一些概念，帮助建立可视化物理环境。在这个环境中，可以看到在哪里应该集中注意力、在哪里需要采取行动，甚至"每个人"都可以看到正在发生的事，以及如何能够相互依靠和帮助。更重要的是，这种技术能促进沟通和加强心智模式的变化，帮助实现以下两个主要效果：

- 创造一个安全的环境，让成功更多地取决于工作本身，而不是个人。

- 允许领导者和团队更早发现趋势并实时做出正确的决定。

通过物理环境创建可视化并在团队之间共享，将会提高透明度。

6.1 可视化系统

可视化系统与前文讨论的精益切片方法有着紧密的关系，在整个级联过程中带来了可视化，提供了转型和工作的路线图。它是一种沟通工具，可以用来回答以下关键问题：

- 我们达到成效了吗？

- 我们在改进吗？

- 我们提供了多少价值？

- 我们对齐了吗？

- 我们花了多少资金来实现这一价值？

- 我们要对财政负责吗？

- 我们是否具有适当的技能来完成需要做的工作？

- 有哪些问题？我们需要探究什么？

使用通用的可视元素和指示器，使信息可以在系统中上下滚动，从而使每个人都了解情况，在最接近于知识和工作的地方做出决策。

具有讽刺意味的是，在数字化时代，丰富的信息有时更善于隐藏真正的见解。它们很容易隐藏在计算机屏幕上无数跳动的图形和图表的背后。由于空间限制和客观存在的关系，人们需要更直接、更透明地进行互动。但是透明也是危险的。就其本身而言，它不会自动创造安全。相反，人们觉得在面纱后面更安全，因为这样曝光更少。让进度、成效和成功的度量标准更加显而易见、得到更广泛的分享，很容易让一些人感到不适，至少在最初是这样。在最近一次在物理空间中创建透明系统以详细说明资金分配和进度的案例中，我们看到一位项目经理变得非常积极，因为他们不再需要花时间"为老板准备"并管理消息，以便老板解释为什么这样做。

领导者的工作是成为创造安全环境的榜样。以下是一些执行此操作的策略：

- 专注于工作，而不是个人或团队。
- 分享自己的决策过程和标准。
- 要脆弱，不要过度防御。

对于正在发生的事情和造成的影响创建的透明性是一种巨大的文化元素，最终将使需要做出的改变不会掺杂个人感情，使业务决策更明显，并且更少关于人、更多关于工作。它有助于消除偏见和政治影响，让组织有更好的机会，能够做出更艰巨、更勇敢的战略方向决策，并将每个人团结在一起。

透明与可视化也是增强团队能力的关键组成部分。有了战略一致性、广泛的上下文和来自其他工作流的数据，单个团队将更有信心实时地做出正确的决策，而不必升级到管理层。除了经验，信息和上下文也是管理层在比接近工作的团队做出更好的决策时的主要优势。通过将信息和上下文推至最低层级，做出良好决策的能力也将被推向更接近工作本身和实时的方向。这将大大减少决策中的浪费和周期时间，提高试验 - 学习周期的有效性和效率。

在考虑如何创建合适的透明与可视化时，有如下几个方面需要考虑：

- 如何设置空间？
- 空间中要显示哪些信息？
- 如何使用空间作为一个有效的讲故事工具？

我们将在下面更详细地探讨这些方面。

6.2 空间

可以创建多种类型的空间来生成透明与可视化效果，不仅可以为工作提供信息，还可以推动数字化转型。它们在不同的层级上运作——从组织到产品成效或项目，再到团队级别——每一层带来了更细粒度的信息，并相互联系。

6.2.1 作战室

作战室（精益制造中的一个术语，是一个"大房间"）是组织的"中枢神经系统"（参见图 6-1）。可以在其中看到组织的可视化效果，从组织的目标和战略，到为实现成效而进行的工作。它常被比作船上的舰桥。它不是下达命令的地方，而是用来帮助领导者了解是否达到了所追求成效的目标。它允许在一个空间内查看整个工作体系和度量体系，使用提示器提出重要的见解和要做出的决策，从而减少部门化运作。

图 6-1：作战室展示了战略规划与工作内容之间的联系

这与大卫·马凯特（David Marquet）的意图型领导理念产生了很好的共鸣："不能指望舰长对核潜艇了如指掌，不应该下达所有命令。"[注1] 作战室确保许多人都在解决问题，研究如何利用机会。这可以保障团队立即做出一致的决定。

与所有空间一样，在作战室内花费的时间越多、交流的时间就

注 1：参见大卫·马凯特的视频"Leadership Nudges"。

越多，做出的决定就越明确。高管会议和团队会议都应在此围绕手头的信息举行。建设作战室时，需要考虑会议的美学、舒适性以及查看和浏览信息的能力。进入房间的权限因企业而异。对一些组织来说，这是一个开放的房间。这样做的好处是所有的团队都可以使用它，并沉浸在信息和洞察力中。团队觉得自己与之相连，能看到自己的工作与其他一切事物的关系。而对于一些组织来说，其中包含的信息可能非常敏感，因此领导者在透明度方面建立安全性和舒适性时，可能需要考虑访问的限制。

建设作战室需要创造力和信息。随着知识的增长和新洞察方法的发现，最初的几周将会有很多变化。我们建议在房间中加入以下元素：

- 将空间与信息变化频率的关系作为出发点。首先考虑组织的目标和战略，以及想要达到的成效，由于它们不会经常改变，因此可以嵌入房间的展示风格中，以更大的图形和粗体表示。该图形应该是数字化转型的北极星。

- 接下来展示为实现这些成效所做的工作。展示形式可以包含一些关键洞察，比如正在进行的工作、下一步工作，以及哪些工作是在成效级联中产生的，还有进行中的工作完成后需要分配给该成效的工作。我们看到的成功地显示组织是否在变化的一个关键度量标准是在转型之前完成的工作量和由此产生的新工作量。看到新的工作直接从成效中产生，说明人们正在重新思考他们处理工作的方式。这些工作区域可能每月都有变化，所以它们是使用可以定期更新的卡片和图标来设置的，以显示针对度量的进展和需要解决的问题。

- 为数字化转型的度量腾出空间——使用大型可见图表，跟踪开始数字化转型的原因的变化和改进。还可以添加心智模型和愿景锚点。这是跟踪整体变革管理的绝佳空间：是否正在形成紧迫感？是否组建了强大的联盟？如何传达愿景？是否创造了足够的短期胜利？是否已经在企业文化中锚定了这些变化？

- 强烈建议提供可供工作的空间，以便小组可以在作战室根据情况立即工作，或者在接下来的几周内解决出现的重大问题，然后将该空间用作他途。在我们最近参与的作战室建设中，保留了涂有白板漆的墙壁，用作零散的、计划外的讨论或者实时协作所需的白板。为期仅几周的调查工作也倾向于在作战室完成。

- 最后，考虑将"待办事项"列表或领导者在下一个转型阶段的首要事项公之于众。例如，"确定工作的优先级"或"确保所有新工作都源于具有明确度量标准的成效"。

6.2.2 项目空间

作战室是视觉系统的起点，并提供与传统的项目空间的互连，如图 6-2 所示。当成效被级联到下一个层级的投注或举措时，每一个部分都可以由旨在改善一组密切相关的成功度量指标的几个项目或工作流组成。在传统的项目管理框架中，项目空间被设计为跟踪这些项目和工作流的优先级、排序、依赖关系、状态和进度。我们不会详细介绍如何建立项目墙（在项目管理学科的许多书籍和文章中都有详细介绍），但是作战室的互联性元素是值得一提的。

图 6-2：项目墙使用不同的颜色设置框架

起点和终点

每个空间都有明确定义的"边界"，以便理解信息层次并维持一致。当开始浏览这面墙时，应该能看到起点的指示，在墙的尽头，如果需要更多的信息，应该去下一空间。可以使用大型信息图形指示下一层级详细信息、联系人和其他相关指针的位置。使用照片是引用其他相连空间的另一个好方法。

颜色和图标

这关于一致性和简单的识别。当在作战室时，可以使用颜色来划分或分类工作——为每个成效或每种工作类型使用不同的颜色，甚至使用颜色区分属于单个部落或业务线的工作。图标也很重要，它能突出信息，吸引读者的眼球，用于指出热点或胜利之处，突出显示希望管理层讨论的关键领域，甚至可以用作显示进度和成就的度量的一部分。在最近看到的一个案例中，参与者在作战室里用不同颜色的胶带围住每个成效，在项目墙复制这种颜色，每个部落都有一个图标，这样就可以识别他们正在做的工作，并知道下一步该去哪里。团队将大的红点应用到需要注意的工作卡片上。这使得人们可以在不损失上下文的情况下，从作战室自然地过渡到项目墙上，并且很容易地理解工作间的相互关系。

卡片和字体

熟悉敏捷方法的人可能也熟悉丰田生产系统和大野耐一推广的看板式卡片墙和卡片[注2]。作战室和项目墙也可以使用卡片，以寻求设计和使用的标准化，使人们易于遵循。卡片可以对不同类别的工作进行颜色编码，使用图标进行标记，以显示状态、谁正在处理它，以及它如何与成效对齐。在设计时，要从可读性的角度来考虑字体。普林斯顿大学心理学家帕姆·穆勒（Pam Mueller）的研究发现，手写笔记比印刷笔记更容易记忆，当然，这需要与字体的大小、书写的质量相平衡，而且不能在一张卡片上放入太多信息。

这些只是创造空间"系统"的几种方法，重要的是要有意识地思考如何去做。

注2：詹姆斯·P. 沃麦克（James P. Womack）在2007年出版的 *The Machine That Changed The World*（SIMON & Schuster）一书中对看板方法做了最好的阐述。

6.2.3 团队空间

下一层空间是团队空间。这是一种更传统的看板工作方式，对于团队来说需要细粒度的管理，非常详细和具体，并且经常发生变化。考虑办公室布局时，团队空间应该是一个关键因素。需要确保这个空间适合协作和共同创造，有安静的思考空间，也有即兴表演和讨论的工作空间，当然，还有开会的空间。从某种意义上来说，这与传统思维相反：希望整个区域嘈杂且充满活力，可以进行讨论和协作，还需要设计用于思考和安静工作的办公空间。吵闹的人被要求"找个房间讨论"的日子一去不复返了，团队空间与项目空间的互联遵循前文概述的相同模式。

经验告诉我们，空间各层之间的这种相互联系是一种重要的沟通工具，与传统的状态报告相比，它将创造一种不同的、有价值的对话。将它们连接在一起的视觉元素将放大这一点，有助于使组织围绕相同的目标前进，并保持一致。

构建视觉系统的一些反模式

与所有转型元素一样，构建视觉系统也存在一些反模式。来看看我们最值得注意的几个经验：

- 缺乏空间所有权。关键是要有明确的所有权，并保持最新和同步。是一个团队拥有整个作战室，还是由各个团队分区域共享？谁负责项目墙并使其与上面的作战室和下面的团队墙保持一致？这可能意味着组织需要一种新型的 PMO，从治理和报告到洞察力和指导。如果没有明确的空间所有权，可能很快就会使其过时和失效。

- 通过强制对齐或过度拟合，使当前工作陷入看起来正确的样子。这可能很简单：在一个新的成效下，有意识地分配每个当前的工作项目，或者重新措辞，让它听起来很合适。最好从"我们将如何实现这个成效"开始进行设计，然后查看当前的工作，并使用四个改进问题查看它是否是其中一项。有不合适的工作是完全可以的，这并不意味着情况很糟糕。可能还有其他重要的原因，例如，让灯一直亮着或者其他必要的维护和效率改进。这只是一个有意识的决定，我们都知道其中的联系。

- 在墙上复制组织架构。这是一个很常见的错误。创建业务线及下面的工作的标题只会给人留下工作与组织架构完全一致的错误印象。而实际上，这是不太可能的，只会验证是从这些结构中设计工作，以适应在该层次结构中分配的技能，而不是从客户成效开始。

- 在墙上展示当天的报告和记分卡。决定在可视化信息雷达中显示什么内容时，很容易与报告匹配，而不是关注价值交付。最好把它们留到最后，这样就不会影响对墙的设计。

- 在墙上使用电子表格。坚决不要这样做。当涉及透明与可视化时，电子表格处于完全相反的一端。对于大多数非 Excel 专家来说，Excel 电子表格从来都不是一种直观的表示。当人们把电子表格放在一起时，这意味着他们要么试图证明一个已知的立场不一致，要么缺乏创造性技能。

反模式中的一个共同点是希望证明现状是正确的，并抵制任何实际的更改。让事情变得透明和可见，有时也需要安全感。再次强调，领导者的工作是尽早解决安全问题，集中精力做好工作，而不是对个人进行惩罚。当数据和结果使一个人的想法失败时，作为一个好的榜样来展示脆弱而不是防御是很重要的。战略愿景上的坚定信念与执行细节上的灵活适应是有区别的。

6.3 报告和图表

当涉及改进安全性的操作和实践时，"安全表演"是经常受到批评的反模式，它是一套行动和措施，旨在让人们"感觉"更安全，实际上并没有改善安全。我们已经看到许多报告案例演变为类似的报告演出，尽管这些都是无意识的。

我们与一个不断承受时间压力、被要求生成更多报告的团队进行了一些合作，该团队期望采用一种更直观的交流方式。为了帮助组织建立对变革的认同，我们研究了其中一个最重要、报告最频繁的项目，跟踪调查了约30位员工。团队花了6周的时间来创建电子表格，对数据进行操作和加工，以制造更"积极"的氛围。令人难以置信的是，这些数据已经有一个月的历史，而当报告完成时，数据已经有两个多月的历史。考虑到数据的重要性，我们希望了解如何使用这些数据，以及如何能够创建更多的视觉表现方式，使得更容易捕捉重要的洞察。令人惊讶的是，我们发现领导小组的每个成员看报告的时间不超过两分钟，然后就把它删除了。很少有人会在未来提及数据和见解，也很少有人会因为看到这份报告而做出不同的决定。最终证明，完成这份报告是因为大家都认为应该有这样一份报告——为了报告而报告，而不是为了做出决定或调整。

这一评估让报告团队开始转变为洞察团队。该团队向领导者和其他团队询问感兴趣的领域，并从不同的角度分析数据，以提供团队可以采取的行动的描述和趋势。随着时间的推移，领导者逐渐习惯于把时间花在物理空间上，比如作战室和项目墙，他们"阅读"墙壁和识别需要注意的地方的能力在增长，对传统报告的依赖性进一步减弱。在定期的季度业务回顾中，首席执行官向他的团队提出了一个棘手的问题：如何重新安排会议或者更好地利用时间，而不是让团队来报告每个人都已经知道的信息。

为了有助于展开更好的交谈，可视化信息雷达应该关注价值交付胜过资金支出，关注客户成效相关胜过组织内部偏好，关注从学习中产生的新工作胜过为了现在承诺而存在的进行中的工作。例如，对成本与价值交付对比图的反映，可以是一组易于阅读的图，显示出当前获得的成效和已交付价值相比资金支出是超过、不足还是与之持平。可以是整体成效实现进度的即时视图，也可以是针对每项成效显示出与之相关的工作的视图。

大型的可视图表对于清晰的洞察和决策非常重要。统计图表可以展示人员与工作的结合、工作与度量的结合、成效的度量以及战略的执行，同时吸引参与者并提供采取行动的动力。

以下是一些关于洞察和图表的例子，以及它们最终被用来识别趋势和做出决定的方式：

愿景锚点
图 6-3 说明了如何向客户交付价值。这不是一组预先定义的新内部流程或客户数字化之旅，而是一个愿景，描述了新的工作方式和"好"是什么样子。它为领导者提供了对话的"全局定位系统"和描述变化与相关重点的通用语言。这种语言上的一致性，让所有领导者都以同样的方式讲话，在整个组织中产生了一种共鸣，为变革推动者提供了一个聚拢点，让他们知道应该向何处靠拢。

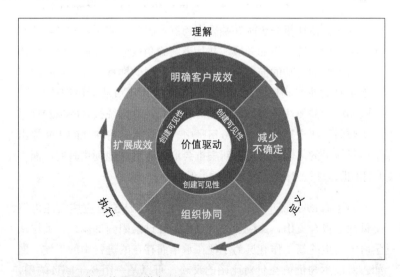

图 6-3：价值交付的愿景锚点示例

财务视图

在一家大型金融服务公司，领导团队希望了解资金的使用情况，以及投入战略举措和运营业务的比例。研究小组给出的估计是20%～70%。现有的报告是按照职能支出的方式编写的，因此无法形成一个整体视图。报告也只给出这些资金是否按照预算花出去了，而没有汇报是否与特定的成效相关。显然，与可靠性相关的投资包揽了一切。基本上，如果打算新建一个业务案例，只要证明与可靠性相关，就更有可能获得投资。

在为期三周的时间里，四人小组与项目负责人以及财务团队讨论了90多亿美元的支出的去向和成效。他们绘制了一个气泡图，其中气泡的大小表示支出，颜色表示成效，墙上的位置表示投资类型。领导者可以立即看到资金去了哪里。结果发现，只有5%的资金花在了战略意图上。投资过程中的漏洞迫使团队篡改投资流程，以便获得关键资金。与此同时，许多战略投资被隐藏在其他类别之下，使得几乎不可能利用财务数据做出良好的业务决策。财务视图为投资和优先级排序流程创造了一个与众不同的对话和方法，以便在高价值的工作中进行更多的投资。

在另一个组织中，有一个极好的例子显示了在IT中进行的大型基础设施投资与业务战略和高优先级成效之间的相互关系。穿过这个空间，人们马上就会明白为什么投资于数据中心升级对一个或两个业务成效的成功至关重要，从而使投资决策易于证明。

人员安排视图

我们在合作的一家大型电信公司那里，看到了一个6米×3米的展板，展示了团队和工作之间是如何联系的。这个大型的可视图表被用来展示一个热力图，帮助人们了解当前的业务优先级。上面是工作的项目，下面是交付小组，团队是两者交叉点的图标。通过这个视图，可以很好地洞察团队的利用率是如何在优先级区域分布的。有趣的是，它显示资金被分配到没有活跃团队的项目和一些低优先级的项目，这些低优先级的项目资金被大量的拥有特定技能的团队占用。事实证明，人们完成工作是由于某些特殊技能的人是可用的，而不是因为工作的优先级是由价值决定的。

转型视图

一个正在经历数字化转型的财富管理组织试图基于试验－学习周期而不是传统的长项目计划周期，创造更多与客户成效一致的工作。可视化转型是创建焦点和改变行为的关键方法。

该组织起初使用了一个巨大的看板墙，上面是正在工作的所有项目，按业务线排列。这本身是有价值的，因为能够使用图标来标记高优先级的项目，还能通过时间轴看到有趣的模式。在某一时刻，他们意识到一系列的项目几乎没有启动，而许多低优先级的项目正在顺利地运行。人们决定做什么的根据是简单性和技能可用性，而不是优先级和价值。可视化信息雷达很早就暴露了这个问题，因此组织采取了行动来修复它。

接下来，他们建立了一个空间来反映基于关键客户角色的新成效方法。此视图显示了成效级联和相关度量标准。起初，这面墙是空的，只有从成效级联过程中产生的新工作才能放在这里。然后，他们提出了一套标准，任何进行中的工作都需要满足这些标准，才能从旧空间移动到新空间（正如我们在第 5章中讨论的"跨越"）。他们在空间之间创建了一个从空到全的视觉规则，更重要的是，一个竞争性的局面开始了，业务线的领导者以能够将他们的工作从一个空间移动到另一个空间为荣，而其他同事却因没有能力移动工作而被"嘲笑"。

项目视图

我们不想深入讨论太多关于项目墙的细节，因为有很多关于可视化项目视图的书籍和文章。但其中有些例子不能不提。敏捷董事会的黑客组织成名人物尼克·索普（Nick Thorpe）创造或参与了一些更具创造力和令人惊叹的互联空间。我们最喜欢的是现在非常有名的乐高墙——用乐高积木来建立一个多维模型。某个采购团队试图创建一个乐高墙来可视化其采购阶段，他们将乐高积木放置在墙上来实现这一点。第一维是用乐高积

木块的大小反映项目的长度，第二维是用沿墙的位置反映已经
进行了多长时间，第三维是决定性的信息，用积木颜色来反映
所经历的采购过程的各个阶段，并写上每个阶段所花的时间。
通过查看墙上信息，很容易看到一个项目在当前阶段已经持续
了多长时间、已经经历了哪些阶段，任何给定的工作都处于哪
个阶段，以及总时间与预期时间之间的关系。

6.4 画廊漫步

建立透明与可视化并不是一件易事，需要各方的努力和承诺来
改变习惯，以及更好地理解在何处查找信息。把信息展示到大图表
上只是第一步。所谓的"画廊漫步"是支持这一点的关键。

这个概念意味着通过一致的方法，让人们通过空间的转换来回
顾进展，提供"战略"可视化，体现工作之间的关系。画廊漫步是
吸引人们参与的一种非常有效的方法。它是物理的、亲密的、互动
的。作为一个讲述故事和影响他人的工具，让人们一起走过一个真
实的环境比 PowerPoint 演示更有吸引力。它可以用于从变革和战略
执行的角度与员工分享正在发生的事情，有助于将工作与战略和业
务的重要成效保持一致。不能低估领导者通过这些空间向同事、合
作伙伴和利益相关者做展示的能力，因为这样可以建立起一种个人
联系。

就像任何有效的讲故事方法一样，画廊漫步是一种精心策划的
体验。它不需要过于规范，允许大量的互动和讨论。我们利用过一
种有效的技巧——模仿"跟随弹跳中的球"。将数字编号放在每个
区域的顶部，有助于导游（展示空间的人，包括领导者）检查自己
讲述故事的顺序。在早期，可以将其扩展为包含三个可读的要点，
并在每个数字处高亮显示，而游览这个空间的人很少能认出编号等
标记。这是帮助保持故事一致的好方法，能够培养人员讲故事的
能力。

故事的一致性创造了一种回声效果——每个人都在重复同样的

信息，有助于沟通和变革管理。导游只是简单地从第一点开始，简洁地引导人们通过流程中的每个部分，从作战室到项目墙，甚至到团队墙，通过起点和终点强调空间中相互关联的点。在每个层级，都可以让来自该空间的团队展示他们的工作，并指出遇到的任何问题或取得的成功。在作战室进行的战略、财务和PMO讨论可以很快转变为项目墙上的成效和度量标准的讨论，然后转变为团队墙上针对日常活动的详细讨论。

增强画廊漫步体验的方法是添加明显的区域以提供反馈。甚至可以在每个空间添加反馈板，允许人们在游览时实时添加评论或问题，或者稍后回来私下添加，以缩短可能丢失、不准确或令人困惑的信息的反馈循环。

让空间变得清晰可见，可以让更多的信息得到更快、更广泛的共享，在职级和职能边界之间创建更好的一致性，使那些接近工作的团队能够实时做出更好的决策。

6.5 关键点

本章要点：

- 透明与可视化创造了一个使决策变得更加清晰可见的环境。

- 有各种各样的空间类型需要考虑，保持它们作为一个视觉系统的一致性将大大提高透明与可视化的程度。

- 需要考虑领导者在为空间创造安全性方面的作用，以防止空间被滥用来证明当前的状态的合理性。

两个锦囊：

- 设计愿景锚点：它是一张图片和一种语言，始终如一地描述和解释所期望的未来状态，为组织即将发生的变化创造一种回声，将转型的愿景与路线图紧密连接起来。

- 创建可视化系统：根据本章所列的关键元素确定空间和可视化方式，开始转型之旅。

数据驱动决策，打造高响应力组织

> 提高业务响应力的主要障碍：决策缓慢、部门目标相互冲突及优先级不同、企业文化保守、数据信息的隔离。
>
> ——经济学人智库，"*Organisational Agility: How Business Can Survive and Thrive in Turbulent Times*"

第二部分着眼于组织向第一部分描述的模式转型的能力。数字化时代需要响应力——倾听、学习与改变的能力。响应力来自细粒度处理能力、经常做出改变，以及使用数据和知识来做出更好的决策，比如探索的内容、何时改变以及何时停止。

由于组织当前的固有组织架构与职能约束，以这种方式工作是很困难的。调整和管理这些约束的能力，以及基于数据获取信息和知识的能力将在维持数字化转型中扮演着重要角色。

精益切片方法将会揭示在数字化转型过程中需要解决的职能约束（参见第 3 章）。常见的职能领域包括：

- 组织架构与客户价值交付不一致。

- 投资组合不关注产生最大价值的事情，而是与现有商业模式一致。

- 优先级排序重视确定性和完整性，胜过价值和准确性。

- 人力资源政策和流程不利于团队稳定性和跨职能协作。

- 个人的目标不一致或没有与成效成就对齐，奖金和 KPI 更加激励个人贡献而不是团队协作，没有鼓励每个人都朝着同一个方向工作，即共赢。

- 成效度量不存在，或者与客户价值无关，或者如此滞后以至于无法说明当前工作与度量结果之间的关系。

- 组织的规章制度阻碍和减缓客户价值交付，而不是参与其中并推动交付。

所有组织都或多或少地受到以上所列的影响，有些很僵化，有些很灵活。

第一部分关注了与客户价值的一致性，第二部分将进一步介绍组织数字化转型的主要阻碍，以及如何通过数据帮助识别和解决这些障碍。我们常说，知行合一是比较难的，而持续坚持就更难了。

组织就像"发动机"中一个巨大而沉重的齿轮，不断转动，无论试图做出什么改变，这个大齿轮都会在下一个循环中又转回来，并把自己调整回原来的模式。把一根棍子插到齿轮间不是解决方案，反而只会破坏它并带来不可挽回的损失。需要逐渐改变其运动规律，通过添加许多小齿轮来实现此目的。将这些小齿轮连接在一起既可以提供重定向的速度，又可以支持主齿轮。最终，主齿轮也变得不再需要，你将会得到一堆自主运转的小齿轮，每一个都可以被升级或替换而不影响其他部分——可以在工作中而不是维修车间中被更换。这些较小的齿轮类似于前文讨论的精益切片和支持功能的组合。

也许齿轮和发动机的类比有点夸张，但我们希望能描绘出一幅清晰的画面。接下来让我们看一看是什么约束使得这个主要的齿轮如此难以改变原来的方向。在这里，我们将检查无法忽略的组织架构和职能约束，如果没有一个具体可操作的方法，简化的框架将难以为继，挫败感将无处不在。如果要实现可持续的数字化转型，就需要考虑有哪些约束、可以接受哪些约束、要改变哪些约束以及应对哪些约束。

在第二部分的结尾，我们将研究数据对转型活动和决策速度的巨大影响。数据在模棱两可和清晰之间做出决策，是决策速度和响应力提升的主要武器。从某种意义上说，数字化转型是从基于经验的决策到探索和验证的思想转变，让一线人员和有权做出响应的人都可以做出更明智的决定。利用数据和采用新技术的能力会成为未来成功的先见性指标。

第 7 章

组织约束

在本章中，我们将探讨组织整体运作时的固有约束。组织约束与企业的行为方式有关，而职能约束与职能领域内存在的流程及政策有关。职能约束（我们将在第 8 章讨论）通常更难改变，因为它们更多地涉及人、文化信仰，以及人们如何看待个人成就。组织约束很少与不良行为或不良意图有关，而是更多地描述和反映影响企业决策方式的因素。

尽管每个组织会有不同的约束（至少程度有所不同），我们仍将强调一些共性：

- 固定的组织架构。
- 对角色的执迷。
- 对变革的妥协。
- 文化。

7.1 组织架构

或许我们遇到最常见的约束是组织架构僵化。1967 年，梅尔文·康威（Melvin Conway）提出了"康威定律"，指出："设计系统的组织……受制于产生这些设计的组织的沟通结构。"尽管这可能针对的是软件设计与交付领域，但我们的经验表明，它适用于整个组织的所有沟通与决策路径。

想象一下，你和一群职能部门领导围坐在一起，每位领导都有各自的预算、KPI，以及自己的员工需要培养与分配工作。很可能每位高管也都有自己的职能目标与责任。因此，很难理解为什么决策与计划不能通过简单复制这种模式，赋予每个领导者执行自己职能领域的自主权与信任。

客户不会从职能角度考虑，他们不会为内部职能买单，因此也无法在职能上体现价值。当难以找到与计算价值度量时，我们开始寻找易于度量的内容，这些度量始终存在于职能领域内，从而验证了组织架构。

> 在缺乏有关价值的信息的情况下，系统当然会针对其他方面进行优化。为什么这会让有些人感到惊讶？
> ——Joshua J. Arnold（@joshuajames），2014 年 1 月 5 日

尽管按职能分组、建立适当的结构以帮助信息流动、员工发展和问责是合乎逻辑的，但在涉及需要完成的工作、优先级、度量与投资决策时，情况并非如此。我们不断看到在由此产生的充满对抗的环境中，"决策权"通常被用于阻止那些有知识的人参与，而在争夺稀缺资源的斗争中，既有赢家，也有输家。更过分的是，大家期望职能领导做出的决定会对 KPI、组织架构或预算产生不好的影响。当然，这不是常态，但特别是在转型初期，每个人都有点不确定、对未来角色和责任存在疑问，此时这种决策还是有价值的。

之前，我们提到了决策偏见，而组织架构通常是这些偏见的基础。以下说法是否很熟悉？例如，做决策是因为：

- 满足个人目标："我的成就……"
- 工作已经开始了："快点开始工作——这样我们就有资金了。"
- 体现正在交付成果："我们计划已经通过，可以准备庆祝了。"
- 达到预设指标："想些点子，我们还有钱没花出去。"

- 履行先前的承诺："如果我们不这样做，将很丢脸。"

- 根据下属的技能找到匹配的工作："我们不能让人闲着，需要找到更多的 Java 工作。"

- 做与职能本身要求一致的工作："我们需要与业务沟通，获得更多的数字化工作。我们的待办任务较少。"

乐队指挥为什么站在特定的位置？是为了交流，只有站在乐队前面，才能听到原本应该听到的音乐。如果站在打击乐器附近，就只能听到鼓声。从这个中心位置，可以看到乐队每个声部的领奏，并通过眼神与面部表情传达在乐曲中需要做出的微调和节奏。组织也是相同的：需要从全局视角来查看整个组织并做出决策，根据客户可以听到的组织创造的音乐的全貌而不是某一部分来创建工作。

从当前组织架构的角度来看，数字化转型很难优化到给客户提供的价值，很容易回到当前的工作方式与状态。图 7-1 是展示了传统组织的工作流的职能对齐 Circos 图。可以看到由各种规模（线条的粗细）的工作构成的"意大利面"，这些工作跨越了业务的不同职能领域。每一个工作的交接和依赖性管理都会导致等待时间的增加、当一个人同时处理多个事情以实现多个成效时形成的上下文不断切换、协作减少，以及几乎不可能度量价值的环境。

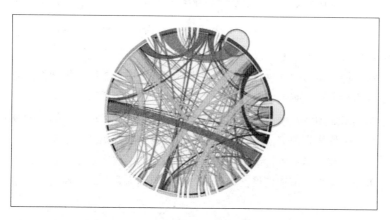

图 7-1：展示预算负责人与交付团队之间的关系的 Circos 图

请注意图 7-1 中右侧圈出的两个区域。在上面的圈中，一条粗线表明这一组工作在两个领域之间有着紧密的联系，大部分工作都是为彼此完成的，并强烈表明它们应该成为一个团队。在下面的圈中，从一个领域飞出许多细线贯彻整个组织，在这种情况下，团队几乎看不到其领导者，他们正在整个组织中四处奔波，通过谈判和管理关系来完成工作。

现在应该重新思考传统的组织架构与关联的基于项目的管理模式，从较高层次评估以下几点：

- 不管汇报与架构如何，先了解团队协作的主要构成：

  ◆ 完成工作所需要的技能。

  ◆ 在一个稳定的团队中，需要有哪些人进行协作，才能使这些技能得到充分发挥？（注意：不是一个人拥有一项技能。）

- 将成效导向作为培养领导力的支柱。一个对成效负责的团队是为实现成效而协同工作的稳定集体，这样成效的责任人作为这个团队的管理者才有意义。

- 使用矩阵形式来增加"技能与能力"发展领导力，例如，这意味着有一个负责在业务中建立设计能力的领导者。

最重要的是，不要为这些问题过分担心，你最终需要找出什么对你的组织最有效，以提供适当的人才培养与能力建设的方式。保持架构决策与团队决策之间的距离，从决策中抽象出组织架构，通过这种方式，避免偏向自己的工作方式。不要为了适应当前组织架构而组建团队，而要通过汇集最优秀的人与技能形成长期的持续协作，来优化客户价值交付。从列表中的第一项开始，让组织架构自然地形成。当这种情况发生时，只需看架构的改变是否有意义、是否正常工作。不要仅仅因为不同部门的不同人员一起工作而进行架构调整。

为了从第一项开始，需要使用前面章节中概述的框架，问自己：要使客户价值最大化，有哪些工作要做？需要什么样的技能？这些技能在哪里？我们如何发现它们？围绕成效而不是任务，组织将更好地使团队技能与要完成的工作保持一致，并提供更好的视野与端到端的价值意识。

在考虑组织架构之前，先考虑工作如何在稳定的团队中持续流动——Circos 图中较粗的线条来自更牢靠的关系。让紧密协作的团队在同一地点办公，对每个团队所需技能有清晰的了解，可以使得所做的工作最大限度地实现价值最大化。

随着时间的推移，更"自然"的组织架构形成了，诸如团队未完成的工作量将能够度量，以监控团队构成，根据需要做出小的调整，以便更好地完成工作。

一家大型电信公司在制订一个 150 人的敏捷工作项目时，经历了相当合理的团队构建过程。领导团队研究了当前工作，并确定了完成其待办事项列表所需的技能。该公司搜索了最稀缺的资源池，并发现有一种技能只有 8 个资源，因此创建了 8 个配备该资源的团队，以及一个可以快速完成不需要该技能的工作的团队。该公司最终有 9 个团队，每个团队 8 到 10 人，还有一个基础设施的职能团队。这似乎合乎逻辑且感觉不错，但是奇怪的事情发生了：新模式是由领导团队强加的，从一开始就产生了很多摩擦，这些团队不断地向非团队成员寻求帮助。经过 6 个月的努力，团队进行了重组，开始将事情掌握在自己手中，以便于更好地配合工作，最终形成了5 支 30 人的团队。在意外地发现团队太小、技能不足以完成下一项工作而无法适应工作中的变化后，这是一个非常自然的转变。一个30 人的团队可以在每个交付版本开始时从待办事项列表中获取下一个最有价值的工作项，将其分解，然后自组织成三个较小的团队来处理每一部分。两年后的结果是：生产力提高了一倍，员工人数从150 人减少到 125 人，单位生产成本降低了 60%。

在最初的 12 个月左右的时间里，组织架构一直保持不变，团队的转变完全基于学习和员工自组织。直到后来，领导者才在新团队中找到更自然的位置，其中一些成为"能力领导者"，而另一些则成为"人事经理"。直到那时，报告的层级才变得更为正式。这是一件很自然的事情，由于团队已经在运作了，因此在宣布"重组"后没有像期望看到的那样发生波折。

稳定的团队

让我们花时间考虑一下组织架构形成时团队的稳定性或持久化。已有很多文章介绍稳定的团队这一概念，其好处是显而易见的。在最近的一次咨询中，我们目睹了用平均 45 天的时间组建一个团队，即从一个项目获得批准到一个团队开始工作，平均花费 45 天。稳定的团队保持不变，有一个持续的工作流，没有停机与设置的时间。该团队拥有自己的待办事项列表，并且具有相应的能力，可以自主处理待办事项中的大多数工作。随着工作需求趋势的变化，通过增加新成员或教会当前成员新技能，团队结构自然增加了新技能。

稳定的团队会更自然地形成，以适应待办的工作。这意味着，在谁有知识可以贡献、谁受到影响、谁拥有技能方面的思考比组织架构范围更广泛。这创造了一个更丰富的输入和构思。把这一点做好，将有助于使人们与工作保持一致。

稳定的团队会产生更高绩效的团队，因为这种团队：

- 建立自主性和共同目标。

- 减少上下文切换。

- 做事情不受升降职预期影响。

- 减少团队的交接和依赖性。

- 加强参与度，调整个性和沟通风格，使成员彼此了解。

团队合作的时间越长，高绩效的稳定团队就会变得更高效。他们不断地了解彼此的长处和需要，在彼此之间形成更好的宽容、信任和弹性。他们不进行项目预测和简化的 ROI 度量，而是为业务提供更大的确定性，从而允许精确的产能投资。他们鼓励个人发挥才华并建立更全面的专业知识体系，以便可以做出更全面的贡献。团队变得更加灵活，不是按照范围与职能行事，而是花更多的时间思考创新的方法来取得成效。

我们说的"最佳工作"是指以稳定的成本投入，更频繁地为客户提供更多的价值，而不是建立最好的企业。稳定性的程度有待商榷，需要做一些探索才能找到最合适自己的方法。可以从成效层级开始，将交付成效所需的团队分组。在这个层次上，稳定性可以是二元的，它相当于一条业务线，按照前文电信公司的案例，下一层级的团队也许是30人左右的团队，团队之间的关系非常紧密，虽然会有一些变动，但是会相当稳定。在团队层级，期望有一定程度的自组织。尽管这可能会让人觉得是对"8到10人的敏捷团队"的挑战，但当成效不像故事中的特性那样清晰时，可能就需要进行调整。在某些特定的技术工作领域，你可能仍然拥有敏捷团队架构。这进一步表明了要平衡稳定性与价值交付，所需的团队风格也可以混合。

不可协商的部分是，需要颠倒顺序，从组织的架构决定工作和决定权，到工作决定组织架构。架构的设计必须优化价值流，并且足够健壮，以便能够在工作需要响应动态变化时支持一定程度的变化。

7.2 角色执迷

也许更严格的，或者至少是最情感化的组织约束就是对角色的执迷。这并不太奇怪，因为对于大多数人来说，角色是他们在组织中的标识。他们为角色而申请相应的工作，出售相应的特质，同时将角色作为能力证明以及被雇用的原因。角色能直接触及心灵并让他们感受到自身的价值所在："如果没有人需要我的角色，那么我的价值何在？"

然而，"角色"可能是转型中组织面临的最大敌人。执迷于严格定义角色与职能，会破坏可持续的改变。在某个大规模转型的早期，项目管理团队的负责人曾经向领导团队做了40页的报告，概述了项目管理团队在未来状态中将扮演的角色，详细描述了转型的各个部分以及团队未来负责的部分。尽管能看到该职能如何增加价值，但它假定了未来状态是什么以及将需要什么。其中一位领导指出："你一次也没有质疑过你的角色的必要性吗？"这是一种由恐惧和谣言引起的声音，认为"角色"在未来不会存在——如果愿意的话，这也是一种反击。

我们已经看到这种担心跨越所有职能，无处不在：

- 财务主管拒绝改变财务模式，因为他们不了解在一个团队拥有对投资限额而不是项目预算的自主权的世界里他们的工作是什么。

- 呼叫中心的负责人不愿意出资解决客户打电话投诉的问题，因为如果没有电话投诉，他们的角色和团队就不再会被需要。

- 数字化负责人不愿意围绕客户价值进行重组，因为"我只想做数字化业务"，而如果没有数字技术就可以交付价值，也就不会有人对他们感兴趣。

当然，角色执迷比这些例子更加普遍。简单地说，角色执迷就是人们担心在组织变革期间失去工作。结果，我们看到许多数字化转型都始于角色对话与关于"项目经理（PM）的新角色、X和Y的新角色"的讨论，或者更糟糕的是，所有角色大量溢出——"每个人都必须重新申请，因为你的角色已经变了"。我们看到组织丢失了真正的变革机会，由于起点假设当前的业务领导和现有的角色类型依然存在。因此，变化仅发生在这些职能线的既定界限内。例如，常见的"IT转型"。根据角色与职能做出的基于工作的决策是过时且不符合逻辑的，人们的才能并不局限在他们当前的角色与过去的经验中，因此最终会得到一个次优的结果。

角色是职位头衔，而不是未完成的事情的分解。如果我们停止这种误解，就能避免以上结果。我们不是说明确定义的角色和职责没有帮助，它们能给人们一种强烈的使命感，让他们知道如何发挥自己的才能并明白自己的职责。通过消除团队和个人之间的摩擦，它们可以增强协作甚至更好地共创。问责制也可以是一个激励方式，只要不被过度用作失败时指责别人的借口，就可以使事情清晰明了，快速完成。然而，当对某个工作职能、头衔或角色的范围做出零散的一次性决定时，角色的概念就不适用了。这些决定设置了人为的界限并限制了输入。将角色和职责与职位头衔相关联，会增加摩擦，并围绕胜与负、职能与职能、角色与角色以及决策与决策产生敌对行为，最后遗忘了客户。

让我们重新定义角色，并思考它应该或不应该是什么：

角色不应该是一次性的决定

角色不应该像雇用合同那样是一次性的决定，相反，应该根据工作更频繁地定义角色，并由团队成员专注于实现共同的成效。角色应容易识别常见工作能力类型，并用于个人能力的开发。这个由专业相似的人才组成的团体甚至可以组成一个社区，来分享知识和相互学习。我们在刻意地描述如今在组织中描述角色的方式，但是也在刻意地避免与组织架构和正式的职位头衔相关联。

不要将有关职位头衔的一次性决定变成固定的、长期存在的角色。更重要的是，不要让长期存在的职位头衔与组织架构成为设计转型的基础，而是应该允许一定程度的流动性，让角色随着工作的进展而发展。

角色不应该与职位头衔相同

职位头衔无关紧要，重要的是如何为团队做出贡献。不过于重视职位头衔会促使人们跳出僵化的组织架构，释放自己的才能，推动整个团队向前发展。在现实中，角色不是身份，不能描述才能，反而有在组织视角中冒充可以做出相应贡献的风险。通常，犯这样的错误的原因是用角色原型来描述人和技能，用角色"推销"自己。这样做无法释放真正的个人才能，也限制了那些通过自己的方式做出贡献的人。

有一次，当寻求帮助客户战略落地的资源时，一位刚毕业的开发人员主动提供帮助。从表面上看，很难看到这种角色的人如何做出贡献，但实际上，许多人都不知道，他曾经在一家战略咨询公司工作了几年，后来决定回去读书并获得开发人员的能力，来完善自己的技能。事实上，无论职位高低，他们都能很好地提供有价值的信息。在 ThoughtWorks，我们积极实践这种角色和技能的分离，我们不只是想雇用 个开发者或者一个业务分析师，我们会定期有意地雇用没有技术背景的人员进入一家技术公司，并且使他们成为出色的技术专家。我们注重学习的意愿、适应的能力，让那些寻求新的挑战、能克服自己的缺点与局限性的人为团队做出贡献。

在数字化转型中，处理这种角色执迷问题的关键是创造一个环境，在这个环境中，尤其是在早期阶段，学习什么变革有用时，将失去工作的恐惧降到最低。这就是为什么从重组开始的转型会造成活动海啸，而这一系列的变革举措对变革几乎没有好处。它使所有人都陷入一场争抢新的角色、试图成为有价值的人的混战，并且使组织偏离专注、一致的变革方式。这是一个很容易识别的状态，其中将会有多种转型举措，为了力争上游，"我的方式"需要比"你的方式"更重要，而不是通过团队合作实现共同的成效。表面上的改变甚嚣尘上，因为这比冒着实际变革的风险更安全。

消除人们对角色的安全性及其在组织架构中的位置的依赖，可以创造一个发挥人的天赋而不是使人局限于角色的环境。这可以让人们保持好奇心，接受自己的无知，寻求知识和解答而不是遵从性，还能鼓励为可持续发展做出一致的努力。

以下是我们关于构建适应变化的理想角色环境的建议：

- 让组织架构的变化随时间自然演变。在了解有效的方法之前，请不要做长期改变。

- 建立新的能力。教会团队如何组建以及如何有节奏地建立对当前角色职责的反思，以适应外界变化。有了明确的成效和度量，就应该能够团结一致，确定需要开展哪些工作、需要哪些技能，以及最有资格做这些工作的人。这就是学习如何形成第一个精益切片的方法。根据实际的知识和学习情况，有节奏地改变角色及职责。

- 抽象头衔、角色、差异化技能。技能是个人学习和拥有的；角色是当时为达成结果所需要的，角色的技能描述是为了便于个人申请；头衔伴随角色而生，描述角色的责任。随着时间的推移，角色也需要不断发展。

- 在转型初期，避免职位头衔转换。

- 针对不同技能提供清晰的职业路径和发展机会。确定哪些角色或职位需要这些技能。建立一个包含所有技能原型的视图，可以将其用作学习途径和团队分配工具。

角色执迷讨论的挑战在于找到一种平衡，能在合适的时间从角色中释放人才，还要减少恐惧，让变革能够蓬勃发展。

在前文提到的对高级副总裁的采访中，还强调了领导者在转型期间需要提供的"掩护"，来使人们感到安全：

> 你建立了一支多元化的、聪明的、充满激情的明星队伍，现在要把这支队伍打垮，让另一支队伍把球带过球门线。
>
> 这种类型的变革应该是一场马拉松，而不是短跑。对于有机会领导转型的团队来说，这是非常有益的，但也非常困难。
>
> 邀请非常有才华、成功的领导者和他们的同事离开当前的工作（舒适区），和你一起踏上这段旅程。当他们把接力棒交给下一个团队的时候，也为他们找到一个好的落脚点。如果他们做得很好，他们将推动团队和个人思维方式与技能的改变。毫无疑问，会有一些"碎玻璃"，不要让团队为此承担责任。相反，要确保他们知道自己的工作最终不会受到威胁，在有"掩护"的情况下勇敢地推进。

7.3 妥协致死

转型并不容易。抵制不再适用于知识经济时代的传统工业时代思维，需要胆识型领导者和坚定的决心。为了保持前进的步伐，需要避免停滞不前、在遇到约束时妥协和走捷径，并说服自己这是"朝着正确方向迈出的一步"。就像技术债一样，你可能会忘记回过头去修复它。你还可能深陷具体的转型举措中，去寻找不存在的胜利。例如，我们看到组织被批量标准化的简单一面所吸引，好像让每个人都以相同的方式工作或使用同一种工具是对成功的度量，而不是团队自己探索如何实现价值最大化。作为指导原则，变革的决策来自客户，而不是适应自己，不仅要冒着被表面现象或内部改进说服的风险，还要冒着使客户价值变得难以实现的风险。

一个典型的例子是，数字化转型似乎将技术基础架构团队排除在外，对于转型早期试点来说，它"太大太难"，所以免于改变。避免困难的事情只会推迟想要实现的可持续改变。以精益切片方法为例，你希望能够尽早识别组织的约束和阻碍，以便有意识地加以管理或消除。回避具有挑战性的、重要的、困难的复杂事情，意味着没有在最终决定成功的事情上投入足够的资源。它会引导你走上一条错误的变革之路，却不会影响真正的成效——你在实施变革，而不是真正进行变革。

> **注意**：将基础设施团队排除在数字化转型之外是不可持续的，其中也存在一些关键的技术原因。我们将在第三部分详细讨论。

避免陷入约束妥协的一种方法是，对自己所做的取舍保持清醒和清晰的认识，有意识地去做这些决策，对于遗留的业务或技术债，强迫自己回去重新决策。使用表 7-1 中的示例，了解我们在特定领域与客户对变革进行权衡取舍的情况。你可以在数字化转型的关键领域映射自己对变革的低、中、高期望，从高期望区域开始（给出三个期望等级是为了可以定制适合自己的领域）。通过这种方式，你不会逃避困难的问题，相反，你将在高期望的领域处理这些问题，以此增强组织能力。

表7-1

	低期望	中期望	高期望
战略	制订了长期不变的战略。战略是最后制订的，期望改变战略总是对的	战略已经制订，没有牵引作用或执行困难。希望修正该战略	战略具有具体的成效与共识支持。如何执行存在不确定性。对执行结果有快速反馈机制
工作方式	每个人都固守自己的方式	有一些神圣不可侵犯的东西，需要识别它们是什么（这很难！）	任何事都完全透明开放
投资	预算是固定的	在业务领域内优先级具有灵活性。投资在业务领域保持一定水平，而不是一直分配下去	完全重新设计如何分配资金和如何制订预算
计划周期	所有的计划一旦制订完成，只需要执行	该计划有一个日落条款，即在一个周期内保留正在运行的内容，在下一个周期进行更改	很高兴重新计划
团队流动性	人们处在固定的位置，向直属领导报告工作进展	灵活地将一组人移动到一起进行协作，成为一个跨职能团队	完全开放组织架构的重新设计
度量	每个人都有一个KPI（利润、客户获取、成本降低）。因为与奖金挂钩，所以没有人愿意改变它	日落条款——下一阶段更改KPI的灵活性	开放地考虑新的度量类型，了解客户度量，灵活地更改KPI以适应变化
架构	暂时不管。每个人都需要遵守预定义的规则和流程	改进实践，探索新兴技术	重新设计、解耦和模块化架构。使其自动涌现

权衡滑块方法是了解组织现状的好起点：一端是"完全重新设

计"，另一端是"不可触摸，不能改变"。从这里开始，可以解决哪些约束可以被移除、哪些可以被重塑，以及哪些必须与之共存并将影响正在进行的变革等问题。独特性是另一个参考点，解释了为什么之前盲目地复制别人的方法是行不通的，组织不太可能与其试图模仿的企业有同样程度的权衡取舍。当然，从其他企业那里可以学到很多东西，而对其他组织有用的东西也可能是探索转型之旅的一个很好的起点。问题是，它只是作为一种探索而不是一种实现来开始的，因此需要学习并适应所要使用的方法，并准备在不正常的情况下改变路线。

通过权衡滑块对话，可以设置数字化转型的初始舒适位置，这是团队在解决约束时要注意的护栏。如果滑块都在左边，那么很可能处于非常保守的模式，改变将会非常困难。如果滑块都在右边，那么将处于无政府状态，变革可能太快且势不可当。如图 7-2 所示，理解这些滑块的组合是组织性质的一个快照。不过这不是一劳永逸的，而更像是对组织的环境变化情况的检查。当组织在变革中学习并建立信任时，将发现滑块在移动。

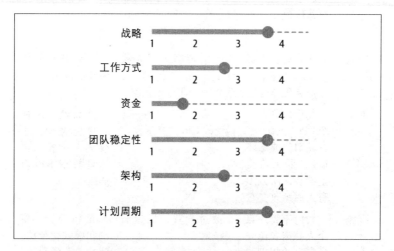

图 7-2：权衡滑块有助于指导决策和优先级排序

当团队寻求创新、重新考虑工作流程和职能任务的完成方式时，可以根据某些领域变化的期望进行优先投入。作为轻量级治理的一部分，可以根据舒适级别设置一个节奏，随着获得新知识而更改滑块，确保随着时间的推移，对变革的认可持续增长。

7.4 文化演进

最后一个值得讨论的组织约束是组织文化。组织文化描述了企业如何做事以及人们的行为方式，还包括用于描述企业特色的分类法：人们如何着装、如何决策、如何规划与完成工作，以及如何解决冲突。企业文化受到很多因素的影响，包括创始人的哲学、社会文化、价值观和信仰、过去的成功与失败经验，以及 CEO 与管理团队的风格。个性是很难改变的，文化就是组织的个性，因此组织文化也是很难改变的。

社会文化变化缓慢，经过数千年的演变才成为今天的样子。在某种程度上，组织文化深深植根于社会文化中，大多数政府和军队仍然严格遵循指挥和控制的传统智慧——权力通过具有正式角色和报告渠道的等级制度进行分配。当组织决定用更好的做事方式开始变革时，就开始形成自己独特的文化，这种文化不同于社会规范。由于与社会规范不同，因此组织需要努力维持这种文化，包括仪式活动、政策、培训，以确保新员工及外部影响不会冲淡这种特殊的"味道"。

当尝试改变组织的文化时，情况恰恰相反：需要引入新的想法、思想和经验来挑战现状，打破当前的规范，持续探索和发现更好的做事方法。例如，释放员工的生产力和创造力，分散决策来提高响应力和效率，或者横向沟通和协作来授权及鼓励团队创新。

通常，试图通过改变来演进出更好的文化，会遇到以"保护"（现有）文化为名的阻力。在一项著名的心理学实验中，笼子里有五只黑猩猩，科学家把香蕉放在一个笼子的天花板上，通过笼子中间的梯子可以够到香蕉。每当一只黑猩猩试图爬上梯子去拿香蕉时，在爬到顶上之前，科学家向其余四只黑猩猩喷冷水。过一段时间，每当有黑猩猩试图爬上梯子时，其他黑猩猩就会把它拉下来，迫使它停下来。这种行为甚至在冷水喷雾被移除后仍然存在。一只新来的黑猩猩加入进来，看到了香蕉，想爬上梯子，却毫无缘由地被拉下来打了一顿。慢慢地，所有的老黑猩猩都被一个接一个的新黑猩猩所取代。这些新黑猩猩没有经历过冷水，但它们知道爬上梯子会受到惩罚。

维持一个成功的组织文化是困难的，演进以适应新环境更加困难。现实情况是，需要像对待蓄水一样对待文化——保持足够的温度以避免细菌生长，同时又不会烫伤你。需要构建一个新环境，当以不同的方式做事时，伟大的文化可以茁壮成长，限制或扼杀行为会受到限制。最重要的行为是总是问为什么（为什么我们在这里用这种方式做事？），绝不要满足于规范并盲目地遵循它。

> 最危险的一句话是："我们一直都是这么做的。"
> ——格蕾丝·霍珀（Grace Hopper）

前面几章描述了一些明显的文化冲击，讨论了对角色和层级制的管理方法、如何创建透明的安全机制、将度量作为决策工具、对学习持开放态度，以及有勇气响应这些学习。文化是一种平衡的行为，要将其想象成一种宣言，并不是每个人都将善良发挥到极致。以下是培养文化时要考虑的其他元素，有些组织可能两者兼而有之，但没有一个能克服所有不利方面：

目标对比利润

将组织目标作为指路明灯，而不只是关注利润或降低成本。对底线负责很重要，但是增长来自为客户创造最大化的价值。如果管理者对利润的追求超过对创新和价值的贡献，那么企业文化将不会朝着正确的方向发展。当投资于价值交付而不是制造数字时，文化就在演进，并且目标是激励组织前进。

开放与信任对比隐藏

组织如何应对冲突或失败对于建立适应变化的能力至关重要。遵循严格的规范流程而不是成效，将导致对实际情况的错误表述和隐藏的结果。为了避免损失员工或预算，对没有达到预期价值的工作在报告中加以修饰，使其看起来不错。只有准确与透明受到推崇，组织才会蓬勃发展。

个人英雄对比团队协作

团队协作超越个人英雄是持续成功的关键因素。组织是如何庆祝成功的？人们如何认为自己被认可？个人英雄喜欢获得个人的成功和认可，他们寻找个人而不是团队成功的途径。协作者重视团队的成就，追求团队的成功。我们错误地认为，协作者不像个人英雄那样付出努力和自我驱动，但这不是事实。协作的力量也是强大的激励因素，人们不喜欢被认为没有为团队目标尽力。有更多的证据表明，有共同目标的团队比只有个人目标的团队表现更好。这并不意味着个人目标不好，但个人目标应该在团队层面度量，用于持续改进。协作文化是关于共创的，不是要有人赢有人输，而是每个人都朝着一致的成功定义而努力工作。

高风险对比低风险

组织的风险承受能力是重要的文化考虑因素。我们稍后将更详细地研究数字化转型中的法律和法规。注意，我们用的是"能力"而不是"期望"。数字化转型常常被错误地认为风险更高，但实际上是在降低应对变化的风险。数字化时代带来了更多的不确定性和模糊性。组织有两个选择：忽视风险、继续伪装以让事情看起来确定和可控；学习如何使用这些新特性。呆板的政策使组织很难对客户做出迅速的响应，传统的治理模型过于烦琐和耗时，不断地寻找里程碑、日期，妨碍从项目思维模式转移到基于成效的思维模式。良好的风险意识会使组织理解，试验不是承担风险，而是降低风险，因此我们只对那些已知会起作用的事情做出长期的财务和团队承诺。

完美对比通过快速反馈来学习

不确定性之锥是我们的最爱，它解释了时间与知识的关系。时间越长，我们学到的就越多——越早开始，就能越快学习，也就越有可能通过先做高价值的工作来获得成效。许多传统的企业在开始之前需要知道所有的事情——批准、规范、范围、解决方案架构签署、行业案例等，这使得它们行动迟缓。这些事情导致了时间的浪费，而没有获得知识。在特定的时间和地点进行规范和计划对于成功至关重要，但有少数情况例外，例如手术或电信企业的网络规划。如今，模糊性超过了确定性；当对确定性的追求更有可能减缓新机会时，文化需要让试验和学习变得安全。用未来的确定性来换取当前的准确性，意味着更快地创建与获取反馈，并洞察发现的准确性。

自顶向下对比自底向上

两者各有利弊。当一切都是命令和控制——"照我说的做"时，自顶向下会变味。然而如果不加防范，每个人都自己决定做什么，不考虑组织的成效追求，自底向上也会导致无政府状态。有趣的是，许多组织都采用了一种自底向上的计划形式。一线业务经理根据团队的工作负荷和资金来规划工作，利用多层预留缓冲和夸大的承诺回报。为了使预算获得批准，通常会采用局部优化的思维方式。与"战略"的松耦合，让工作看起来适合战略投资。权衡两者，中间位置是自组织，使人们有足够的自主权来使用他们的才能，但目标在于实现客户成效。所有工作举措带来的价值是一样的，而不是等级制的决策。重要的是要认识到那些最接近工作的人具有做出适当决定的知识。层级结构是促进和优化全局结果的组织架构，而不是知识层级结构。如果弄错了这一点，个人只会迎合管理者的偏见，调整自己的观点，也很少有人觉得自己有权发起变革。

弗雷德里克·泰勒（Frederick Taylor）和他的同辈人没有很好地解答这个问题，或者我们至少应该为过度使用科学管理理论而受到惩罚。他们的想法是把思考和行动分开，创造一个叫作"管理者"的角色，试图让每件事和每个人都尽可能地可控、可预测和高效。在以大规模高效生产为目标的工业时代，严格的结构、预算、时间表、性能规划和等级制度是可以想象的。但在这个具有模糊性的数字化时代，科学管理理论已过时，变革的步伐使预测周期大大缩短，准确性比确定性更有价值。我们生活在一个为每个人量身定制的时代。决策制订需要根据知识而不是所在的位置进行重新分配，以便能够捕获较弱的信号，缩短反馈循环，让最接近工作的人更及时地做出决策。

不同于职能约束，组织约束是微妙的、看不见的；它们不是定义如何决策，而是深深影响决策和行动。学会让它们显现出来，有意识地应对或减弱它们的影响，对保持变革至关重要，如果做不到这一点，就很容易退回旧习惯。

7.5 关键点

本章要点：

- 组织约束是那些试图阻止变革的组织规范。为了实现可持续的变革，需要创造一个安全变革环境，让伟大的文化得以茁壮成长，让变革被视为机遇而非威胁。

- 需要先了解当前工作方式或者实施新的工作方式与投资决策，再确定组织架构和角色。不要受当前的架构和角色的约束，否则数字化转型将无法持续。

- 采取妥协的举措会产生相当于有技术债的业务。要相信任何进步都是好的，坚持持续的变革。要确保环境允许伟大的文化以支持将会发生的巨大变革的方式蓬勃发展。

两个锦囊：

- 创建权衡滑块，平衡"转型债务"：为数字化转型创建权衡滑块视图；经常回顾和讨论以达成共识；透明地管理妥协的债务与捷径。

- 识别文化阻碍，调整组织约束：识别文化约束，阐明文化演进方向。

第 8 章

职能约束

讨论完影响整个组织的约束，是时候将重点转移到职能约束上了。职能约束是传统组织以职能角度运营时，由各个职能所带来的约束，包括 IT、财务、人力资源、法律、合规和市场营销部门。

在向客户交付价值时，职能部门之间的矛盾与冲突是显而易见的。这是因为，它们各自遵循自己的流程和方法，利用领域专业知识、经验和最佳实践，并辅之以职能学术研究成果。涉及数字化转型时，随着变化、节奏和模糊性持续给传统职能工作带来压力，这些紧张关系加剧。出于这些原因，你必须明白，数字化转型涉及每一个人，每个职能组织都不能被排除在外。转型中涉及的每个职能都很关键，这样就可以找到组织中矛盾的位置，并谨慎地处理它。

在数字化转型中，没有哪两个组织的职能划分是完全相同的，不存在可以全面处理每种职能约束的方法。在转型过程中，需要能够识别哪些职能会带来矛盾，哪些职能会促进转型。还要确定哪些职能部门在工作方式与流程上是最严格的，哪些是最开放的，以快速探索新技术和方法，并创造更多客户价值。

我们首先介绍职能调整的一般原则，然后关注一些主要职能约束。

8.1 常规职能调整

数字化转型的试验、学习与规模化的松散流程，与职能部门通过学习和调整来交付价值和保护组织的流程相同。职能部门存在的简单法则是，无论是为了管理风险还是提供服务，它们都是在为组织增加价值，主要目的是发挥其职能，以支持向客户交付价值，对成功的度量也应该以此为标准。尽管有时会产生一些影响，但任何情况下都不应该降低标准。例如，为满足合规的要求，一个需求需要 8 周时间才能批准向客户交付，这完全降低了价值交付。完成后一天左右批准发布是合适的，这就需要在各个阶段融入所有的合规性，以增加价值。人力资源部门将雇员的才能和角色限制在雇用合同之内，从而降低了工作灵活性。分离角色和职位头衔可以增加灵活性价值。

总的来说，在转型过程的早期，要尽早让每个职能部门都参与进来而不会破坏整个组织，记住组织将处于一个混乱的过渡世界中，需要维持组织的整体运转，同时组织的某些部分在变化与加速。

我们经常看到组织落入这样的陷阱：职能部门自己独自改变。转型本身需要一种新的技能，加上固有对思维、知识和经验的偏见，使得不太可能获得最佳结果。我们经常看到一些企业寻找方法证明今天所做的事情是正确的、为什么任务需要继续、为什么政策需要执行。例如，每一个举措仍然需要的业务案例、冗长的审批流程、管理者为没有一起工作的人进行绩效评估。需要有意识地思考职能部门的转型，以及如何将它们都纳入全面的数字化转型工作中。

双三角形模型

我们推荐一种包含各种职能专业知识的转型方法——双三角形模型，使用这种方法，可以在整个转型过程中包容各种职能，而不是隔离职能中的专业知识。在图 8-1 中，左边的三角形代表转型团队，具备转型必要的专业知识，帮助识别、探索、分析和试验新的工作方式。右边的三角形代表职能团队，具备理解职能流程和战略的专业知识，理解约束存在的背景知识。中间的方框是"Pod"，即跨职能团队，由职能成员与转型专家结合组成，用来试验任何可能的新方法，同时评估如何规模化与制度化创新成果。通过 Pod 可以试验要进行的变革是否具有预期的影响，而不会对客户的价值交付产生负面影响。

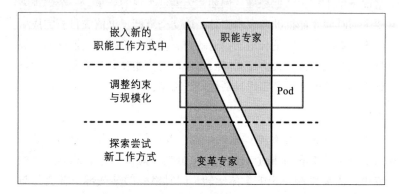

图 8-1：职能转型的双三角形模型

如图 8-1 所示，有三个阶段需要考虑。此外，每个阶段都需要这两个专业领域的知识，并且转型团队的构成也有所不同。整个工作团队包括以下成员：

- 具有实施新工作方式的经验的专家。

- 通过研究、试验和验证，探索新工作方式的专家。

- 没有职能偏见，不抵制变革或偏向于部分职能团队的全局优化的专家。

- 职能专家。

第一阶段

探索职能为转型提供价值的最佳方式。在此，你会花时间研究其他组织，看看哪些方式是有效的，哪些是失败的，阅读一下白皮书，也许还会参加一些主题会议。你会形成一些关于"好"是什么样子的假设，做一些试验来验证想法。显然，在第一阶段，需要较多的转型专业知识与较少的职能相关知识。职能相关知识用于阐明指导原则，并提供组织当前设置的背景与复杂性。

第一阶段的一个例子是探索绩效管理，研究团队激励的最佳方式，阅读《哈佛商业评论》上关于企业如何显著改变个人绩效管理的文章，以及拜访德勤（Deloitte）等咨询公司，这些公司对企业的绩效管理方式进行了重新设计。选择为组织创建一些新方法的原型，在此过程中与利益相关者交流，以获得反馈。职能代表可以试验当前方式，并收集其对个人的影响的反馈。他们可以提供组织受到法律约束的合规性要求，依此类推。

第二阶段

规模化探索，查看组织中的规模化模式，找到有效的方法，用于将最初的试验结果应用到更广泛的团队中以解决可能导致的任何上游或下游问题。此阶段的 Pod 结构，将转型专业知识、职能专业知识、更全面的利益相关者团体的代表平等地融合在一起。接着第一阶段的例子，你可以选择一些团队来推出新的绩效管理流程。在这种情况下，Pod 将包括来自每个团队的代表以及其他利益相关者，比如经理，也许还有工资单。你正在为职能部门添砖加瓦，其在变革过程、试验和推出中的参与正在提升它们的能力，为新的工作方式做准备。

第三阶段

固化新方法，成为职能部门的规范：将新的方式与流程嵌入职能的日常运营中。现在，职能部门已经做好准备，可以分析其部门的其他方面，持续进行改进。在绩效管理的例子中，继续使用新方法对下一年的 KPI 进行计划，并对其余职能部门进行培训。转型团队保留了少量的检查手段，只是为了推动职能部门，确保不会回滚到旧的方式，也为下一次的变革收集大量的反馈。

接下来我们将介绍具体的职能。

8.2 财务

多年来，管理者有条不紊地制订年度目标和预算，不知疲倦地在 KPI、绩效计划和预测的工作泥潭中讨价还价。在全公司范围内的"创造数字"运动中，透明与可视化仅限于那些"游戏玩家"，他们更多地关注如何在各个数字之间平衡，而非交付价值。在整个财年资金稀缺的情况下，管理者为了完成他们必须承担的责任，被迫想尽一切办法来分一杯羹，从而能有足够的资金来完成自己的工作。这就导致了如下一些典型的问题行为：

- 夸大项目的重要性和价值。

- 尽可能让项目看起来很成功。

- 让每个人看起来都很忙。

- 做必须做的事情，让人觉得是在财年结束的时候完成的。

这些行为使得我们做出决策的依据变得毫无用处。可预测性、透明与可视化都消失了，取而代之的是浑浊的水面，这让领导者在汇报进展时，可以掩盖他们所做的投资决策。

我们并不是说数字不重要，或者说不应该承诺承担财务责任。但我们确实认为，随着财务责任渗透到指挥系统，在其不断被释义的过程中，价值正在消失。持续不断的哗众取宠和具有煽动性的演说进一步证实了这一点，这些演说忽视了将客户价值视为获利的主要指标，而去宣扬这些数字带来的好处。

我们都目睹了企业内部大规模的"深入挖掘"活动过程，大量员工将自己埋在电子表格中，寻找难以捉摸的银弹，以了解为什么预测超出了计划或者低于计划，为了解决所做工作的成本问题，不断削减或重新分配资金。令人惊讶的是，一家企业在 6 个月内能发生多少事情引发了关于数字的疑问，而这些问题又需要通过"深入挖掘"的方式来回答，但是整个过程使用的却是同样的数据、同样的方法，以求找到一个不同的答案。几乎可以预测的是：上半年超支，招聘冻结，EBITDA（息税折旧摊销前利润）增长，临近本财年结束时工作放缓以降低支出。

一个财务政策繁重的组织会显示出文化衰退的迹象。正如第4章所述，所做的决定、行为以及如何分配时间都偏向于数字目标，然后将奖金结构与数字挂钩时，人们就开始放弃协作，"尽最大努力"以成就"我的"数字。对工作的关注度消失了，花钱变得比完成工作更重要，而放慢工作速度变得比停止无价值的工作更重要。你开始做很多事，却没有完成任何一件事，让每个人都动起来以作为高效率的象征，夸大工作的价值，让别人更器重你。所有的度量标准都是关于数字本身的进展，而不是关于是否更频繁地交付更多价值。

在某种程度上，预算准确已经成为一家企业成功的关键指标。虽然这在字面上是正确的——企业在其力所能及的范围内花钱，但它对管理者的暗示是："什么都做，但只花这么多钱。"然后，预算每年都在减少，导致"少花钱多办事"的恶性循环，直到最后只剩下"什么都不做"。

在数字化世界里，这是行不通的。与数字化时代预算相关的文章多到可以占满整本书的篇幅。实际上，杰里米·霍普（Jeremy Hope）和罗宾·弗雷泽（Robin Fraser）已经撰写了一本相关的书《超越预算：管理者如何跳出年度绩效评估的陷阱》（HBR Press）。而在本书中，我们重点强调的是导致了以上症状的传统预算模型的关键约束，以及你需要为此准备好的应对方法。

8.2.1 年度财务预算周期

我们常常这样比喻：想象一下你的私人银行决定每年只开业一两天，如果你现在必须提前决定这一年花多少钱、在什么地方花钱以及获得什么收益，这将会是什么样子？要知道，在实际生活中很难知道要分配多少钱去做什么，更不用说要决定什么时候做以及如何做了。但我们仍然看到这种情况在正在许多传统组织中蔓延，对于这些组织而言，计划、招标、奖励和监控的周期推动着企业发展，它们占用领导者的时间远远超过了对价值交付的管理时间。

我们能列举出很多案例来讨论这对企业取得成效所带来的影响。以下是两个比较典型的案例，展示了这种年度思维模式与数字化时代所需的聚焦客户价值交付和高响应力是如何背道而驰的。

第一个案例关于为了与财务数字匹配而放慢工作速度。与我们合作的一家大型电信公司采用的典型 IT 预算以上一年"实际发生数字低 5%"为准，这给领导层带来了两方面的压力：一是完成工作的成本压力，二是关于应该采用上一年的哪些"实际发生数字"作为基准的争论。离财年结束越近，压力就越大。一个由 30 人组成的团队，每天都埋头于电子表格中，管理整个项目组合中的资金流动，并将每笔支出与生命周期保持一致。随着成本增加的风险越来越大，相关支出被推迟，工作进度放缓。换句话说，管理者将价值交付推迟，并将支出推迟到下一年。这就是它崩溃的地方。这种方法意味着在下一财年开始时，70% 的预算将被用于已经开始的工作。管理者没有办法停止相关工作，也不能申请更多资金，因为它们在前一轮预算中已经被批准过了。在未来 12 个月，他们能用于新工作的资金只剩下年度预算的 30%。

第二个案例关于预算谈判过程。在一次管理层会议上，有人说："我们面临着预算花不完的风险。"这令人难以置信，财务周期带来的压力已经把预算花不完变成了一个需要管理的"风险"。这就导致了一场完全负面的讨论，他们可能会把资金转到那些停滞的劳动力（未被充分利用的资源）上，让他们开始做低优先级的工作，然而这里的预算并不紧缺。如果预算没有按计划花完，最终年度实际支出就会减少，如果按照"去年的实际支出"计算下一年的预算，再加上削减成本，团队最终得到的预算会按照这个数字计算，也就会变得更少。

值得注意的是，问题不在于年度财务预算周期本身，而是在于将个人绩效和 KPI 与它联系起来。把这些事情结合在一起，就会造成这样一种局面：失败、犯错或根据所学知识做出改变都是不可能的。可能需要放弃个人的成功和奖金，才能为组织做正确的事情。年度财务预算周期只是一个报告周期——它应该是一个及时的快照,以结清账目并记录结果。该信息应始终可用且可见,易于访问,充满了全年的洞察但不应花费大量的计划时间和大量数据来处理。企业不应该放慢脚步直到下个财年,才不得不在下个月大规模增加生产的情况下转入高速道。

尽管存在反模式,但还是有一些组织——尤其是数字化原生企业——做得很好,每个人都觉得自己受到重视,完成了最有价值的工作,并有人力和财力来支持它。它们通常采用一种更动态的融资模式,这种模式在年度财务预算周期内有效,并且能够随着知识的获得而改变。这种灵活的融资模式一般可通过以下途径驱动:

- 细粒度的工作规模和小的决策,使得变化有较少的风险,而且轻微的错误也不会造成很大的财务影响。

- 不要将预算的全部资金提供给团队。相反,资金会随着交付的价值而投放。当一小块工作完成并验证了价值时,就会产生下一次投放。

- 当举措成功时,调整成效指标,以获得更多资金。这意味着停止带来较少价值的举措。因此,调整及停止举措的工作方式,将是预算的一个重要组成部分。

- 用风险投资式的方法进行投资试验和探索:专注于成效,为多种举措提供少量资金,并拓展可行的选择。这可能意味着增加可用于不确定的小块工作的资金。但为那些有成效的项目提供大量的资金,在获得足够的成效而不是完成全部范围时,停止提供资金,将节省更多的资金。

- 重视融资能力而不是项目,具有稳定的团队和固定的成本以提供运营的可预见性,使用简单的 ROI 计算方式。度量交付的价值而不是工作的完成作为回报来源。

- 奖励为满足客户需求而做出改变的管理者和员工。停止不那么有价值的工作,提供准确的可视化,以便更频繁地做出更好的财政决策。

8.2.2 运营支出和资本性支出

在一个国家的会计和组织制度中，企业需要用钱来生钱，因此资金的分配和使用是一个敏感话题。如果将资金分配交给日常决策，就会引发一系列糟糕的决策标准。比如，由于资本性支出（CAPEX）预算很低，因此"能否将其作为运营支出（OPEX）？"我们当然不希望背弃组织的规则和合规性，但我们想强调的是，有意识地、谨慎地处理这些约束，以免妨碍数字化建设的价值交付。

想象一下一个已经进行了一年的大项目。如果发现正在完成的工作已经过时，不再被需要，或者没有达到业务中预期的价值，要怎么做？我们看到的是，项目经理选择以牺牲交付价值为代价来使用预算。在项目可以盈利之前，停止项目会导致意想不到的后果：如果一个交付物不能盈利，那么它会消耗运营预算而不是批准的资本预算，而运营预算与员工工资在同一个资金池中，从而导致继续从事低价值工作和面临裁员风险的两难处境。如果选择前者，那么资源和金钱都被捆绑在了低价值的工作上，而那些能推动你实现目标的工作却无法开始。

我们已经看到一些组织通过会计和日常业务运营的分离来应对这个问题——财务团队担心运营支出或资本性支出；其他团队则担心价值交付和财务责任。然而，这有时是不可行的。这就是现代软件交付方法可以提供帮助的地方。通过使用敏捷技术，可以将大量的工作分解成更小的部分，以独立的方式交付工作，在这些更小的部分一个接一个地投入生产时，这些独立的部分会不断地提供价值。如果需要，可以更早、更频繁地利用这一点，还可以创建更多的停止点，在这些停止点上对进度进行反思，并决定是转向其他工作还是停止工作对预算处理的影响更小。（我们将在第三部分对此进行更详细的讨论。）

图 8-2 举例说明了一个价值 2000 万美元的工作计划，它被分成了 5 个不同大小和价值的部分。我们从价值最高的部分开始启动，将团队分配到该部分的每一个举措中。如果有可能的话，启动

下一部分，其余部分仍然保持停止。团队在这里往往会犯错误：团队能够理解小部分工作的概念，但是仍然同时启动所有工作，导致以后很难停止任何一个工作。传统资金模式也会产生一个问题：如果给这个团队全部资金（2000 万美元），那么团队知道未来可能发生资金削减，并同时启动所有工作，这会产生资本化问题，并可能迫使组织承诺将资金花在所有已经启动的工作上。

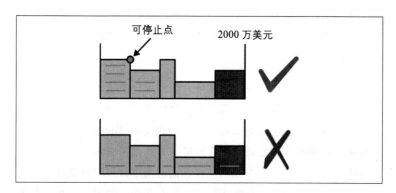

图 8-2：通过敏捷方法创建可停止性

我们应该努力做到在下一部分开始之前完成上一部分，这样就可以决定什么时候交付价值，也可以选择将要用于第五部分的资金重新分配给更有价值的工作。如果发生了不可避免的预算削减，就很容易显示出哪些部分将不会完成（未启动的部分），从而使业务成效更容易理解。由于有了已经完成的工作，因此即使最终没有完成全部计划的工作，也会获得物有所值的回报，而没有回报的沉没成本会更少。

如前所述，为了鼓励这一点，应该只为最初的部分投入资金，确保完成这一部分，创造价值，再投入资金启动下一个部分。每一个停止点都是一个在早期反思、调整和资本化的机会，以避免运营成本陷阱。

8.2.3 商业计划书

商业计划书提供了两个约束的挑战：首先，可以导致一种"越大越好"的态度；其次，通常是一些虚构的文档。将工作分解成较细粒度的块，具有不可否认的价值，如改进流程、在合适的时间停止，以及更敏捷地响应更改。然而，预算需要大的商业计划书来证明资金分配的合理性，有时需要提前12个月以上。这种冲突迫使人们将所有可能的场景和缓冲放到商业计划书中，不允许未知的事情发生。

从一个商业计划书中看，通过/不通过意味着通常充满了雄心勃勃的回报要求，相应地，成本缓冲过度膨胀，导致对商业计划书的审批完全不切实际。

这是一场争夺稀缺资源的战斗，鼓励项目负责人寻找相关的好处，为故事添加一些亮点。我们曾经目睹了一个商业计划书，它只是许多项目的汇总。它确实提供了这些其他项目的综合效益，但由于实现大量采购，因此成本略有降低。与其他所有项目一起，该项目也获得了批准——具有相同回报承诺的两个计划审批成功。另一种情况下，呼叫中心优化呼叫转移的所有商业计划书中，预计总数超过了被转移的呼叫数量。如果我们相信这些商业计划书，那么在呼叫中心转移的电话数量将是负数。尽管如此，这些商业计划书也都得到了批准。

更糟糕的是，组织很少事后回顾商业计划书，检查是否实现了价值。在计划被批准之后，组织通常会切换到完成模式，而焦点和度量标准都是关于是否完成了范围和资源投入。最后，参与项目的人都被重新分配到其他工作中，或者最初的项目负责人都离开了，几乎不可能知道它是否达到了预期的收益。

不管有没有商业计划书，在开始之前都应该检查已经掌握了多少知识，需要应用适当的工作方式和投资来与此相匹配。如果确切地知道该怎么做，并且确定它将带来的价值——例如投入1美元将获得5美元的收益，那为什么还需要商业计划书呢？把钱投进去，省时省力。如果不确定是否有价值，抑或不确定所做的事情是否能带来价值，就不应该在开始投入所有的钱。相反，探索一下，看看这个价值是否可以实现，这样就能将知识持续积累到不需要进行商业分析的程度。无论使用哪种方式，创建商业计划书所经历的烦琐工作似乎都是过度设计且不必要。进行投资之前，试验应该取代详细的商业计划书，并以大量经过验证的数据为基础。

同样，我们也不希望消除组织的治理和交叉检查。仍然有财务责任方面的问题需要解决，有时还需要对不同的工作进行优先级排序。需要做的是一种更透明、更轻量级的检查，使用数据作为决策的基础，更频繁地进行审查并提供改变的机会。在最近的一个转型案例中，我们看到在数字化转型的前 7 个月里，商业计划书被废除，取而代之的是一个精简的模板，既能确保进行财政审查，又能推动行为变化。以下是纳入考虑的各种信息：

- 团队朝着不同的方向采取了哪些措施？遇到了什么挑战？资深团队如何提供帮助？

- （明确陈述）对客户的价值是什么？是如何得知的？

- 潜在的假设是什么？

- 度量的数据源是什么？基线度量数据是什么？

- 如何将工作分解成最小的独立价值？

- 将观察哪些先见性指标以指示是继续还是转向？

- 希望从客户那里得到什么验证／学习结果？

- 正在建立一个稳定的团队（专注、自主、持久）吗？

- 存在哪些资源风险（技能、承诺级别、位置等）？

- 关键的财务驱动因素和需求是什么？

8.2.4 基于项目的投资

基于项目的投资是在微观层面上的，可以对变化施加最大的限制。这是一种一次性的投资方式，一开始就做出决定，然后一切都取决于计划的执行。这种方式是为可预测情况设计的，确定的流程是：确定工作的范围，然后执行它，并衡量它的完成情况。团队一个项目一个项目地展开，一个项目一个项目地退出，因为团队是按部就班地完成工作的，没有经过太多思考或考虑，只是简单地按照别人写的计划执行。基于项目的投资的设计初衷主要是满足财务和项目管理的职能部门，其主要好处是可以作为汇报架构。

尽管这种方法不是我们希望大家关注的，但它是前文描述的大多数职能约束的动机。人们基于项目进行汇报的渴望导致了上述所有问题。基于项目的投资导致了巨大的隐性成本，并在中层管理中形成了一个金融权衡的黑市，因为人们为了完成工作和找到资源而争吵不休。以下是我们经常看到的一个循环：

1. 一个项目获得了投资。

2. 投资基于员工人数而不是项目实际成本，意味着团队不能以较低的成本获得更多的资源。

3. 可扩展性、维护工作、自动化测试、基础设施等成本，要么被忽略，要么被低估，人们寄希望于这些成本来自其他的预算。

4. 该项目随着时间和预算的推移而完成。

5. 维护成本被计入下一年的运营预算中，但运营预算又是每年都要削减的。

6. 难以为继的预算将导致走捷径并牺牲质量，直到出现问题。

7. 创建一个新项目来修复相关工作。

8. 开始下一个循环。

对许多人来说，另一种选择就像是无政府状态，没有管理和控制机制，但事实恰恰相反。在数字化时代，信息是实时的、更准确的，基于成效的投资更为普遍，管理更严格，风险更可控。在更细粒度上工作，失败的影响更小，适应能力更高，实现的利益更可衡量。决策是在更快的反馈循环中做出的，而不是在预测和操纵数据的情况下做出的。当透明与可视化思维相结合时，组织可以从客户而不是报告的角度来运营。

基于成效而不是项目进行投资，可以更灵活地调配资金，减少前期承诺，直到能判断出很有可能成功时再做决策：在必须做决策的最后时刻再做决定。

8.2.5 基于职能制订预算与计划

基于职能制订预算往往导致职能思维和职能执行。组织架构看似是向客户传递价值的最优方式，但事实上并非总是如此。职能部门只完成自己的工作部分，然后进行大量交接或等待其他部门完成任务。当制订计划时，还会创造一个对抗性环境，以优化职能部门自己的成功。

职能预算是对项目投资的补充，最终目标是一致的：投资于成效。当然还有单独支付的职能部门的运营费用，但是这需要在规划好成效之后再考虑，而不是事先考虑。如果不知道交付成效的代价是什么，怎么能知道在职能上投入什么？在 IT 部门通常有一个"IT4IT"的预算，以及一个单独的资金预算用于战略与成效相一致的工作。这两个预算是 IT 部门内部巨大压力的根源：IT 部门处于预算持续下行的压力，而另一个预算趋向于更大。战略预算涵盖了业务成效，但很少考虑对 IT 资产的影响，进一步增加了 IT 预算的压力。其影响是业务需求和 IT 功能（架构、容量、稳定性、可伸缩性）之间的脱节，并导致 IT 部门必须将资产类工作隐藏在战略预算之内。我们再一次看到了一个对抗性的环境正在诞生。例如，为了从战略预算中交付良好的成效，IT 部门需要使用自动化测试，但是该工作对应的业务部门不想为此买单，因为这部分工作受益于所有人，而不仅仅是这个业务部门。

为了说明这一点，请参见图 8-3 和图 8-4。

图 8-3 展示了一个更传统的透视图。业务部门是连接客户的渠道，IT 部门服务于业务部门，它们拥有的唯一参照系就是资金，在这种情况下，为了规模效益，它们进行横向优化以节约资金，IT 部门对所有业务部门一视同仁，围绕可提供给它们的最低公共服务进行优化。业务部门的特殊需求被忽视了，也意味着忽视了客户的需

求，与此同时，业务部门将 IT 部门视为成本中心，而预算被分别分配给业务部门和 IT 部门。

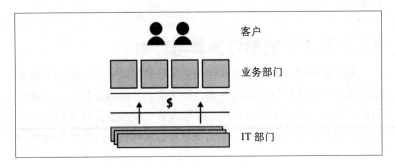

图 8-3：传统模式

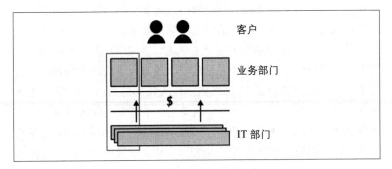

图 8-4：跨职能模型

图 8-4 展示了一种替代方案：一个跨职能的 IT 和业务团队，可以直接触及客户，并为整个成效提供单一预算。该团队对自己的技术能力负责，维护并支付前面提到的"IT 的预算"的费用。这里的权衡是标准化和更多定制化的开销。（我们将在第三部分对此进行更多讨论。）

职能部门旨在增加向客户交付的价值，在最坏的情况下，它的影响应该是中性的，但绝不是负面的。这需要加以度量。例如，一个组织的基本价值链是这样的：

1. 了解客户的需求。

2. 知道如何解决客户需求。

3. 让最好的人来解决。

4. 解决得很好。

5. 开始下一个循环。

在这个价值链中，职能部门必须确保其流程和实践不会降低了解客户需求或解决需求的能力。

8.2.6 对于"完成"的度量

我们在前几章已经讨论了度量，但要再次提醒的是，痴迷于财务治理而不是价值的度量也是一种财务约束。治理常常意味着确保人们按计划行事（花完计划的资金、搞定计划的工作、交付计划范围内的需求）。这些都是内部关注的后见性度量标准，并不能告诉我们是否为客户交付了价值。回到本书的一个关键前提：交付的价值越多，获得利润就越大。专注于度量"完成"的后见性度量标准，会推动一种文化和行为，即把注意力放在错误的事情上，而这往往会导致投入价值很低的工作。

在传统的金融领域，适应变化可能会变得非常困难，涉及重新设计商业计划书或重新提交批准。在许多情况下，完成正在做的工作并在下一个预算周期中进行变更会更容易。需要缓和这些约束和偏见，组织才能专注于价值交付。这意味着将报告、薪酬、目标和预算分离，并将它们用于预期目标，而不是将它们捆绑在一起，创造出虚假的经济。首先，度量一下"制订数字"或"职能预算"等对财务决策工作的影响，比如让那些由于决策而无法启动的工作变得可见，或者检查由决策导致的工作价值在日期上的变化——延迟的真正成本。

8.3 人力资源

传统的人力资源有两个重要目标。一个目标是通过严格的工作定义和强制合规的流程管理减少企业风险的发生。另一个目标是通过流程和组织架构的标准化让人们的生产力和效率最大化。

　　组织架构经过持续优化，得到了标准化流程和组织架构，但也会限制响应速度，在边界情况或需要变更时出现不必要的延迟。在一些极端情况下，工作描述甚至将个人的工作限制在雇用合同上。我们曾在一个客户的 IT 团队中与一位业务分析师共事，他坚决反对跨职能团队的提议，因为他的"工作"不是必须与业务对话。当然，正如前文所讨论的，角色执念是一种制度上的症状，不只是由人力资源政策引起的，却常常被人力资源政策强化。在这样的环境中，团队被剥夺了自主权，取而代之的是遵循预先确定的指令，任何偏差都有可能受到纪律处分，而工作动力依靠薪酬等激励机制的激发。

8.3.1 警告信号：员工满意度调查和钟形曲线

　　有很多关于如何识别警告信号的例子。例如，年度员工满意度调查——"下午茶时刻"：

1. 首先，调查结果与管理团队的奖金挂钩，年度目标是一个"拍脑袋"产生的满意度年度变化值。

2. 在一次全体会议上，管理者宣布了调查的时间表，并对今年的成就给予了积极的肯定。

3. 员工完成率与中层管理者的绩效挂钩，并激励他们找到让人们填写调查问卷的方法。

4. 中层管理者组织团队会议，买一些零食，让团队成员坐在一起，再次谈论这一年有多棒，并一起把调查问卷填好。

　　有一次，一位同事穿着小熊服装到每个办公室分发棒棒糖，提醒人们填写调查问卷。最糟糕的是，调查通常只能反映一个人当天的感受。如果最近和经理的谈话很不愉快，调查结果就会很差；如果最近工资上涨了，调查结果就会很好。我们的经验是，管理团队很少需要调查结果来了解员工是否敬业。

另一个例子是钟形曲线，它是在数学领域创建的，用于显示变量的正态分布，然后被人力资源从业者采用，作为管理个人绩效的方法。员工每年都会得到一个评级，被置于曲线上，以识别表现不佳、表现出色和表现正常的员工。加薪是根据你在曲线上的位置来决定的。钟形曲线是一种统计工具，在总体层面上可能有用，但在更细粒度的层面上，这将迫使人们被归入一个他们不应该从属的类别——如果将表现优异的人与表现良好的人混在一起，将表现一般的人与表现糟糕的人混在一起，那么特别是在小团队中，个人的表现水平不是均匀分布的。

我们目睹了这种约束在大型企业中的实际案例。在一次非常令人不安的谈话中，一位人力资源经理严厉批评了一位不愿为其团队成员强制排名的管理者，后者选择了统一团队的评级，因为她与团队合作时间不长，觉得团队成员之间没有区别。在这场相当激烈的交锋中，管理者被指责幼稚和缺乏勇气，最终人力资源经理亲自进行了排名。出勤率最差的员工被排在了最后，因为出勤率是判别的关键。但事实证明，这位员工不是一个粗心大意的人，而是表现出色的人，之所以出勤差，是因为他不得不为一位家庭成员的去世而请假。可以想象，这位员工得知自己的排名后会有什么感受。正如图 8-5 所示，如果没有潜在的危害，那么它将是可笑的。

图 8-5：漫画 *Dilbert* 中关于钟形曲线的有趣描述

人力资源经理在绩效排名时毫不妥协是有原因的：这是她的职责和优先事项。这个案例是一个极端的例子，但它说明了盲目地应用方法和流程来优化职能任务的完成而不是向客户交付价值的业务成效的职能约束。"做"变得比"实现"更重要，"职能"的成功变得比"整体"更重要，从而导致整个业务中的目标和行为的冲突。

我们对职能的描述可能有些不公平，这些问题往往受到整个领导团队的影响，而不仅仅是人力资源职能。但毫无疑问，这就是执行和强制的问题所在，直到今天，我们仍然看到这种观点在现实中发挥着作用。

在数字化时代，为了最大化生产力和效率，需要打破这种僵化的约束，在保护组织和员工之间找到一个平衡点，以达到所需的速度和适应性。这意味着，如果没有人力资源部门的充分支持，数字化转型是不可能完成的。与大多数职能部门一样，人力资源部门也必须积极主动地不断探索和推动转型。在很多情况下，我们看到的是人力资源部门成为组织文化、组织架构和员工敬业度而不是强化规则和政策的守护者。

8.3.2 人才管理

人力资源在数字化领域的新定位更多地体现在人才管理上，人才管理是员工体验和动态能力规划的独特融合。（在第 12 章，我们将更详细地讨论如何进行人才培养和赋能。）它从僵化的政策和流程合规转变为提供增值，以支持一个不断变化和不确定的世界。越来越多的数字化原生企业将人力资源主管重新定义为首席人才官。以下是首席人才官的四个关键要素。

能力规划

在组织进行数字化转型的过程中，成效导向的工作类型和工作量将是组织所需技能和能力的关键指标。人力资源部门需要提高自己的能力。首先，要了解组织中的当前技能水平和人才规模。接下来，根据实现成效所需的待办事项列表，人力资源部门需要能够说明可能的技能需求，从而对当前技能输出与最大化客户价值所需的技能进行组织差距分析。这是一个有趣的反思点，因为传统上工作是为了匹配技能而创建的，所以很可能今天的工作将与当前的技能匹配。在数字化时代，需要为实现客户成效所需的工作培养相匹配的技能。这是一个细微的差别，但对工作的诞生有着重要的影响。

例如，一位项目经理的辞职不应该自动触发人员替换，而应该多思考：项目经理在整个组织的作用如何？其他地方有富余的资源可用吗？团队需要那个项目经理吗？有没有其他更好的替代技能？与依赖职能部门或直线管理者的招聘相比，这些规模较小、更频繁的组织变革往往是提升管理能力的更好方式。

人力资源承担数据和洞察力的来源的角色，致力于团队的能力分析，支持更有效的招聘计划，更有效地管理团队的工作一致性。这种一致性并不是通过繁重的前期设计或对所有团队的全面重新评估来实现的，而是通过不断地观察、提问和进行小的调整来增量和迭代地实现的。通过这种方式，未来的大规模重组将被不断的微量调整所取代，以适应从客户价值的变化中产生的工作的变化。

员工的体验

员工体验显然是人才管理的关键因素之一（事实上，我们将在第 12 章详细讨论如何获取、保留和发展数字化人才）。千禧一代劳动力的崛起改变了人力资源团队的游戏规则。数字化时代的劳动力有着不同的动机，更有可能寻找自己真正想为之工作的企业，而不是简单地申请工作。"工作与生活的平衡"这句老话已经过时了，已经被工作与生活的协同作用所取代。在这种协同作用下，人们在生活中喜爱的事情与工作日交织在一起。人们需要灵活地安排日常生活，无论是送孩子上学、做运动、在工作中养宠物，还是交朋友、社交、休息和放松等。未来的工作场所也是一个"生活场所"，或者是一个真实的生活环境，在这个环境中，出色地工作并不会牺牲兴趣、家庭和健康。

丹尼尔·平克（Daniel H. Pink）在 2010 年出版的《驱动力》（Riverhead Books）是改变这一领域游戏规则的书，引入了自主性、掌控性和目的性（AMP）的概念，作为个人动机的诠释。该书的维基百科网页上写道：

据麻省理工学院和其他大学的研究，只有任务包括基本的机械式技能时，更高的薪水和奖金才能带来更好的表现……如果任务涉及认知技能、决策、创造力或更高阶思维，高薪会导致绩效低下……为了激励那些在基本任务之外工作的员工，请给予他们以下三个元素来提高绩效和满意度：

- 自主性——渴望自我指导。它能提高合规性参与度。

- 熟练——渴望获得更好的技能。

- 目的——渴望做有意义且重要的事情。只关注利润而不重视目的的企业，最终会以糟糕的客户服务和不满意的员工而告终。

尽管平克指出，"支付足够的钱来解决问题"，但 AMP 理论已经成为人们重新思考人力资源角色时广泛接受的真理。它意味着创造一个与员工互动的工作环境，让他们做自己，把自己的生活融入工作中。它还意味着创造一个学习环境，鼓励和支持员工持续改进和发展，熟练掌握自己的技术。人力资源团队甚至还可以帮助领导者明确组织的使命和目标，帮助员工将日常活动与组织使命联系起来。始终让每个人都感到与组织的目标息息相关并不容易，创造这种归属感既需要努力，也需要创造力。

对于人力资源团队来说，"自主"的概念可能是最困难的部分，会被视为违反责任和纪律。通过共享上下文、推动决策更接近实际工作点、在团队级别而不是个人级别设计 KPI 和目标，可以完成很多工作。个人绩效的"管理"应转化为个人绩效的"提升"。应该使用同行评审和持续的反馈来提高绩效，而不是衡量绩效。

针对不确定性和试验的适应性领导力

领导力发展有时隶属于人力资源部门。从战略而不是报告的角度来看，领导力发展在赋予员工权力和自主权方面起着至关重要的作用。毕竟，领导者都需要从指挥和控制者转变为管理者、导师和文化管理者，而不仅仅是人力资源部门需要转变。如果所问的问题不是关于完成、成就和纪律，而是更多地关于未解决的问题以及给出"具有最小约束的命令"，更全面、更多的系统思维和软技能就变得至关重要。这是一种新型的领导方式，不能低估领导者需要经历多少学习，才能在充满不确定性和客户价值环境中茁壮成长。

举办领导力研讨会时，我们会发现一些主题始终比其他主题更难解决。也许旧习惯很难改变，但对有些人来说，新习惯实在是太陌生了。人们经常被绊倒的第一步是在组织的语言中使用客户语言场景。简单的例子包括：能够用客户的术语描述企业的成效，增加客户价值度量，从客户的视角看待程序，根据客户的见解创建组织战略。让这些思维转变渗透到日常的说话方式、向团队提出的问题以及董事会会议室的谈话中，真的很具有挑战性。在数字化转型过程中，组织的信任体系非常重要，人们听到的是领导者的讲话和行动。领导者不能只在口头上说着以客户为中心，而转身要求项目在预算和时间内完成。使用一句简单的话"你如何知道这将推动改变呢？"或"我们在投资之前，首先能做些什么来验证这一点？"都是温和的改变，会使变革更加可持续。

另一个给领导者带来挑战的话题是细粒度工作的概念。很难抗拒去做一个大胆的、提前的大规模计划或决策，而不是做很多细粒度的、在过程中验证的计划或决策，以确保它们将达到预期的成效，因为后者与那些习惯发表年度声明、构建项目组合、为其提供资金并管理其进展的人的本能背道而驰。现在我们讨论成效，并明确如何知道是否在朝着它前进，并允许团队自组织。领导者需要更适应不确定性——成为成效的管理者，而不是推动流程和具体举措。

很明显，领导者也需要帮助来过渡到新的工作方式。最近，我们的一个客户的团队经过6周的努力完成一个MVP（最小可用版本），看看高价值客户是否会使用一些新的功能。一位管理者推迟了计划，觉得这还不够"足够好"。该团队被迫返工，重新添加原本研究得到的低价值客户需求，而这些需求对于试验和学习阶段是不必要的。这只是因为领导者不理解通过 MVP 进行的成效度量和假设验证，仍从大规模生产的角度来看待它。

应该规划和提供领导力发展计划，以帮助领导者首先有效地改变自己。

员工技术体验

为了建立快速响应的组织，协作和沟通至关重要。劳动力的全球性需要强大的工具，来进行实时的非正式互动以及有计划的协作活动。我们将会看到越来越多的社交媒体平台融入劳动力市场，以及更有针对性的协作应用工具，如 Slack、Trello 和谷歌文档。团队需要能够共同处理一件事情，不管是一行代码、一个文档、一个演示，还是一个程序。

千禧一代的劳动力是在数字化时代成长起来的，乐于使用数字化工具。由于个人生活中的数字化体验，他们也有很高的期望。习惯了社交媒体平台、购物应用程序和游戏的直观用户界面及交互体验，企业应用程序和工具可能会让他们感觉像是乘坐时光机回到了20 世纪。

随着科技的发展，人力资源部门应该推动采用更好的工具和体验，来连接员工的工作和生活。更好的技术体验正在成为吸引和留住千禧一代人才的差异化因素，就像获取和留住客户一样。人力资源部门面临的挑战将是与技术团队紧密合作，以确保生产力、协作和员工敬业度与政策及法规约束之间的精确平衡。

8.4 法务与合规

尽管我们希望最大限度地为客户提供价值，但也有责任保护组织的利益，包括不违反法律和保持可接受的风险。法务与合规（LRC）团队在其中起着至关重要的作用。

LRC 团队通常更保守，它的责任通常包括审查工作的内容和流程，以确保事情不会出错。在数字化时代，速度、创造力和可感知的冒险方式与更传统、保守的人工审计流程之间存在紧张的关系。

LRC 转型涉及几个维度，首先要在约束条件下识别每个维度。接下来要介绍的并非都是 LRC 团队的专有责任，但都属于合规性的范畴。

8.4.1 法律法规

法律法规是国家、政府机构、行业和执法部门强制规定的，无法改变，必须确保遵守。未来 10 年或 20 年，由于数字技术带来的复杂性，监管约束将会增加。例如，欧盟的支持数据和隐私保护的《通用数据保护条例》（GDPR）、支持客户保护的《第二次支付服务指令 2》（PSD II），以及旨在降低系统风险的诸如《巴塞尔协议 III》的压力测试法规。与此同时，人工智能、监视与跟踪、无人机和新的社交媒体应用等新技术的出现，为各种数字足迹的合规增加了一个全新的维度。即便是允许员工将自己的设备带入工作场所这样简单而明显的事情，也会模糊数据的所有权和企业资产的使用。

8.4.2 政策与程序

政策与程序是开展业务时应该采取的行为方式以及必要步骤。这样做的目的是降低无意中触犯法律法规的可能性。它们是由组织创建的，并且在很大程度上是可更改的。组织需要面对的问题是，政策与程序在诞生之后，通常是长期存在的，很少被审查。在大多数情况下，人们只是被训练去遵循或执行它们。

任何超过两到三年的政策或程序，实际上都需要在数字化时代接受挑战，以适应其目的。否则，它们可能会成为不必要的约束，并限制组织的能力。它们可能是职能主导的政策，例如使用内部调动，会限制人才向需要的地方流动，或是使用内部结算，一个部门必须为使用其技能向另一部门付费，而不是整体分配资金来完成一个成效。它们也可能是法律政策，例如用于审批。最近，一个客户的 LRC 团队与交付团队达成了为期 3 周的服务级别协议（SLA）。3 周后才能得到批准交付！如果每周都需要发布大量高价值的细粒度功能，该如何工作呢？

需要添加或更新一些政策，以促进多样性和吸引人才（我们将在第 12 章对此进行更多的讨论）。精心制定的有效政策应作为决策指南，而不是规定员工可以做什么和不能做什么的标准。不可避免地，有些事情是人们无法做到的，但政策不应试图（也不应假装）面面俱到。

在进行数字化转型时，重要的是在转型过程中标识出那些强制或限制交付价值的政策和程序。必须抵制"你不能这样做，因为政策如此规定"的反应，而且要质疑该政策的适用性。政策与法规更多与授权有关，而不是与执行有关，要提前安全地清除障碍，而不要手动刹车。政策与程序阻止不了转型的步伐，如果需要的话，转型的洪流将绕过政策，这可能会带来更大的挑战。

8.4.3 标准

大多数外部或社区制定的标准是行业规范和流程，以支持通过使用规定的方法和物料获得一定程度的一致性。这些标准通过市场采购和贡献来提供诸如互通性、安全性、政府立法支持以及规模经济之类的商业利益。标准的合规性在很大程度上只有是或否两种答案，并且可能伴随着一定程度的认证。

标准存在于组织的许多职能领域：例如，用于统一工程实践的技术标准、围绕合规和风险管理的 LRC ISO 标准、用于人员管理的人力资源标准和财务报告标准。

有些标准过于苛刻，带来了更多的约束和成本，而不是效益。标准社区可能存在一定程度的盲目性，将标准应用于其适用范围之外的领域，或者使工作成本大于价值收益。标准化会导致平庸并限制创新。组织不太可能像市场环境一样快速发展，因此保持紧跟所使用的标准的变化并衡量它们的影响是非常重要的，这样就不会因把注意力集中在认证上而忽视了价值的交付。

在 Cynefin 框架中，标准在已知事物和清晰因果关系的情况下发挥作用，而在数字化时代，尤其是在数字化转型中，你常常处于复杂和混乱的未知领域。在这种状态下，很难知道要应用哪些标准，而仅仅遵循一个可扩展的标准或对他人有效的方法是不可持续的。不能把一个复杂环境中的工作方式应用到另一个复杂环境中，然后期望得到相同的结果。永远不要让标准的执行凌驾于成效之上！

8.4.4 治理

治理在于通过 LRC 的透明与可视化，定义必要约束，但不约束价值交付的方式。我们将在第 12 章介绍其关键方面的内容。治理需要少一些报告、多一些感知，少一点控制、多一点洞察。

数字化转型为 LRC 职能带来了一些运营挑战。诸如变化的速度、工作负载的大小和变化的频率，都是传统的设置和监控 LRC 运营的反模式。我们需要 LRC 的支持，来帮助创建一个环境，可以通过不确定性来管理，利用技术加速价值交付。为法律法规定义前期保障，将其嵌入工作设计中，而不是事后强制执行，以帮助度量流程和政策对工作的影响、权衡指标以及不合规的影响。

我们已经看到在不同的组织中，LRC 团队采取了一些成功的措施，成为数字化时代的优秀业务合作伙伴。

8.4.5 尽早加入数字化转型

数字化转型主要是关于业务和客户价值交付的增长，LRC 团队通常直到最后阶段才被纳入转型管理团队。精益切片方法的好处是有机会让 LRC 团队从最初的试验阶段就参与进来。早期的可视化和问题暴露，将使 LRC 团队更好地理解新工作方式的风险状况，并逐步完善合规政策和程序。LRC 团队可以成为转型过程中的合作伙伴，而不是在最后一刻叫停相关工作。更好地为"为什么"而不仅仅是"做什么"做准备，让 LRC 决策中占有优势地位。

LRC 职能需要更好地与带来成效的工作类型保持一致，确保在适当的领域获得适当数量的相关专业知识。它需要更好地融入成效团队中，提供更多的前期合规保障，从而使工作符合相关要求，并减少之后的检查工作花费的时间。随着许多细粒度工作成果被交付给客户，审批工作需要大量时间，将难以支持规模化。LRC职能的工作重点必须是如何通过创建适合各种工作类型和风险状况的政策和程序，促进组织的敏捷性提升。更细粒度的工作意味着更小的风险、更快的反馈和更多的监控数据点。

8.4.6 合规本身的数字化

如何更好地监控新技术带来的风险？与其以临时的人工方式进行风险和合规活动，不如投资于新的自动化功能，帮助简化合规流程，帮助LRC团队做出更准确、更明智的决策。尽管数字化转型主要是为了向客户提供更好的产品和服务，但包括LRC在内的内部职能的数字化也需要投资。没有风险和合规管理的数字化，企业就不可能提供更好的数字化服务和产品。

需要提升政策和程序的能力来管理变化和推动适当的决策。应该少关注合同和保证书的完美性，多关注可视化、响应能力，以及为优先级和权衡决策提供框架。与政策一样，过于规范的合同在快速变化的环境中的用处有限。好的合同会使期望与总体预期成效保持一致。许多客户希望合同中包含一些详细的可交付成效，这可以理解。但我们认为，对于合同和签约流程而言，使各方围绕优先级进行协调并提供权衡决策的机制更为重要。在数字化时代，组织希望能够进行大量的小投注或试验，输出与学习而不是交付有关，因此LRC团队应该更注重管理频繁变化的风险，方法是期望自动化、工具、回退位置，以及"契约测试"。契约测试是将LRC职能的适当约束或保障引入前期设计，使其成为工作方式的一部分，而不是工作完成后开始的审批流程。

8.4.7 注重分析和补救

利用先进的分析方法，LRC团队能够更好地了解合规风险，确定要监控的区域的优先级。更好地理解风险状况，有助于团队减少对实施流程和政策的依赖，实现预防，且能将更多 LRC 人才应用于预测分析和补救。这将使业务团队更自由地进行试验，而不会破坏政策和程序，还能确保企业的总体风险状况不超过阈值，能够快速恢复。

避免在前期做出会对方向、范围或最终成效产生长期影响的重大决定。团队需要学习和改变的自由，包括外部合作伙伴和供应商。在无法灵活改变的情况下，让外部合作伙伴占据一个预定位置的合同安排只会导致得到决策出的结果，而不是想要的结果。关系必须是双赢的，不是处于妥协的位置，而是处于一种新发现的状态，以一种可能从未预料到的方式获得成效。作为回报，应该要求活动的成效达到空前的透明状态，以便更早地识别风险，并允许组织更好地为管理风险做准备。

本章重点介绍了与数字化转型保持一致的一些更具影响力的职能领域，以及应用于整个领域的更通用的职能转型方法。所有职能部门都需要关注成效而不是完成，还需要注重对长期承诺的变革和探索。对于职能变革来说，目的是在组织中构建适应性和敏捷性，而不是通过大型预先设计从静态流程 A 更改为静态流程 B。

基于前面讨论的级联心智模型，应该首先定义组织期望实现的成效，再定义为了达到成效，相关职能所要完成的任务。应该利用这些知识，来设计职能部门在推进成效方面的角色。这与传统行为方式完全不同，传统意义上，每个职能部门都有自己的目标和计划，彼此为那些与整体成效无关之事竞争投资。

不这样做的后果就像暴风雨中的堤坝：各个职能部门的压力像潮水一样，随着提交工作相关的文件而来，而此时谁也没有能力在泄洪通道中狂饮来降低压力，最终某些地方会崩溃。平心而论，在失败的转型中，重复出现的模式之一就是，职能支持部门无法适应小的、快速的、自适应的新世界。

8.5 关键点

本章要点：

- 变革意味着全体参与，新的工作方式不能被旧的流程和僵化的政策所包围。职能部门需要理解，它们也需要与交付的价值保持一致。

- 经验告诉我们，某个职能部门会对组织的运营产生更大的影响。知道需要从哪个角度进行转型以及可能需要承受哪些约束，对于可持续的变革至关重要。使用诸如双三角形模型之类的模型，可以帮助有条不紊地演进职能部门，而不是进行大型的预先规划。

- 将本节与第一部分结合起来：让客户决定价值，价值决定度量，度量决定工作，工作决定能力，能力决定人员，人员决定团队；职能部门提供支持，使其成为现实。

两个锦囊：

- 纳入职能团队，共担数字化转型：使用双三角形模型或其他方法，确保职能部门是全面转型的一部分并且正在自我转变，避免政策和流程的约束。

- 构建能力矩阵，识别能力差距：构建一个完整的、符合"期望"的包含交付客户价值所需的新工作和既有工作的待办事项列表。使用它来创建所需的技能图，并分析组织当前的技能差距。

第 9 章

数据决策

从历史上看，确定性的需要减缓了人们对新机会的追求。预先计划的财年包含了所有工作和支出，甚至在开始工作之前就已经决定了，这带来了一种虚假的保障感，让利益相关者对企业将要做的事情有一种确定感。如今，变化的步伐使预测的基础不复存在，组织需要在信息不完善的情况下向前发展。

在一个不确定和不断变化的世界中，必须以准确性来平衡确定性。数据已成为新经济和可持续数字化转型的关键组成部分。数字化转型需要响应力，而响应力可以通过捕获和使用数据以构建知识的能力来度量。那些能够始终适应行业颠覆的组织，都成功地将数据作为决策依据，以决定要做什么、什么时候做，以及（更重要的是）什么时候停止。

我们看到，几乎所有行业都运用可获得的数据推动转型。例如：

- 零售业使用全渠道数据为客户创造个性化体验，推动销售和客户理解。

- 农业利用传感器监测作物和牲畜，使得生产者能最大限度地提高产量和管理产出质量。

- 制造业使用数据提供预测维护或采取预防措施以提高服务水平并为客户提供增值信息。

- 政府创建智慧城市战略，利用数据更好地与市民联系，优化交通流量、公用事业、政府服务、执法等的资产管理。

- 医疗保健行业为了更好地服务和监测患者，提供更多相互关联的医疗服务，特别是有助于自我管理和偏远地区的患者护理的医疗服务。

尽管如此，我们不断地与一些过度投入资源和工作量的组织交谈，这些组织在有证据证明这样做会取得成效之前，仍依赖于高薪人士的意见（HIPPO）或职能部门主管而非证据来做决策。沿着组织层级自下而上的经典竞标方式更有可能导致针对当前工作和员工当前技能而不是最大化客户价值进行优化。

是时候根据数据而不是 HIPPO 或现状来做决定了。接下来我们将从两个角度探讨这个主题：

- 数据分析已经做出了哪些改进来提供更好的见解；我们需要如何改变思维和流程，才能根据数据做出更好的决策来指导转型。

- 使用数据来帮助我们更好地理解和交付更多的客户价值。

9.1 数据作为知识的来源

企业一直在探索如何使用数据来进行改进。关系型数据库在 20 世纪 80 年代引发了革命性的变化，使数据管理和更改变得更加容易。数据库使得企业能够以高度的完整性、一致性和安全性来跟踪和管理事务。由于需要保持高度的一致性和完整性，大规模访问数据变得越来越困难和缓慢。NoSQL 数据库的出现就是为了应对这个问题。它更侧重于横向扩展，以便企业可以轻松地提出许多不同的问题，并更快地得到答案。

如今是大数据和机器学习的新时代，有更多的数据可用，有更多的方法可从数据中提取信息和情报。新功能包括：

使用数据湖等模型扩展任何类型的数据存储

云存储和分布式文件系统以原始格式存储大量数据,这超出了传统结构化关系数据库的能力。

实时数据分析

新工具能够从数据流中实时获取复杂的信息。

提出不同的问题,而不是反复地问相同的问题

独立且可扩展的计算功能,使得可以更高效地对各种大型数据集执行临时查询。不必强迫提出静态问题列表来生成相同的定期报告,而希望有一天能得到不同的答案。现在可以提出不同的问题并更自由地探索数据。

机器学习

人类天生具有认知偏见。如今,机器可以在人为影响较小的情况下学习和获取情报。这将给我们带来令人惊讶的发现,而这些发现依靠人脑是很难发现的。

这些现代化的数据方法提供了更多的机会来帮助我们构建知识和获取洞察,从而改进业务决策,这包括以下内容:

早期响应

在某些情况下,数据的价值会随着时间的流逝而迅速减少。例如,在医疗保健行业,早期响应是及时治疗的关键。T7是一家总部位于英国的初创公司,专门为居家的老人提供服务。该公司在客户的房子周围放置设备,通过与老人的看护者或家人之间的交互,收集数据以帮助改善老人的生活。该平台减少了家人或看护者频繁拜访的需要,并提供了实时识别紧急情况的能力。

预警

大型金融机构运行的大型计算是通过构建在数千个服务器、数据库和消息传递队列上的内部应用程序来实现的。如果发生系统故障导致业务中断,会造成数百万美元的损失。公司从基础

设施元素（数据库、队列、服务器）捕获"遥测"数据，并使用机器学习算法和统计技术进行分析，为应用程序故障提供"预警信号"。

以前无法获得的先见性指标

点击流（clickstream）可以跟踪网站访问者的所有点击数据，帮助我们了解访问者的浏览模式、购买模式和放弃模式。购物车数据可以跟踪访问者何时、如何将商品放入购物车，以及结账之前将商品取出的行为，帮助我们研究网站设计和功能如何影响消费者的购物行为，而不仅是最后阶段的购买数据。

可视化

从大量数据中收集的洞察见解最好通过图形化来表示，这有助于为决策提供依据。

IMO Market Pulse 是一个在线应用程序，展示了一个实时可视化信息雷达和一组历史趋势，解决了西澳大利亚州电力市场的复杂性问题。Market Pulse 包含 15 个针对核心数据的动画展示效果，可以在 IMO 公共网站上提供市场及其历史的快照，并为行业利益相关者提供操作仪表板。Market Pulse 提供了以下交互式可视化功能：

- 设施实时发电图。
- 西澳大利亚州西南部的实时风力发电图。
- 网络上当前价格、负载和发电量的实时图表。
- 所有设施的停机和发电信息。
- 发电市场随时间的动态变化图。
- 市场生命周期中每周市场指标的图形比较。

图 9-1 展示了实时风力发电数据的屏幕截图，通过涡轮机的数量、转速和大小来表示不同的信息。将鼠标悬停在涡轮上，可以看到该设施的实时统计信息。

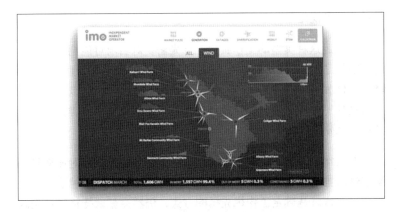

图 9-1：IMO Market Pulse 上的消耗数据可视化展示

技术的进步为各行业可获得的数据量和数据类型带来了巨大的可能性，并推动数据分析、机器学习和人工智能成为新的价值创造来源。无论是为了改进流程和提高效率，还是与客户进行更紧密的联系和更好地制订业务决策，数据使用的广度对于将来验证组织和商业模式都至关重要。

9.2 数据作为决策点：选择要做什么

前文提到过，数字化转型需要在准确性和确定性之间进行权衡。鉴于变化速度如此之快，你应该认识到自己对未来以及如何实现目标知之甚少，与此同时，应该更准确地知道现在的位置和工作的影响。从数据中获得的实时知识可以帮助更好地跟踪进度，从而指导和确定当前工作的优先级，甚至可以帮助更好地预测未来的趋势，以对下一步应该做什么提出更好的假设。

几十年来，决策很大程度上都受到数据之外因素的影响，这主要是由于获取数据困难，以及无法快速分析数据以产生决策洞察力。决策者根本不知道真正的知识所在，不得不处理组织的其他因素，如组织架构、地位、对失败的恐惧等，这些因素使事情变得混乱，使决策者很难知道该走哪条路。通过处理前两章中的组织约束和职能约束，并利用新技术，决策者可以获得学习和应对变化所需

的透明与可视化

要创建这种类型的工作实践，首先需要对当前可能拥有的知识有清晰的了解。对所拥有的知识进行反省，是组织需要建立的关键能力。例如，当准备为下一项工作投资时，通过问自己以下问题来评估这项工作取得成效的可能性：我是知道这项工作值得投资，还是认为如此或者希望如此？

在数字化时代，需要基于知识适应工作方式，以应对速度和不确定性的挑战。拥有的知识越多，可以自信地投资的就越多，也将越成功。这就是确定工作优先级的方式，仍然遵循敏捷格言：先做最有价值的事情，使用数据和知识更准确地确定哪些事情最有可能帮助实现成效。

借用 Jez Humble 等人所著的《精益企业：高效能组织如何规模化创新》（O'Reilly）中的术语，根据知识对工作进行分类，例如探索、利用和成熟等。然后通过数据和上下文建立一套框架并提高决策透明度。

注意：工作分类与这里讨论的内容并不相关，可以用适合组织的分类来替换它们，但是分类非常重要。

9.2.1 探索

作为第一个分类，探索是指发现了你还不太了解的机会，需要判断是否可行或是否有价值。想象一下，项目计划坦诚地写道："我不确定是否可行。"传统意义上，这类工作容易被嘲笑，或错过投资机会。但这类工作发生的频率比我们愿意承认的要高：通常我们为此大肆宣传，说服人们它一定会成功。然后，组建团队，完成项目范围内的工作，在没有人检查它是否有效的前提下安全地交付它。

如果自己预先掌握的相关知识很少，则可以将目标转向验证机会是否存在，重新定位自己的想法，这样就可以限制投入的时间、成本和资源，建立一个假说，并设计利用最少的工作量来证实或者证伪。使用数据而非观点来说明真相，回答诸如"是否存在市场需求"或"是否有能力将其提供给市场"之类的问题。

探索还意味着在如何使用数据、使用什么方法以及如何度量方面的改变。许多组织已经发展到了可以接受试验方式的程度，但是仍然在用传统的度量标准（如收益）来限制它，以判断是否成功。使用收益作为探索模式的度量标准可能会导致失败，因为探索的度量是关于假设是否被证明是正确的，或者是否学到了新东西。重要的是，要了解数据之间的关系并捕获成功的先见指标。

为了使探索模式发挥作用，必须应用科学的方法：建立一个假设，设置一个固定的时间范围，设定资金和人员的最小投入。在开始之前，知道要度量的数据在何处并找出基线至关重要。使用这种方法可以使失败变得更安全，探索的风险变得更小，从而鼓励更多成效导向的想法。如果可行，抓住机会；如果不可行，学到新知识，最终为企业节省一大笔钱。

与其说"我不确定是否可行"，不如在探索模式下说："我认为这个功能将改变买家行为，并增加利润。"

9.2.2 利用

利用模式是指，现在有一个好的想法或机会，需要弄清楚如何实现。在这个阶段，你已经看到了探索活动的积极成果。有了成功的证据，但很少，你想知道扩大规模将需要做什么，以及收益是否还会继续存在。

在利用模式中，基本上是在研究如何将机会变现。度量工作转移到关注更多的增长和规模化指标，例如，是否可以构建能力、大规模吸引客户，或通过合适的融资模式和团队结构在职能上获得支持。与此同时，仍然能从早期试验中看到相同的积极成效，因此可以更自信地投入资源，但必须对自己是否有能力利用这些机会保持谨慎。

在这种模式下，你可能会说："这个功能改变了一些买家的行为，增加了这个细分市场的盈利能力，我想知道它是否会改变每个人的行为，以及如果提供给每个人，我们是否能以可承受的价格提供支持。"

9.2.3 成熟

具备足够的经验数据、成熟的客户或稳定的收益等知识时，就到达了成熟模式。

成熟意味着应该对投资、目标客户和行为有预见性，可以可靠地开展业务的工作，因此应得到最大的关注和努力。重要的是，不要对成熟的工作沾沾自喜，为了保持领先，你必须持续投资、演进，增加新功能或调整可用性。

度量标准变得更加传统，因为已经在投入和产出之间建立了稳固的联系，对成功的度量标准有了清晰的理解，并且能够看到对收益与盈利能力的直接影响。

公平地说，大多数组织把所有的工作都看作成熟的工作。我们认为自己知道的都是正确的，因此把一切都投入进去，使用传统的度量标准，就像它们是直接相关的。这是一种错误的成熟感，是由缺乏足够的反省能力来验证自己的知识造成的，也可能是由自负造成的。

在这种模式下，你可能会说："这个功能改变了用户的行为，增加了利润。我们需要持续投资，确保继续为用户提供更高的价值。"

以上述方式对工作进行分类，提供工作的投资组合的独特视图，有助于将组织的重心放在重要的事情上。我们看到许多持有这种观点的客户都能平衡对这些类别工作的投资组合，以确保自己始终在探索、期望利用机会，同时将大部分资源投资在已知正确的事情上。在这三类工作上的投资组合参考标准是各占 15%、25% 和 65%。

9.3 用数据打造智能企业

我们刚刚讨论了如何使用从数据获得的洞察，在投资组合管理和优先级排序方面做出更好的决策。接下来，我们将探索一些模式，利用数据洞察，帮助组织中的人员做出更好的决策，来为客户提供更好的产品和服务或创建新的商业模式。

数据的爆炸式增长正在推动数字化生态系统的发展，重塑组织架构，通过数据创建新的产品、增强个性化和增加客户服务价值。麦肯锡全球研究院（McKinsey Global Institute）指出，与传统组织相比，数据驱动型组织的获客率高出 23 倍，留存率高出 5 倍，获利率高出 18 倍。组织正在以历史上前所未有的速度发展，与客户之间的数字化交互正在揭示新的商业意义，以及关于客户价值是什么和如何最好地交付它的洞察。接下来我们将介绍其中的几个方面。

9.3.1 数据自我决策

曾担任谷歌和百度深度学习与人工智能部门负责人的吴恩达在 2016 年的《哈佛商业评论》上发表的一篇文章中写道：

> 如果普通人能在不到一秒的时间内完成一项脑力任务，现在或不久的将来就可以用人工智能将该任务自动化。

有人提出质疑，认为只要是一分钟之内的思考任务，人工智能都可以完成。毫无疑问，人工智能正在经历一个爆炸式增长的阶段。依靠适当的算法和足够的数据进行训练，机器可以做出非常好的决策，就像有经验的人能做到的那样。虽然这些都是简单的小任务，但是从数量和准确性中获得的好处对于一个企业或整个行业来说是非常重要的。有一些众所周知的例子：人脸识别、语音识别、语法纠正和语言翻译。

异常监控是一个特别有用的领域。长期以来，传统的数据分析方法一直用于检测欺诈事件，通常需要进行复杂且耗时的调查，以处理不同的知识领域。事实证明，人工智能和机器学习在检测垃圾邮件方面非常有效。从那以后，人工智能和机器学习在异常监控中的应用已经扩展到信用卡欺诈监控、放射学诊断和信息安全中的系统入侵检测。

9.3.2 个性化客户体验

产品推荐在亚马逊和 Netflix 的案例研究中得到了充分肯定。这两家公司惊人的收入增长很大程度上是建立在产品推荐引擎上的，这些引擎是由人工智能算法和大量在线数据驱动的。即使不成为互联网巨头，也可以利用人工智能和机器学习技术来推荐更好、更相关的产品和服务。

我们在房地产行业的一个客户成功地建立了市场中最大的数字资产之一，但遗憾的是，网站上大量的匿名用户限制了企业了解他们并向合作伙伴提供有价值的洞察力的机会。于是该企业开展了一项机器学习活动，在匿名用户进入网站时，询问他们是否首次购房。尽管客户的响应度不高，但企业依然收集到了足够的数据来训练机器学习算法。该算法检测点击流和其他浏览行为的模式，从而实时且准确地预测首次购房者。这给企业带来了新机会，可以产生与该目标受众高度相关的首次购房报价和产品。

如果客户允许我们访问他们的更多数据（例如，位置、声音、移动、温度等感知数据，以及日历、电子邮件和社交网络等个人数据），就可以推断出更准确、更具体的用户上下文（例如，他们的活动、环境、情绪，甚至压力水平）。考虑到这种丰富的上下文，设计师将需要做很多工作。在机器学习时代，定义用户体验的是个体，而不是目标群体。

9.3.3 做出更好的决策

人工智能和机器学习非常擅长"大海捞针"，而人类更善于观察"针"并决定如何使用它。除了简单的小任务外，大多数业务决策都需要良好的判断力、同理心、直觉和创造力。由于认知偏见，人类实际上在模式识别方面表现很差，因为人类大脑非常不善于预测统计趋势。

大脑会被抛硬币这样简单的事情困住：在连续5次得到正面后，大多数人会想，"下次肯定是反面！"从统计上看，即使连续得到100次正面，下一次得到反面的概率仍然是1/2。只要动动脑子，大多数人都能克服这种认知偏见，得出正确的结论。

还有一个更具挑战性的问题。行为经济学先驱阿莫斯·特沃斯基（Amos Tversky）和丹尼尔·卡内曼（Daniel Kahneman）进行了一项实验：

> 一个城镇有两家医院。在大医院里，每天大约有45个婴儿出生；在小医院里，每天大约有15个婴儿出生。虽然大约50%的婴儿是男孩，但确切的比例每天都在变化——有时高于50%，有时低于50%。
>
> 在一年的时间里，每家医院会记录超过60%的新生儿是男孩的日期。你认为哪家医院会有更多记录？
>
> 1. 大医院。
> 2. 小医院。
> 3. 相同。
>
> 结果：56%的人选择了选项3，22%的人选择了选项1，其余22%的人选择了选项2。

正确答案应该是2，因为更多的事件会导致更平均的概率趋势。为了应对这种认知偏见，需要花费更多的精力。

这不是一个钻牛角尖的问题，在日常活动中经常发生。为一个产品设定价格时，除了需要知道竞争对手的定价、历史定价、产品的必备性质和定制性质外，还需要预测消费者对该产品的未来潜在需求，以及供应商和供应链数据对该产品的未来潜在供应。人工智能和机器学习技术将在基于数据预测未来趋势方面变得更好。

人类的工作是使用数据和算法，应用洞察来做出更好、更理性的决策。

对于重要的业务决策，如定价、库存管理、供应链管理、人员和设备调度、维护调度等，需要进行分解，划分出信息处理、模式识别和预测等部分，让数据/人工智能模型/机器学习模型给出答案。而需要同理心、创造力和常识的部分应保留在人类判断的范围内。

数据在帮助建立高响应力组织方面非常有效。通过尽早有效地应对来自市场、客户和组织内部的信号，可以更好地完成以下工作：

- 带着不完善的信息前进。
- 在必须决策的最后时刻再做决定。
- 提高变革能力。
- 能够产生新的价值来源。

一方面，企业领导者需要了解组织约束和人类的认知偏见，并学习如何从个人和制度上消除或减轻它们。另一方面，通过技术能力来收集干净的数据，将其放到适当的位置，应用正确的算法。我们将把这一问题作为数字化转型整体技术战略的一部分，在下一部分进行更深入的探讨。

9.4 关键点

本章要点：

- 在准确性和确定性之间权衡时，数据可以帮助你更好地了解所处的位置，从而加快决策流程，提高响应性。
- 反省自己对工作的影响的了解程度，有助于做出更明智的投资选择，并更有效地工作。
- 数据的可用性和数据分析技术允许你做出更好的决策，创建新产品，更好地为客户服务。

两个锦囊：

- 数据驱动战略：重新思考数据战略，使用数据加速决策和推动数字化转型路线图，了解使用哪些杠杆和何时转向。

- 分类投资组合，平衡投资优先级：将投资组合 / 待办事项分为探索、利用和成熟三类。根据所掌握的知识来平衡投资和优先级，使工作日趋成功。

第三部分

技术重构业务：
业务领导者的技术视角

在一次福布斯 CIO 峰会上，沃尔玛 CIO 克莱·约翰逊（Clay Johnson）谈到了一个振奋人心的时刻，这个时刻发生在 2017 年的一次沃尔玛领导团队会议上。当有人建议技术人员应该让技术战略中的技术概念更容易被业务部门经理理解时，沃尔玛 CEO 董明伦（Doug McMillon）说："业务人员需要开始使用技术语言。"我们深信，业务领导者需要变得更懂技术，毕竟数字化转型是关于如何更好地利用新的技术能力来执行业务战略的。

然而，我们并不想从技术的角度开始本书。在数字化转型中，我们吸取的最重要的教训是，数字技术转型只是手段，而业务转型才是目的。我们强调要在以下方面做出改变，才能够利用新技术能力给整个组织带来优势——企业目标一致性、业务流程、组织架构和运营约束。

在前两部分，我们探讨了一些能让技术创造更多价值的关键概念：

- 关注客户成效。

- 细粒度以及增量的工作方式。

- 端到端地度量价值。

- 频繁响应变化。

- 数据驱动决策。

- 实现工作及其对成效影响的透明与可视化。

- 处理、解决和消除约束。

现在到了需要审视企业技术全景的时候了，以便了解需要进行哪些变革，从而支持这些新的工作方式，进一步释放技术的潜力，使技术成为客户崭新的价值创造中心、企业的差异化竞争优势和新商业模式的推动器。

在本部分，我们将讨论如何在现代数字化业务的核心构建世界一流的技术能力。要讨论的内容不仅涉及获得更多来自数据分析与机器学习技术的产品创新与洞见，还涉及人们看待 IT 部门方式的彻底转变。技术投资现在是战略计划的一部分，而不是战术性支出。现在，业务和技术之间的界线比以往任何时候都更加模糊，两者拥有共同的目标，技术对于业务的价值更加深入人心。或许现在该考虑两者间根本就不存在界线。

在这个新的数字化时代，技术团队应该拥抱的许多改进与变化并不是什么突破性的新想法，其中一些已经存在一段时间了，只是没有被广泛采用而已。著名科幻作家威廉·吉布森（William Gibson）曾说过：未来已来——只是尚未流行。

在新的数字化时代，企业通过构建技术能力来应对日益增长的业务需求。我们的目标是，通过洞察和总结这些经验教训得出的建议，能够对正在构建数字化能力，或将传统企业技术团队转变为现代数字化团队的领导者有所帮助。这不仅仅是技术领导者的工作，业务领导者对技术能力的构建也有同样强大的影响力。例如，技术卓越并不仅仅是技术专家负责的事情：它首先是一个业务决策，一个业务领导者和技术领导者应该有意识地一起做出的决策。因此，我们的目标之一就是与业务方分享这些重要的经验教训，这样每个人都知道如何共同努力为未来打造最好的技术能力。

我们认为即使开始对技术领域知之甚少，所有的领导者都应该理解一些最基本的技术概念。因此在下一章，我们将概述第三部分的内容。对技术领域要发生哪些改变、要提出哪些问题以及在帮助技术团队转型时你要扮演的角色有基本的了解是非常重要的。然后，我们将把每个主题分解成各个章节的详细内容。你可以把下一章当作"太长；不读"的概述，根据自己的兴趣选择性地阅读其后续几章的详细内容。

第 10 章

领导者必备的技术思维

本章简要总结本书的技术部分——第 11～16 章。为了在数字化时代取得业务成效，这是我们认为所有领导者都需要具备的技术思维的最小集合。

10.1 技术卓越至关重要

通过技术卓越提升软件内部质量，使软件系统具备高水平的灵活性、适应性和响应力，将对组织响应力产生直接、实时的影响。

然而在许多人心目中，IT 仍被视为一种商品或成本中心。软件系统也通常被视为一种公共设施，常被比作水和电：打开水龙头，期待水流出来。如果想使用更多的水，可以将水龙头开大或使用更多的水龙头。所有的水都是一样的，因此企业会找最便宜的供应商。企业不会经常改变想要水的种类，因此系统最大的风险就是出现故障。系统只需要以低缺陷、高吞吐量和高可用性运行即可。

与公共设施不同，软件系统应该是企业的战略资产，需要持续地演进并与业务适配，而非"一次性的"。此时，所面临的风险不仅在于系统的运行状况，还在于系统在努力与业务保持同步的过程中遗漏了哪些事情。客户可能会要求当前产品尚未提供的新价值。新技术可能会消除一些摩擦，并带来更多便利。竞争对手可能会推出一些具有颠覆性的新功能。因此，要使业务脱颖而出，就需要能够利用软件系统，持续交付新的有差异化竞争优势的功能。更短的交付周期、更高的响应力和适应性正在成为新的竞争领域。软件内部质量是系统响应力的基础指标和驱动因素。

10.1.1 软件内部质量

软件内部质量是代码设计与结构的度量，通常对最终用户是不可见的。一个干净、经过良好设计、易于维护的代码库就像一个干净、经过良好整理的房间，在这样的环境中更容易找到所需的东西并保持高效工作。特别是在大型软件系统中，混乱的代码库会减慢每个人的速度，使得添加新功能或进行优化变得耗时、昂贵且在经济上不可持续。有时，你可能被迫重新构建新系统，而不是扩展当前的系统。反直觉的是，一件商品（比如汽车）拥有更高的质量（采用高质量的材料以高标准制作）时，它会更昂贵。而对于软件来说，高质量实际上意味着更便宜。

10.1.2 软件设计与技术债

好的设计常常受到业务领导者与技术领导者的赞赏。有经验的、技术娴熟的技术人员可以运用模式和知识，创建具有良好架构的可扩展软件设计。

与大多数非技术人员的认知相反，只有良好的前期设计是不够的。不管我们期望与否，设计都会随着时间而腐化。新的需求出现时，可能扰乱原始设计意图；开发人员编写代码时，可能引入混乱的解决方案；面临交付压力时，团队可能被迫走捷径。所有这些小事情几乎每天都在发生，它们被称为技术债。顾名思义，承担债务意味着必须支付利息，这相当于软件开发中开发新功能或维护系统所需要的额外努力。当技术债过多时，所需的额外利息将使得在原有系统上扩展功能变得不划算。

10.1.3 技能娴熟的工程师

使整个开发团队保持高水平的技术技能是很重要的。传统的软件工厂模式是，围绕着少数高水平工程师和一群初级技术员工（通常来自低成本的供应商），寄希望于设计是由高级工程师完成，而简单的编码任务是由初级技术员工完成的。该模式可能适用于那些需求变更非常少的工具程序，但是当组织需要软件持续演进时，它将很快崩溃。当软件不断演化和扩展时，战略性数字资产中不存在简单的编码任务。

即使拥有一支技能娴熟的技术团队，技术债仍然可能会增加。我们将在第 11 章讨论其原因。保持低水平技术债的开发纪律是至关重要的。通过持续检查和修改，可以花费少量努力来偿还技术债。如果开发团队足够早、足够频繁地持续执行检查和修改，就完全有可能将技术债保持在较低的水平，并逆转软件设计的腐化过程。

10.1.4 业务与技术领导力

管理技术债最困难的部分是在业务领导者和技术领导者之间建立建设性的关系，以在软件质量上做适量的投资。不要只关注和度量交付的功能以及需求的数量，而要让团队同时度量内部质量（如果不度量，那么对于非专业人员来说就是不可见的）。如果内部质量下降得太厉害，开发人员发现代码难以维护，或者交付速度受到影响，那么领导者应该支持团队投入时间来偿还技术债。平衡功能开发与系统内部质量是一个持续的挑战，需要技术专家和业务专家之间的信任和健康关系。投入功能和代码质量之间的工作量将是一个动态平衡，不存在静态的"正确"答案。由于它常常与业务需求（更多与更快交付）发生冲突，因此这是一个有挑战的平衡。业务领导者和技术领导者都需要不断地提醒自己：如果现在付出一点努力来偿还技术债，几个月后就会得到非常有价值的回报。我们将在第11 章更深入地讨论这个主题。

10.2 赋能人才

追求技术卓越需要技能娴熟的技术人员。DevOps 与持续交付需要更多的多面手。平台思维和现代架构技术要求洞察最新的技术趋势。在某种程度上，所有这些都归结于人。你拥有具有完成这些任务所需的素质和数量的人才吗？

然而，整个科技行业都处于数字化人才短缺的状态，而且在未来几年内，由于需求量巨大，这种情况还将持续。这在不同的国家和业务领域都是一样的。无论我们与哪个组织对话，获得和留住数字化人才都已经成为数字化转型过程中最重要的任务之一。

当大多数技术资产被视为公共服务时，传统的管理智慧会要求尽可能多地外包。因此，许多企业将大部分软件系统（包括核心软件开发能力）外包给第三方供应商，特别是低成本的服务提供商。这不仅造成了大量的技术债，使得 IT 变得昂贵和响应缓慢，还失去了对技术专业知识和系统知识的洞察。

尽管人才争夺战十分激烈，但看不到任何可以忽视它的选项——建立数字化能力的需求比以往更加迫切。如果数字技术是一个未来差异点，希望自己拥有它或者与合作伙伴共同拥有它，那么当然不会再将它完全外包出去。

当谈到构建数字化能力时，我们被问到最多的问题是："我应该去哪里以及如何雇用数字化人才？"我们认为这实际上不是最重要的起点：首先要关注的是企业内部，而不是外部。

除了外包或者角色变化（许多人从实操者变成了供应商经理）之外，大多数组织中仍然存在许多人才。

要释放这种潜力，需要关注两个关键的方面：

- 建立一种学习型文化，使得随着时间的推移，员工不断进步。
- 营造一个赋能员工的环境，使员工更快成长。

10.2.1 构建学习型文化

在数字化时代，技术进步的速度越来越快，把所有人都推向了终身学习的模式。技术正以指数级的速度发展，技术人员每隔几个月或几周就需要获得新技能。学习已不再是仅在学校里做的事情，也不再是偶尔通过在职培训做的事情，它正在成为每个人日常工作的一部分。这听起来令人生畏，但也意味着从任何时候开始学习都不会太迟。

要创造一个学习型环境，组织的领导者需做很多事情。以下是一些需要考虑的方面：

创造针对反馈的安全环境

尽管培训是一个学习和提高的好机会，但对大多数人来说，大部分学习仍是在工作中基于同事的建议和反馈完成的。把反馈和绩效评估分割开来，这样做的目的是帮助和支持，而不是评判或批评。创造一个安全的环境来提供建设性和有效的反馈至关重要。

鼓励持续反馈

如果没有促进和鼓励，反馈就不会自然地发生。当然不应该只在正式的年度或季度周期内提供或获取反馈，而应该有规律地持续进行。团队领导者应该接受培训，学习如何给予和接受反馈，并与团队成员一起促进反馈。

创造针对失败的安全环境

这一点在数字化时代尤为重要，因为快速试验和快速学习的能力将决定赢家和输家。无论如何研究和设计试验，大多数试验的结果都是失败。关键是要从失败中学习，而不是试图避免失败。这与传统的规避风险的运营心态截然不同。许多组织致力于从失败中学习，有专门设计的流程和投入——损失评审、事后分析等。但这些组织的心态是："我们失败了，这很糟糕；有人犯错了；找出是谁和做错了什么，确保其他人不会再犯同样的错误。"应该改变这种心态，用积极的眼光看待失败——从失败中学到了什么新知识（关于市场，关于技术，关于客户），并庆祝获得了这些新知识。

在运营压力下不削减培训与能力发展预算

大多数企业都为员工制订了培训和发展预算。培训预算的价值很难衡量，回报也不是立竿见影的。它不应是在运营压力下被削减的第一个项目，不应被视为可自由支配的支出，否则将传递完全错误的信息，即学习是可选择的，可以在任何时候停止。

建立一流的学习与发展职能部门

强大的学习与发展职能部门可以帮助组织为每个角色及其学科设计一个能力模型，该模型罗列了引导达到精通的发展与学习路径。在不同的成熟度阶段，应该为每个学科确定教练和导师，来为从事学习活动的人提供帮助。应该组织培训、课程、工作坊等活动来实现这些学习路径上的学习目标，而不是将其作为根据可用的预算随机分配给员工的培训"福利"或对良好绩效的奖励。

10.2.2 构建赋能型文化

在前面提到的《驱动力》中，自主权被列为最能激励现代知识型员工的三个关键因素之一，此外还有掌控力和使命感。人类需要感觉到他们能够控制自己的行为和目标。这是人们选择工作地点和工作内容的强大而深刻的原因。当一个人觉得自己有更多的自主权来做与工作相关的决定时，他们就会变得更有效率，更有创造力，更有动力做得更好、做得更多。以下是一些常见的做法，可以帮助创建一个赋能的环境：

交流和共享信息

信息不应该像金字塔一样，只在命令链上下流动。它应该能够在节点与层级之间跳转，并且水平流动。领导者可以创建流程、工具与网络来影响这一点，以形成更多的渠道来使得信息在组织中流动，例如第 6 章中提到的大型可视化图表和其他信息雷达。

委托决策权

命令与控制式的管理哲学将大部分决策权交给了领导者，部分原因是领导者相比团队成员拥有额外的背景环境。如果每个人都能获得适当数量的信息，那么更多的人将能够做出正确的决策，而不仅仅是少数领导者。在一个自组织的团队中，领导者的职责是促进对工作中出现的新模式和行为的讨论，将每个人拥有的背景与信息可视化，让正确的决策涌现出来。这与命令和控制的风格形成了鲜明的对比，因为领导者不会事先指定正确的决策应该是什么。

培养主人翁意识

除了拥有决定如何做事情的权力外，强烈的主人翁意识还来自目标设定的过程。领导者将精力集中于关键目标沟通，有助于对企业和业务建立清晰的认识。应该进一步让团队自己参与进来，将关键目标分解并分配到更小的部门和团队中，以便其能够为自己的部门和团队制订目标。

关于员工招聘与保留，实际上没有什么可补充的。专注于构建培养和赋能的环境，不仅有助于释放现有员工尚未开发的潜能，让他们更好地使用数字技术，还有助于从外部招聘和留住人才。

以培养与发展数字化人才闻名的企业更容易吸引有抱负的人才。那些感觉到自己在持续学习新技能并被赋予了影响力的人不太可能为了更高的薪水而离开当前的企业。

我们对招聘的主要建议是，更多地关注激情与潜能，而不是技能。学习意愿、学习意志力与学习能力比一个良好的开端或现有的经验水平更重要。这种方式将打开更多的渠道，为优秀人才创造更多的资源，尽管这些人才在传统标准下可能显得不合常规。

最后，我们希望解决组织部门之间的合作关系，它是由以下两个因素驱动的：

- 第一，技术领域已经足够广泛与复杂，以至于任何一家企业都很难在所有领域拥有深厚的专业知识——从开发、自动化、基础设施到数据工程与机器学习。一个组织能拥有的这些专业人员的数量也是有限的。

- 第二，即使企业成功地在内部构建了差异化的核心数字化能力，持续跟随技术发展仍将是一个巨大的挑战。对这种新型技术能力的需求正呈指数级增长，超过了行业目前所能提供的水平，未来十年可能也是如此。适当的数字化咨询将为发展数字技术人才创造一个不同（但不一定更好）的环境。这种数字技术和能力的来源将通过内部能力提升、外部专业知识与人才扩展来补充内包战略。

这两个因素需要一种不同类型的能力资源获取策略——一部分来自内部，一部分来自资源共享，另一部分来自外包。虽然没有一个放之四海皆准的解决方案，但传统的以成本为导向的外包方式已经过时。数字化合作伙伴需要能够与你的数字化团队紧密合作，从而形成一个整体团队的氛围。我们建议审查数字化合作伙伴关系的以下方面：

文化一致性

更深入地了解合作伙伴的组织文化，最理想的方式是相互观察对方（而不是仅仅听演讲），从前雇员或客户那里获得关于明确定义的文化行为的参考资料，以了解两种组织文化之间的一致性（或差距）。

流程兼容性

尽管大多数组织已经采用或开始采用敏捷研发流程，但它们难以将大量的外包人员和供应商纳入敏捷和持续交付流程中。在流程设计中，要避免"肤浅地"采用敏捷实践：要到真正的开发团队中去，查看流程和实践是否得到了正确的理解，而不只是形式上的遵循。

技术卓越性

除了系统设计之外，开发人员的编码技能和编码质量也会对软件系统的内部质量产生重大影响。好的设计也会因糟糕的实现而迅速腐化为不可维护的代码。组织中的所有开发人员都应该具有工匠精神，成为自己领域的大师。这也适用于数字技术合作伙伴。在寻找合作伙伴时，一定要了解这个组织的技术卓越性，特别是大多数开发者社区。不要只关注合作伙伴的质量控制流程和少数资深人员的能力。

我们将在第 12 章更深入地讨论这个主题。

10.3 持续交付与 DevOps

如果希望整个组织的战略中心转移到以快速向客户交付最大价值为目标，那么业务团队与技术团队就需要协同工作来完成端到端的"建立－试验－学习"环。关键的技术指标是尽早、快速地将软件解决方案交付到生产环境中的能力，以及快速响应变化的能力。传统的重量级软件开发方法很难做到这一点。不幸的是，尽管轻量级敏捷软件开发方法已经存在了近 20 年且成功地支持了这些目标，但是在大型企业中的普及还远远不足。

如果企业不熟悉敏捷软件开发方法与传统的瀑布式软件开发方法，那么这是一个向技术团队提出的好问题。如果没有被恰当地采用，那么敏捷方法将成为数字化转型的主要障碍。即使 IT 部门认为它正在进行敏捷软件交付，实际上它也可能需要大量的帮助来进行技术、文化和组织上的变革，从而实现真正的敏捷交付。

10.3.1 持续交付

敏捷方法中的持续交付概念是将软件交付过程从缓慢的节奏、较长的发布周期变为快速、增量与迭代的方式的关键。有了这个概念，团队可以确保开发的每个功能在任何时候都可以发布到生产环境中，而部署时间的决策将变为业务决策。只需按下一个按钮就可以发布更改，无须等待漫长的测试和发布周期。

为了构建持续交付客户价值的能力，产品团队需要采用一些重要的技术与实践：

- 构建包括业务人员的更小的跨职能团队。

- 将需求分解成更细粒度的、有价值的、可发布的独立单元。

- 在"迭代"中工作，在开始下一个迭代之前，从头到尾（到生产）完成一个小需求。

- 编写完全自动化的测试，创建安全的网络环境。这样，短的发布周期就可以在没有繁重的人工过程和工作的情况下得到适当的测试。

- 使用自动化技术，以一致的方式在从开发到生产的所有环境中启用"一键"部署。

- 将基础设施"作为代码"管理，以更容易地根据需要创建和重新创建环境，来消除瓶颈，实现可伸缩性和灾难恢复。

另一个重要的概念是，在产品开发团队中构建更多的通用技能集，培养更多的通用型人才，而不是仅仅依赖于专家。

在大多数技术型企业中，构建软件和运维软件被看作两种完全不同的活动，需要不同的技能集。在软件系统投入生产后，通常会有一个不同的团队来运维。该团队将管理和维护生产环境、软件配置，监视性能，并报告任何生产问题或用户投诉。如果想要频繁地发布软件并不断地更新，开发团队和运维团队就需要紧密协作。如今，移交、沟通、协调和部门间的障碍造成了许多延迟和缺陷。

10.3.2 DevOps

DevOps 是一种文化运动，旨在解决"构建 vs 运维"的问题，方法是让开发部门和运维部门更紧密地协同工作，让运维专家成为开发团队的一部分。这使得运维专家能够向软件开发过程提供早期的反馈，并作为开发团队的一分子实际负责软件产品的运维。

DevOps 社区中的许多人也支持在团队中创建一种新的角色：DevOps 角色。我们的想法是，与其试图找到更好地协调和移交工作的方法，不如让同一个人来做这两项工作。因此，DevOps 的含义是开发和运维技能在同一个角色中的融合。根据 Glassdoor 网站的数据，在 2018 年美国十大科技工作排行榜上，DevOps 工程师在收入潜力、工作满意度和职位空缺数量方面仅次于数据科学家，成为第二受欢迎的工作。

这是一把双刃剑。我们不希望 DevOps 成为一个职位头衔，因为这会导致这样一种行为，即只有一个人应该关心开发和运维之间的衔接与协作，而团队的其他成员仍然是孤立的开发人员或运维人员。但我们确实喜欢这样的理念，即人们可以拥有跨开发和运维的多种技能。与许多其他行业一样，科技行业一直受到旨在提高大规模生产环境中生产效率的"劳动分工"概念的强烈影响。在数字化时代，生产力意味着大规模的定制化和协作，以获得速度、敏捷性和对变化的响应力。在"数字化一切"的时代，我们能够以机器速度建立和更改软件系统。而缓慢的部分就是让人类进行复杂的思考，在软件中表达思想。越快地从概念转换到代码——一个完全基于人类协作的智力活动——就能越快地将价值交付到生产。

我们将在第 13 章更深入地讨论这个主题。

10.4 数字化平台

"平台业务"的概念吸引了不同行业许多领导者的兴趣。在数字化时代，一些成功的企业都是平台型企业（或 API 企业）——苹果、阿里巴巴、亚马逊、Salesforce、优步和爱彼迎（Airbnb）等。平台业务将生态系统的参与者联系在一起，表现出非线性的规模化特征。

连接生态系统中的参与者并不是一个新概念。市场在人类历史上一直存在——从古代的集市到现代的购物中心，商人和购物者在那里见面和交易。报纸也存在了几百年，广告商从大量的忠实读者中获益。除了吸引大量的受众外，现代的平台业务还为他人提速提供了基础。例如，Salesforce 和亚马逊为中小型企业提供客户关系管理和实现能力，使它们能够快速成长并专注于核心价值创造。

这些现代平台业务的共同之处在于，信息技术的进步推动了数字化和线上基础设施的发展。数字技术使人与人之间的联系变得更容易、更便宜。随着所捕获的数据量的增加，平台通过新的分析技术为各方提供了更多的价值创造机会。

我们在这里讨论的数字化平台不是平台业务本身。相反，正是数字技术平台开启了商业模式革命。尽管这是必要的，但它并不总能带来平台业务。事实上，我们并不认为大多数大型企业需要成为所谓的平台型企业来差异化自己。平台业务会加速增长，但仍将是整体经济格局中的一小部分。

无论是否要扩展商业生态系统来成为一个平台型企业，从长远来看，数字技术平台总是任何现代企业所需采纳的一个关键步骤，从而能够以更快的速度、更高的质量和更低的成本向客户提供新价值。

我们认为有三大支柱支撑着数字化平台：

支持 API 的模块化架构

企业软件系统不应该是一个单体架构，而应该由细粒度服务（在技术社区中通常称为微服务）构建而成，这些服务对应于业务人员能够识别和关联的业务领域功能。例如，像"在商店中查找"这样的业务功能可以被识别为有价值的零售领域功能，并且可以在线上购物和店内购物功能中重用。这些服务由稳定的团队独立构建、部署和运行，在数字化世界中通过 API 公开这些业务能力。

自助访问数据

组织内的数据常常被锁定在孤岛中（有意的或由于技术偶然性），无法跨团队或部门访问。现代组织需要使能团队自主权，一个关键的领域是使团队能够"自助"地访问其需要的数据以创造价值。通过一致的企业级数据战略或者简单的基于 API 的机制，可以实现自助访问数据。自助访问数据确保团队能够快速地将价值交付给客户，而不会为了访问关键数据而陷入组织的繁文缛节中。

交付基础设施

团队经常为了申请服务器、数据库、网络和防火墙之类的基础设施而等待。当今最好的 IT 组织改进了基础设施交付,以消除技术团队可能经历的任何摩擦。这些基础设施服务包括快速自助访问计算环境、计算资源的弹性扩张、创建开发环境、创建开发工具以及创建运行时环境。目标是让产品开发团队能够快速、轻松地访问需要的工具,以更少的开销进行试验,通过更少的沟通和交接障碍获得更快的反馈。

建立一个专门的"交付基础设施"团队来为开发团队逐步构建这些服务和工具常常很有帮助。

这三个支柱似乎充满了技术细节,但在更高的层面上,它们都遵循相同的哲学。将数字化能力、数据和交付基础设施打包到服务中,组织内的所有团队都可以方便地访问这些服务。这三种类型的服务形成了市场或平台的概念。完成之后,如果以客户成效为基础的团队决定探索一个新的想法并验证市场反应,就可以快速访问所需的业务能力、获得洞察所需的数据,以及所需的交付基础设施,立即开始编码和发布新的想法。

拥有许多内置技术解决方案的大型企业通常不具备这种优势,即在高质量和低技术债的前提下,以模块化、可重用的方式构建所有东西。事实上,我们经常使用孤立的单体遗留系统架构。平台化思维的挑战不在于新能力,而在于如何打包、转换或替换这些遗留系统并以新的平台化方式工作。

为了支持数字化转型的精益切片方法,需要做一些遗留系统现代化工作。而现代化工作应该由这些精益切片需求驱动,而不是简单地替换所有遗留资产的整体需求。一般来说,每个遗留系统都有一些常用的现代化模式:

- 替换:可通过自定义代码、新功能包或软件即服务(Software-as-a-Service,SaaS)进行。

- 扩展:在旧系统的基础上添加一个新系统,并在两个系统之间进行中介请求，增加一个所有新集成都应该使用的服务接口。

- 延续：保持遗留系统运行，进行现代化改造，如添加更好的测试、更多的自动化测试，或通过 API 进行工业化，使其更容易跨组织重用。

针对遗留系统的改造取决于多种因素，包括技术的当前状态、（保留或替换遗留系统的）风险级别，以及基于当前业务环境和路线图的可能的未来需求。最后，遗留系统现代化战略将需要包含业务与 IT 之间的紧密合伙关系，以便做出最佳决策。我们将在第 14 章更深入地讨论这个主题。

10.5 产品胜过项目

产品是目前 IT 行业的一个重要流行语。生产实体产品的企业当然熟悉这个词，但现在在鼓励将"产品思维"应用于各种各样的事物——数字化服务、客户体验、内部应用，甚至业务间的数据流。尽管大多数人直观地认为将面向客户的"事物"作为产品来处理是一个有用的想法，但组织中不面向客户的部分通常要落后很多。

如果把更多的应用程序、服务和数据当作产品来对待，那会是什么样子呢？产品的主要特点包括：

- 产品解决某个问题或满足某种需求。最好的产品解决了人们甚至未曾意识到的需求（还记得 iPod 吗？谁知道人们口袋里需要 1000 首歌呢？）。

- 产品与其他竞品有独特的差异性。最好的产品可能解决与其他产品相同的需求，但是通过功能集、速度、易用性或成本来突出自己。

- 产品是为一个（或一组）明确的客户设计的。功能集、质量和价格都得到调整以吸引特定的目标客户。产品团队通常会做大量的市场调研，并创建原型，确保产品符合目标客户的需求。

重要的是，产品与 IT 习惯的"项目思维"形成了强烈的对比，在项目思维中，任何举措都被分解为一系列具有明确范围、预算和日期的项目。一个项目是要在规定的时间内完成的，而一个产品如果能创造价值并解决客户需求，那么可能会存在很长一段时间。除了时间计划外，产品与项目之间还有以下方面的不同：

- 在项目进行过程中，项目将具备完成它所需的专业技能的人们聚集在一起。项目完成后，项目团队将被打散并重新分配到业务的其他部分。产品是由包含设计、开发、支持和改进产品所需技能的产品团队开发的。通常情况下产品团队是稳定的，其成员在一起为产品长期工作。

- 项目通常是根据估算出的投入再增加一大笔应急资金来投资的，然后将投资控制在整个预算范围内。产品通常是通过估算构建一个有用的、有价值的产品所需的团队规模来投资的，然后根据此团队规模长期投资。

- 项目是为了完成项目而不是任何其他事情。通常，启动项目是为了对更大的价值创造战略做出贡献，但是运行之后，大多数项目都聚焦于在最后期限和范围内完成。"按时、按预算"通常是衡量项目成功的标准。产品专注于为客户创造价值，只要产品是有价值的，就可以持续投入来完善它。

当每个团队都在开发一个产品，知道目标客户是谁，并且可以进行长期规划时，这些差异会在整个组织中引起深刻的变化。一个关键的好处是，在产品模式下工作的团队通常可以重新定向其工作，从而比项目团队更快地交付价值，而项目团队通常必须等待一个正式的计划和预算周期。

产品导向是一个巨大的转变，不可能一蹴而就。在这个过程中，有四个关键步骤：

1. 确定什么是组织的"产品"。
2. 用精益切片方式连接产品团队。

3. 为产品提供长期投资。

4. 创建被赋能的跨职能产品团队。

向产品导向转变无疑是一个挑战。组织架构、投资和成功的度量标准都需要改变，需要努力找到合适的产品负责人来指导所有新产品。

我们将在第 15 章更详细地讨论"产品思维"及其含义。

10.6 IT 部门的未来

根据哈克特集团 2017 年的一项研究，基于对年收入 10 亿美元以上的企业的 160 名领导者的调查，64% 的受访者表示，他们对自己的 IT 组织支持数字化转型的能力缺乏信心。该研究还表明，对 IT 能力的需求在不断增长，但实际 IT 工作量和 IT 员工数量的最大增长却发生在企业 IT 部门之外。业务部门似乎正在投资自己的 IT 能力。

这既是对 IT 部门的挑战，也是更好地支持这种需求和为数字化转型增加更多价值的机会。除了缺乏卓越的技术、持续交付能力、平台和人才管理能力之外，我们还看到了另外两种反模式正在妨碍 IT 交付更多的价值和帮助推动更多业务转型。我们想在此阐明：

- 团队职能是围绕技术和系统构建的。

- 所谓的"双速 IT"概念。

围绕业务能力或客户成效建立团队

在数字化时代，随着客户期望的提高，越来越多的系统需要协调以向客户提供所需的服务和体验。在前面提到的航班延误情景中，不同的系统（如航班运营、飞机航线、机场运营、机组调度、行李跟踪、客户服务、忠诚度，甚至酒店预订）必须协同工作，才能为乘客提供最佳解决方案。来自这些系统的实时信息将通过多种渠道（包括网络、移动 APP、短信和电话等）被发送给机组人员和乘客，以减少乘客的焦虑，并让机组人员做好准备。让系统彼此集成既是技术上的挑战，也是组织上的挑战。

我们已经看到，许多航空公司从以技术为导向的孤岛组织架构转向了以业务能力或成效为导向的一致性架构。为了更好地处理航班延误事件，新团队不是根据包括了业务和IT的所有相关职能的独特系统，而是围绕着不规则的运营方式来支持客户旅程。尽管这并没有完全消除对于在不同时间点有一支围绕特定IT系统的核心开发团队的需求，但是开发和集成这些系统的知识与技能在整个组织中传播得更广，而不是集中在某个地方。

"双速IT"是不可持续的

在采用敏捷软件开发技术和其他新数字技术的过程中，总是有借口不能将新技术应用到执行关键任务的核心遗留系统中。在这些系统中，安全性、稳定性和准确性被认为是更重要的，甚至可以以牺牲速度和可适应性为代价。几年前面临这一困境，一些组织接受了双速IT（麦肯锡倡导）或双模IT（Gartner倡导）概念，其中快速或模式1方法可以应用于新的数字化产品，同时仍然可以保持慢速或模式2方法以运行大型核心遗留系统。

ThoughtWorks欢迎做出改变和探索新事物的意愿，但不同意闭关自守的风险规避方法。我们接受这样一个事实，即在处理大型企业中的重大变更时，在特定的时间和特定的情况下，"双速"可能是一种必要的妥协。我们也相信现在是时候抛弃双速IT或双模IT的概念了。

大多数企业面临的一个突出问题是，在消费者希望随时随地与企业打交道的数字化世界中，系统之间的联系越来越紧密。几乎所有客户参与的前端软件都依赖于后端核心系统来为客户提供端到端的价值。为了让客户可以通过手机订购商品并在商店提货，除了移动端和电子商务系统外，还需要更新商店的库存管理、预测与补货、客户服务和忠诚度系统来实现交易。

我们已经看到太多这样的例子：数字化产品交付的快速开发 - 发布周期与后端系统僵硬而缓慢的传统长发布周期相冲突。双速组织最终以最慢的公分母速度前进。随着客户期望的提高和越来越多客户合作的数字化，组织和系统的任何部分都不能再隐藏于"后端"之中。所有团队都必须协同工作，以更快的速度向客户交付端到端价值。尽管某些系统可以运行得更快或更慢——这是有原因的——但所有系统都需要以适当的速度运行，以支持快速的客户价值创造。正如我们在第 11 章中详细讨论的，现在有许多成功模式和案例研究来帮助处理"遗留系统现代化"的复杂性。是时候接受不可避免的事实、制订计划来加速整个 IT 组织而不仅仅是其中的一部分了。

对于如何更好地与技术团队合作，我们为业务领导者提供了一些建议。

正如第三部分开头提到的，"业务人员需要开始使用技术语言"，现在是取得进展的时候了。我们已经看到越来越多的业务领导者足够了解技术，技术领导者也足够了解业务。如果进一步推行"通才胜过专才"的原则，我们相信新一代的业务型技术人员或技术型业务人员将会出现，并成为当下现代数字化业务的更好的领导者。

最后，我们为 CEO 提出了一些经典理论。无论是在旧世界还是在新的数字化世界，CEO 对 IT 部门的效率都有很大的影响。早在 1994 年，《麻省理工学院斯隆管理评论》（*MIT Sloan Management Review*）就对 CIO 如何增加价值、如何成为企业的战略合作伙伴、如何"创造竞争优势、实现业务转型"[注1]进行了深入研究。当涉及给 CEO 们的建议时，该研究重点强调了以下几点：

1. 将 IT 和 CIO 定位为变革的代理人。

2. 专注于从 IT 中获得成效，而不是效率。

3. 将 IT 的业务价值制度化。

4. 建立一个包括 CIO 在内的执行团队。

5. 将 IT 作为业务整体管理，而不是附属管理。

注 1 ：Michael J. Earl and David F. Feenu, " Is Your CIO Adding Value? " *MIT Sloan Management Review*, April 15, 1994.

30 年前是这样，今天仍然如此。我们将在第 15 章更深入地讨论这个主题。

本章概述了领导者应该熟悉的所有主题。你不需要成为每个主题的专家，但是这些技术问题是当今数字化转型的核心，至少熟悉一下是很重要的。在阅读完本章之后，你可以深入研究对组织影响最大的主题。如果在数字化转型过程中遇到了某个特定的主题，可以参考特定的章节以获得更多信息，并向你的团队提出一些好问题。接下来我们将更深入地探讨每个主题。

10.7 关键点

本章要点：

- 所有领导者都需要一个最低限度的技术认知基线，了解其对数字化转型的影响。
- 理解基本的关键技术概念可以帮助你更好地应对不断增长的客户需求和变化的速度。
- 所有领导者都需要支持团队采用更严格的技术规则。

两个锦囊：

- 分享技术概念，建立技术思维：给企业领导者们设置关键技术概念的基线，并将其加入变革以及成功的愿景中。领导者和技术团队之间定期交流，以便直接帮助与支持新技术的采用。
- 发展技术人才，内建技术能力：通过能力提升和招聘来发展内部技术人才。倡导确保产出物质量的交付规则。

第 11 章
技术卓越至关重要

通用电气公司董事长杰夫·伊梅尔特（Jeff Immelt）在 2015 年致股东的信中表示："我们相信，每家工业企业都将成为软件企业。"通用电气的目标是，到 2020 年，跻身软件行业前 10 强——跻身微软、甲骨文和 SAP 等软件巨头之列。

技术的指数式增长正在推动客户期望值的提升、新的竞争性优势和市场变化以工业时代从未见过的速度增长。为了在数字化时代生存，业务领导者需要能够在模糊不清的商业环境中游刃有余地运营企业，并利用技术重新定义交付给客户的价值。在这个新时代，技术不再是支撑业务的旁观者——技术正在成为业务本身。

世界上几乎所有的企业已经或多或少地采用了一些技术解决方案。仅仅增加更多的设备和应用程序，并不能成为一家技术企业。以技术为核心，意味着通过技术视角来看待世界，技术应该是业务战略的核心。

在一个以技术凸显差异化的行业中，技术卓越至关重要。它是为客户和合作伙伴提供最具吸引力的用户体验、最快的市场变化响应力，以及最具有创新性的解决方案的基础。

在不同的环境下，技术卓越有不同的定义。对某些系统来说，卓越可能意味着不会崩溃；对另外一些系统来说，卓越可能意味着该系统需要具备灵活性和易于改变。本章将首先定义我们希望聚焦的情景——灵活性和响应力是重要影响因素的战略数字化资产，以及技术卓越性对这些系统意味着什么。

11.1 IT系统是实用资产还是战略资产

我们观察到，对于战略资产，系统的内部质量是非常关键的。内部质量指的是可维护性、灵活性、可扩展性、可理解性、可测试性等。内部质量高，将使系统以更快的速度和更低的成本不断扩展和升级，这正是新的数字化业务战略所依赖的。这种内在的高质量只有通过技术卓越才能实现。然而，让我们惊讶的是，确定区分 IT 系统属于实用资产还是战略资产的标准是多么困难。

在前面的联邦快递的例子中，Fred Smith 早在 20 世纪 70 年代就认识到了包裹跟踪信息的战略重要性，并建立了信息系统，使联邦快递与其竞争对手得以拉开差距。到 20 世纪 90 年代，越来越多的企业将信息系统作为战略资产，以获得相对于竞争对手的优势。

与此同时，信息技术只是一种实用工具（成本中心）的观点从未消失，直到 2003 年尼古拉斯·卡尔（Nicholas Carr）出版了 *Does IT Matter*（HBR Press）。他的回答是："IT 并不重要。"IT 是一种商品，就像电一样，你可以随时使用。IT 被视为成本中心：需要不断压榨它以获得效率，想要尽可能多地将其外包给低成本供应商。

如何理解这些看似矛盾的概念？我们的结论是，这确实要视情况而定。从理论上讲，这取决于业务战略，取决于 CEO 的观点，取决于企业如何竞争。实际上，这还取决于 IT 是否向业务交付了价值，如何在设置业务战略时引入 IT 专业知识，以及 IT 团队如何与业务团队建立联系并保持一致。在某种程度上，在实践层面，我们几乎看到了一个"鸡生蛋还是蛋生鸡"的难题——如果 IT 能力足够好，将把它定位为一种战略能力，那么许多 IT 系统是战略资产；如果 IT 能力不够好，将仅仅把 IT 系统当作实用工具，从而构建不依赖于 IT 差异化的业务战略。

如果去掉实际的限制，从"较好"的 IT 能力开始，那么业务战略应该是驱动实用资产和战略资产之间差异性的最重要因素，而不是系统设计、使用周期或 IT 系统的其他技术维度。

采用精益切片方法（参见第 3 章）对齐工作和团队并包括了产生的相关新工作和延续的现有工作之后，将会有大量的工作、团队和技术资产留在"旧世界"中。如果检视这些系统，会发现很多都属于技术基础设施范畴，例如管理企业电话系统、网络、笔记本电脑、移动电话、电子邮件、视频会议室等。我们通常称这些系统为实用资产。

航空公司不会因为配备了世界一流的笔记本电脑序列号跟踪系统，从而为旅客提供更好的在线航班搜索体验。在一定程度上，资产管理需要可靠、稳定和准确，这与人们对电力供应和水力供应的期望相差不大。企业依赖实用工具来平稳运营，但是不会只因为拥有更好的电力、水力或笔记本电脑序列号跟踪系统，就能将自己与竞争对手拉开差距，或者为客户提供更好的服务体验。

而战略资产是企业用来向客户提供产品或服务的工具，这些产品或服务可能具有创新性、更好或者比竞争对手的更便宜。对于航空公司来说，在线预订系统、自助值机系统和行李跟踪系统都是战略资产。参与这些系统的工作或团队最终将与特定的客户成效或业务目标紧密结合并组织起来。这些系统将继续得到发展和演变。新的能力和更改将被部署到生产环境中，不断推动企业赢得客户所需的创新性和差异化能力。

11.1.1 记录系统可以是高度战略性的

实用软件和战略软件之间的界线并不总是很清楚。Gartner 区分了存储权威数据的"记录系统"和与客户交互的"交互系统"，其思想是：交互系统可以（而且必须）比记录系统运行得更快。许多人自动将记录系统归类为实用系统，而将交互系统归类为战略系统。"新"软件和"遗留"软件之间也有类似的区别，许多人将旧软件归类为实用软件，仅仅因为它最近没有太多的变化。

事实上，当为客户需求提供服务时，记录系统和交互系统常常是紧密连接的。电子病历（EMR）系统记录病人的病史、诊断、用药、免疫接种日期、过敏反应、化验结果和医生记录，但不仅仅是一个跟踪这些记录的系统：它是使得医疗团队成员之间能进行有效沟通和协调的关键组件，从而为病人提供最佳护理。对于医疗保健服务提供商来说，这是一个高度战略性和差异化的系统。

11.1.2 遗留系统不应被视为实用资产

无论是金融服务行业、航空公司、制造业、零售业还是卫生保健行业，任何早期采用信息技术的企业都会有一些用 COBOL 编写的在大型主机系统上运行的遗留系统。尽管这些系统已经很旧了，但是每天仍然处理着大量的关键交易。面向消费者的许多高度交互的应用程序依赖这些系统来获取关键信息或完成交易。这些系统常被拿来与实用工具比较，因为它们对业务的平稳运行至关重要，而且当它们崩溃时，会造成混乱。也就是说，可靠性和可用性并不会自动地使某些东西被纳入实用软件的范畴。当某个系统是为客户提供端到端价值的关键路径的一部分时，同样面临来自提升的客户期望和加速的技术变革的挑战。

理论上，敏捷软件开发技术和其他现代实践都没有理由不能用于 COBOL 和其他老式语言。实际上，社区已经为此目的开发了单元测试工具。现实是，可供人们学习的好例子很少，而且大多数系统都是在现代技术出现之前编写的，因此需要花费大量精力使内部代码库现代化。

维护这些系统使其不崩溃变得越来越有挑战性，更不用说频繁地更新以应对来自业务的新需求了。许多熟悉这些技术的人已经到了退休年龄。很少有大学仍然开设 COBOL 课程。围绕这些技术的开发社区正在萎缩。

遗留系统现代化需要大量的时间和精力。一个大型的重写项目可能需要花费数亿美元和几年时间才能完成。还有一些方法可以帮助用现代的模块化、支持 API 的架构逐渐替换遗留的单体系统。绞杀者模式就是这样一种在许多企业场景中被成功证明的方法。当系统被认为是战略资产，并且对客户端到端价值的创造至关重要时，将精益切片方法融合到遗留系统现代化中是完全可能的，也是更好的选择。

11.1.3 随着业务环境的变化，实用系统也可以具有战略性

随着行业的发展，实用资产可以变成战略资产。技术创新创造了新的可能性。在航空业，可用的座位通常被称为库存。在 20 世纪六七十年代，航空公司的库存管理系统就像水和电一样。库存管理对于机票销售、不中断服务以及根据客户需求调整规模至关重要，但它不是战略性的，因为航空公司的营收管理战略中没有太多的客户细分或折扣策略。为了与新一波的低成本航空公司竞争，高端航空公司需要能够提供更低的票价。从理论上讲，如果一家航空公司能够准确预测乘客的需求，它就能够对那些难以售出的座位提供更大的折扣。1985 年，美国航空公司建立了一个动态库存管理系统。这使得该公司能够推出与低成本航空公司相匹配的"超终极优惠"折扣机票。这很快使低成本航空公司陷入危机，因为它们无法有效应对。短短几个月，低成本航空公司 PEOPLExpress 的载客率从 85% 降至 30%，亏损一个月又一个月地增加。1987 年，为了避免破产，它被迫与美国大陆航空公司合并。

如今，大多数航空公司都拥有高度复杂的库存管理系统，能够根据预订时间、座位可用性、出行模式、客户忠诚度和许多其他因素灵活地提供各种票价。今天的航空公司库存管理系统是高度战略性的，不再仅仅是实用工具了。

衡量软件是实用资产或是战略资产的标准，并不是使用时长、语言、技术栈、后端与前端、记录系统与交互系统等。软件提供的

功能及其与企业总体战略的关系，决定了它是否具有战略意义。对于企业来说，将软件视为实用资产还是战略资产，是一种有意识的选择。这是领导者团队和CEO必须做出的决定。同样的软件在一家企业可能是实用资产，但在另一家企业可能是战略资产。通常，如果不了解技术的基本现实状态，就无法凭空做出选择。这种选择通常基于业务可以利用的技术差异性和组织可以提供的技术能力之间的平衡。深入了解技术现实状态和未来可能性，是业务领导者和技术领导者需要更紧密合作的原因之一。正如我们在第16章将讨论的，业务领导者需要更多地了解技术，而技术领导者需要更多地了解业务，这样企业才能在当今数字化时代取得成功。

自建与购买

企业经常面临这样的问题：是应该根据自己的特定需求来构建软件，还是应该购买现成的软件包。流行的观点是"为相同而购买，为差异而自建"。也就是说，如果一个软件将是实用资产，那么应该寻求购买，如果这个软件将是战略资产，那么应该考虑构建它。但是软件供应商会把水搅浑，声称打包的软件可以提供战略价值。

为了使打包贩卖的软件获得成功，供应商需要创建可以出售给多个客户并随着时间的推移得到支持和增强的软件，其成本低于客户支付的总许可和支持成本。打包软件的经济模式导致了以下行为：

- 第一，打包的软件实际上从来没有包含"最佳类型"或"最佳实践"——更准确地说，它包含的是"良好的实践"，这些实践在一系列组织中广泛适用和有用。即使软件不能使其达到"最好"，许多打包软件的购买者也可以从中得到很大的提升。

- 第二，打包软件供应商有强烈的动机来包含定制选项，以便为不同行业的各种组织定制软件，降低为任何特定客户定制软件包所需的工作。

- 第三，打包软件供应商通常销售相关的软件组件或模块，并试图向每个客户销售多个功能，以增加许可收入。在某些情况下，它们可能利用体系架构或技术模式以增加客户想要或需要购买额外模块的机会，并常常增加"锁定"部分。

有许多因素可能影响购买现成软件或构建定制的专有系统的决定：成本、上市时间、内部技术熟练程度、灵活性、增长潜力等。

如果软件将成为实用资产，那么最好购买现成的软件包或使用 SaaS 解决方案。在这种情况下，你可能希望应用行业的最佳实践，以及软件供应商的规模经济及其带来的较低成本。由于这是一种实用资产，就像水和电一样，因此只要它不会损坏，并以合理的成本交付，就完全适用于与竞争对手一样的流程。在实施现成的软件解决方案时，更改流程以适应软件产品总是比定制软件以适应流程更好。通过设计，这个软件包含了将在各种各样的业务中运作的良好实践，但是它将受到从这些核心用例外延程度的限制。供应商会声称，它的软件包可以被调整以适应多种情况，但我们反复看到定制化的高昂成本和升级路径的问题。在某些情况下，毫不夸张地说，软件包供应商会向使用其软件的企业收取数十亿美元、持续八年的升级费用。对于实用软件来说，流程或工作流并不是差异化因素，更改它并使其与行业标准保持类似的影响不会很大，而且通常被认为实施成本较低。

如果软件将成为战略资产，那么构建一个定制的私有系统可能比购买现成的产品更好，而其中的理由与使用软件包的理由完全相反。对于战略资产，独特的流程和工作流将是关键的差异化因素，并且软件需要定制化才能匹配它。随着客户期望的演化，或者随着业务改进流程以进一步领先于竞争对手，系统将很有可能需要不断地更改。使用定制的系统比使用现成的产品更容易获得灵活性和更快的响应速度。定制软件通常有两个主要约束因素：内部技术熟练度缺乏以及业务规模不足以分摊软件开发的成本。

随着企业推进数字化转型并且将技术能力建设成为核心竞争力，第一个约束最终应该消失。第二个约束主要是响应速度和权衡决策。无论是初创企业还是大型企业的新部门，有时都没有足够的规模来抵消专有系统的前期开发成本，即使它是一项战略资产。一个现成的解决方案可以很好地帮助完成大部分工作，并且随时可用。

出于实际考虑，最好尽早使用现成的解决方案，直到项目计划得以证明可行，或者增长规模足以证明投资构建定制的专有系统是合理的。如果行动太晚，可能会由于缺乏灵活性和缓慢的响应速度而阻碍业务增长。

11.2 为什么内部质量对战略资产很重要

如果一个软件系统被当作实用资产，那么它经常被比作水和电，而人们真的不希望它坏掉。你不会经常改变它，因此系统的最大风险是宕机或出错。系统只需要以低缺陷、高吞吐量和高可用性运行即可。与实用资产不同，当软件被视为战略资产时，最大的风险有时不是它做了什么，而是它没做什么。客户可能会要求新的价值，而这些价值并没有得到交付。新技术可能会消除一些摩擦，创造更多的便利。竞争对手可能会增加一些你认为不可能实现的新功能。对于战略系统来说，更短的交付周期、更强的响应力和适应性变得越来越重要。

如何以较低的成本更快地交付更多的功能？有些团队可以比其他团队做得更好，而秘诀通常很简单——构建更好的内部质量。

11.2.1 内部质量高可以降低开发总成本

似乎有一个普遍的误解，即质量差的软件产品比质量好的软件产品更便宜。这源于人们对实体消费品的共识期望——更低的价格意味着更差的质量（具有讽刺意味的是，人们常常同时认为更低的价格意味着更有价值，但这是另一个关于非理性大脑的故事）。双立人专业 8 英寸（约 20.3 厘米）厨师刀售价 150 美元，而美世厨艺（Mercer Culinary）刀具的售价仅为 15 美元。人们通常会认为，价格较低的刀具要么是用质量较差的材料制造的，要么比价格较贵的刀具设计得更差。俗话说，"一分钱一分货"。

与大多数人的直觉相反，当谈及软件时，这是完全相反的——构建高质量的软件产品更便宜，构建低质量的软件产品反而更贵。

此处有一个很重要的概念就是外部质量较于内部质量。类似于一把刀，软件显示了用户可以体验和感知的某些外部质量特性：它快吗？有缺陷吗？是不是经常坏掉？好看吗？好用吗？等等。对于最终用户可见的这种质量，确实需要花费更多的精力来打造。但是软件还有虚拟世界独有的一面——它的内在品质决定了它的变更和演进能力。

与刀不同的是，软件不会被锻造成固定不变的形状。软件是由一行又一行的代码构建而成的。团队花费数周、数月甚至数年的时间，逐行、逐个功能、逐个版本地持续开发软件。软件开发是在不断增长的复杂代码的基础上不断添加、修改和删除代码的过程。一个大型软件系统可能有数百万行代码。微软 Windows 系统包含超过 5000 万行代码。当今大多数移动电话使用的安卓操作系统大约有 1500 万行代码。让很多人惊讶的是，汽车中嵌入的各种软件组件竟包含了令人震惊的 1 亿行代码。

对于一个需要响应不断变化的消费者需求的战略系统来说，实际上没有开发的"终点"。第一个生产版本的投入只是下一个版本开发周期的开始。

内部质量是对代码库的设计和结构的度量标准，通常对最终用户是不可见的。但这与更改代码库以添加新特性或更改现有特性的难易程度密切相关。让我们看几个简单的例子。

粗心的开发人员有时会剪切和粘贴代码，对一些新的用例稍作调整但基本保持不变。当功能是被复制到多个地方而不是从一个公共的地方重用时，下一次有人来更改此功能时，会很容易遗漏其中一两个地方的代码，从而产生不一致和缺陷。通过适当的测试和质量控制，缺陷最终可能被发现，但是测试和修复将花费更多的额外精力，更不用说遗留在产品中并造成损害了。

软件通常由模块组成，这些模块连接在一起以实现功能。例如，在编写了"余额查询"函数之后，任何代码都可以决定使用它而不是从头开始重新实现。这被称为一段代码对另一段代码的依赖。在一个有成百上千行代码的代码库中，当代码库中有许多复杂的依赖项时，任何人（包括最初编写它的人）都很难理解哪怕进行很小的更改将意味着什么。添加一个简单的特性可能会无意中在系统的其他部分中创造你甚至无法预料的行为。缺陷在此过程中被引入，只能等待稍后被其他人发现。

这样的例子还有很多。高内部质量意味着干净、设计良好、易于维护的代码。尽管它对最终用户来说是不可见的，但是随着软件的不断开发，它对增加新特性和实施更改的成本有很大的影响。就像一个凌乱的房间和一个干净整洁的房间之间的区别一样，在一个干净的环境中更容易找到东西，也更有效率。

但是许多人会认为，剪切和粘贴代码并"完成它"，比担心代码的长期可维护性来得快得多。图 11-1 说明了设计良好和设计精糕的代码之间的关系。

在早期，走一些捷径而不注意软件的内部质量可以让你在特性和功能交付上领先一步。从图 11-1 中可以看到，黑色的线一开始斜率较大，因为开发人员不断开发特性。随着时间的推移，在质量较差的代码的基础上交付功能的速度将开始显著下降。而在干净且维护良好的代码的基础上添加新功能的成本很快就会降低，正如灰色的线的走势那样。最终，从混乱开始的"更快"的方式的早期优势将完全被开发新特所需的越来越多的工作量所抵消。

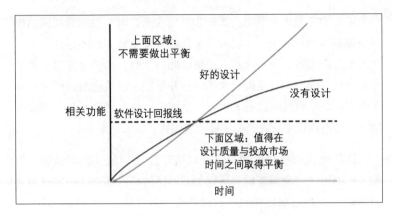

图 11-1：较高的内部质量可在几个月内减少开发工作量

不幸的是，这些都不是科学的度量标准。软件开发生产率很难量化（当然不是代码行数）。根据很多从业人员多年的经验，我们估计质量回报线通常在几个月内就能达到。在 ThoughtWorks 最近委托 Forrester 撰写的一份报告中，一家企业发现其改善后的上市速度在该项目的总经济效益中占了 79%，据估计，未来三年的总经济效益接近 1090 万美元。构建高质量的软件确实更便宜。

11.2.2 当内部质量恶化时，技术债就会增加

在思考软件系统的内部质量时，常常发现"债务"是一个有用的比喻。

当选择一个更快但更混乱的解决方案而不是可能需要更长时间但更干净的方法来实现功能时，交付的是功能，但产生了一小部分技术债。与货币债务类似，如果不偿还，技术债将开始积累利息。这种利息反映在将来更改或增加新特性时增加的成本上。

如图 11-2 所示，开发新特性的工作由两部分组成。一部分是，如果代码库干净、分解良好，并且几乎没有技术债，那么就剩下真正需要付出的精力。另一部分是额外付出的精力，即"利息"，是由技术债，即"本金"带来的。新修改与混乱的代码库之间的关系

或耦合程度导致利息可能会有所不同。但只要本金（技术债）存在，每次对系统添加新特性或变更就都需要支付利息。

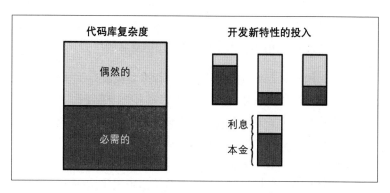

图 11-2：构建新特性的工作通常包括两个部分：处理技术债和实际构建特性

当然，为了减少本金余额而偿还技术债是可能的，也是合乎逻辑的。这通常是通过重新调整代码结构、应用更好的设计和改进系统质量（但不添加新特性）的任务来实现的。这些改进通常被称为重构。

如果不控制技术债、不提高代码质量，更改或添加新特性的成本最终将变得过于昂贵，以致无法证明新特性的好处和价值。这就像在真实的金融世界里发生的破产：企业将被迫彻底撕下创可贴，抛弃旧系统，重建一个新系统。这可能相当于软件系统的"破产"。对于战略软件来说，从头构建一个替代品的成本是巨大的，更不用说迁移带来的机会成本了。在到达破产的边缘之前偿还这些技术债要明智得多。

技术债如何产生以及如何减少技术债

在现实世界的金融领域，债务通常是一种战略选择。一个组织承担债务是为了提供运营资金，用未来的一套利息支付换取今天使用这些资金立即创造价值的能力。在某些情况下，债务可能会在不经意间发生，或者失控，例如使用消费者信用卡。在软件领域，有几个原因可能导致技术债的增加。

有意识地决定积累技术债。随着技术解决方案需求的加速增长，对 IT 的投资不一定会按比例增加。随着扩大利润率和资本回报率带来的压力，技术团队不断被要求用更少的钱做更多的事情。有时候可以使用新技术和工具来减少前期投资，而有时候，技术解决方案需要人们付出比希望的或愿意付出的更多的精力。

当压力增加时，项目经理或团队领导者将被迫与业务利益相关者协商进度、范围和成本。这就是典型的"项目管理铁三角"。并不是总能找到一个各方都愿意接受的折中方案。当事态严重时，内部质量可能成为第四个可交易变量。通常情况下，既有需要稍微多花一点时间的干净方法，也有速度更快的混乱的方法。为了按时、按预算交付相同的价值范围，团队有时会决定走捷径，以一种更混乱但（短期内）更快的方式实现解决方案。这可能会留下混乱、结构糟糕、难以阅读的代码，测试覆盖率也会降低。这样做是基于一种有意识的心态，即按时交付更多内容创造的业务价值将比技术债的短期影响更多。

此处的关键词是"短期影响"。尽管我们一致认为，在某些情况下，这可能是合适的业务决策，但经常看到团队严重低估了技术债的负面影响，并且在开始还债之前等待了太长时间。我们的观察结果表明，开发成本的增加常常需要几周（甚至不是几个月）的时间就能抵消通过走捷径和降低内部质量而在团队开发速度上获得的任何短期收益。尽管赶在最后期限前几周完成任务并牺牲质量是有意义的，但是为了更快地达到下一个里程碑而放弃几个月的内部质量是没有意义的。事实上，任何将技术债维持数周以上的决定都会适得其反，在短短几个月内导致交付速度下降。

另外一个问题是，在开发业务需求的压力下，团队经常创建"技术任务"来偿还技术债或进行架构改进。产品负责人常常低估了这些任务的重要性，将它们置于次要地位，让团队只开发面向终端用户的功能，而从不改进软件的内部质量。这里需要进行一个重要的平衡：在平衡花在特性开发和技术改进上的时间时，必须同时考虑客户值和软件的技术健康度。

当人们有意识地决定承担技术债时，关键是在几周内能偿还债务。

由缺乏编码技能造成的肆意的混乱。作为一名软件开发人员，技能集一方面反映在个人所精通的语言和技术栈的数量上。有经验的开发人员往往更多才多艺，掌握了各种各样的工具。另一个重要的技能是编写干净、可靠、设计良好的代码的能力。编码技能不一定与多年的经验相关。通过适当的指导和有意的实践，只有几年编码经验的开发人员也可以编写干净、易于阅读和维护的代码。如果没有重点和经过深思熟虑的改进，你可能会花费十年的时间构建软件解决方案，但仍然会编写出混乱的"意大利面条代码"。

在过去 20 年里，由于 IT 的商品化，这个行业有很多人对技术卓越缺乏重视，认为代码行数和开发的特性数就是生产力，而忽视了价值和长期维护成本。我们所观察到的任何地方，都有一些由混乱的代码进入生产环境导致缺陷和维护成本上升的例子。在检查和访谈后，我们发现其主要原因是开发团队缺乏编码技能和对代码质量的认知。

与此同时，由于相信"为确保软件质量，前期架构设计比编码过程更重要"，许多软件交付团队的组织架构模式是，少量技能高超的人做设计方面的思考，一支技能较低的开发人员团队做"简单"的编码工作。有一种幻想是，只要有合适的前期设计，编码质量就并不重要。然而，即使在代码实现的最低层次上，编码仍然是一门艺术而不是科学。仍然有许多不同的方式可以实现高层次的设计，某些相对干净，而某些相对混乱。仅仅使用一些走捷径或"意大利面条式"的方法，一个设计良好的框架很快就会变成一堆纠缠不清的实现代码。

使整个软件编码团队保持高水平的技术技能是很重要的。当软件不断演变和扩展时，战略数字化资产中不存在简单的编码任务。

肆意的混乱是导致技术债的主要因素，但是组建一支具有适度技能集水平的团队来减少这种混乱也是最容易的。

当领英的技术债到期时

自 2003 年成立以来，领英已成为每位初创公司创始人的梦想：拥有数百万用户、价值数十亿美元的企业。但是到 2011 年该公司上市时，它已经积累了 8 年"个人无辜"的技术妥协，这给它留下了一堆技术债，使其无法足够快地让新特性投入生产环境。因此，在技术创业的快节奏世界里，该公司做了一件不可思议的事情：为了偿还技术债而将新特性开发冻结了两个月。

这不是一个容易的决定。产品经理的任务是推出使领英变得有竞争力的特性，因此他们对这个想法不以为然。但领英的工程主管 Kevin Scott 说服了公司里的每一个人：多年来未能支付技术债利息，意味着"气球膨胀式付款"即将到期。至少在短时间内，组织需要停止快速前进和破坏当前功能。

在接下来的两个月里，领英重新构建了它的开发架构。为了开发新系统，公司的每个开发人员至少都花了一些时间。当公司在两个月后上线时——又一次能够将新特性部署到生产环境中——虽然有缺陷和不足之处，但每个人都认可新系统是一次改进。六个月后，这无疑是一次成功。这次升级使领英可以每天多次发布产品，而不是每月一次。在接下来的时间里，这种快速试验并从真实用户那里获得快速反馈的能力成为领英成功的关键因素。你可以在网上查阅相关故事的更多内容。

软件开发的过程实际上就是学习的过程。 软件一直是一个快速发展的学科。在过去 20 年里，新的编程语言和技术栈不断出现：从 Java、.NET 和 Ruby 到 Scala、Erlang 和 Kotlin。加速的技术变化创造了新的计算平台，如云计算、移动平台和社交网络。为了实现更好的架构和系统集成，从 DevOps 和微服务到数据库重构和演进式架构，新技术不断被开发出来。如果没有大量的实践和反复试验的机会，那么世界上任何一个开发人员无论多么聪明，都不能声

称自己知道如何在企业级计算环境中以最佳方式使用最新的工具和技术。通常，使用某种技术或语言和工具组合的最佳方式只有看到它在生产环境中运行几个月后才会变得清晰。

除了学习特定的技术，在某个软件系统上工作的团队通常还学习问题域本身。随着获得更多经验和开发更多特性，团队通常会对思考手头问题和构建软件抽象以解决问题的最佳方法有所洞见。

常见的是，即使是最优秀的团队，在回顾超过一年前完成的工作时，也会意识到可以做得更好，并对已理解的内容有不同的见解。即使是最好的开发人员和团队也会带来这样的技术债。

团队在这种情况下没有做错任何事情——只是意识到现在有一种更好的方法来使用工具或在软件中表达问题域。构建软件的行为很大程度上是关于学习的，因此如果一个团队说它想不出任何可以改进的地方，那么的确应该担心！无论如何，变化的速度在继续加快。新的技术和工具将在几个月而不是几年之内出现。因此，至关重要的是继续提升代码库的内部质量，因为新知识会揭示团队以前不知道的隐藏技术债。

11.3 技术卓越是一种选择

这可能是最重要的要点。技术卓越是管理者和领导者的选择。当前，它主要通过日常无意识的小决定而形成。我们认为需要改变这一点，让其变得更有目的性。

意向性始于认识到数字化资产的战略重要性。对于被当作业务差异化点的系统，技术卓越至关重要。开发和改进系统的成本与代码库的内部质量密切相关。高内部质量不仅允许以较低的成本开发和维护系统，而且对于支撑越来越苛刻的消费者和竞争激烈的市场所需的灵活性和响应速度也至关重要。

当涉及数字技术时，以低内部质量为代价加快速度是不可持续的，即使仅如此运转几个月也不行。团队领导者和经理对进度、范围和成本的决策对于软件系统的内部质量有很大的影响。当范围或进度面临压力时，内部质量应该不会成为最后一个（如果会的话）受到挤压的可交易因素。

编码技能是内部质量的重要驱动力。领导者可以通过雇用态度正确的人来设定一种基调，允许团队挑选认为最适合完成任务的工具，并鼓励一种持续学习和改进的文化。在选择合作伙伴以帮助交付时，成本不应该是唯一或最重要的因素。技术卓越能创造更多的价值，应该成为构建合作伙伴生态系统的首要标准。

即使是最好的团队也会欠下技术债。无论是如何构建起来的，从长远来看，没有一个团队能够承担得起技术债。对技术卓越的承诺需要一种平衡的观点——紧急角度是日常要交付需求，长期角度是对内部质量投资。管理人员和领导者，包括技术领导者和架构师，需要传递这种平衡的观点，致力于构建和保持技术卓越。我们经常看到业务决策者放弃技术改进而选择特性开发，还有团队在沉重的债务负担中挣扎。这并不是说应该始终实施所有的技术改进——开发人员有时会做一些"镀金"的工作——但是必须保持一个健康的平衡。

技术专家倡导技术卓越对于构建现代数字化能力的重要性，以及业务人员理解和支持这种重要性都是非常关键的。

采用敏捷工程实践，而不仅仅是管理实践

本书多次提到了敏捷软件交付。它是技术和工具的结合，以实现两个主要目标——技术卓越和流程卓越。

像 Scrum 这样的框架往往强调建立迭代开发过程。产品需求被组织成一个相对较小、独立、可评估和可测试的"用户故事"或"用例"的待办事项列表。敏捷团队可能由 6～12 人组成。工作流程被分解为一系列有时间盒的工作，持续时间为 1～3 周。

在迭代中，每个团队将挑选一些用户故事或用户案例聚焦其上。每个迭代（或冲刺）开始时开展迷你计划会，结束时开展演示

会和回顾会。

与此同时，还有另一组敏捷软件开发工程实践更加关注提高编码质量。这些实践中很多最初来自 Kent Beck 在 20 世纪 90 年代后期创立的极限编程框架。除了类似于 Scrum 和其他以团队管理为中心的迭代开发过程框架外，它还提倡一套独特的旨在帮助开发人员编写干净、设计良好、易于维护的代码的工程实践。以下是这种做法的几个例子：

单元测试

测试是发现系统缺陷的有效方法。越早发现缺陷，就越容易纠正它们，成本也越低。传统的测试方法是对整个系统或特性集进行端到端测试，通常是手动的。单元测试是将测试突入最小代码段的实践，这些代码段可以在逻辑上从系统中隔离，并自动和连续地运行测试。这将创建一个"安全网"以细粒度级别覆盖代码库。如果与持续集成（CI）相结合，它就能够在最早的时刻进行有效的缺陷检测，并且能够查明任何问题。

测试驱动开发

测试驱动开发（TDD）是在编写实现特性的代码之前编写单元测试或功能测试的实践。TDD 有助于实现两个目标。第一个目标是使用测试来表达系统需求，这样，当测试通过时，就知道已经获得了想要的结果，而不仅仅是猜测如此。第二个目标是帮助简化设计。与其他领域和学科类似，软件开发人员常常会过度设计解决方案。TDD 允许开发人员将精力集中于先完成最少的工作，然后使用重构来改进代码设计，以使代码更简洁。这使得与目标最匹配的设计从重构中浮现出来，而不用预先思考。

重构

重构是一组技术和工具，允许开发人员在不改变代码功能的情况下改变代码结构。Martin Fowler 在《重构：改善现有代码的设计》（Addison-Wesley）中阐述了这些技术，它们有助于提高可读性、可扩展性和减少复杂性。重构的重点是逐步改进设计和内部质量，采用渐进和逐个改进的方法，而不是大刀阔斧地重写。它应该以每小时为基础，在非常短的周期内编写测试、实现，然后重构。这是开发团队可以采取的日常的、时时刻刻的行动来减少技术债。

持续集成

软件开发是一个高度协作的过程。少至几个开发人员，多至几百个开发人员，都可以在同一代码上工作以生产一个软件产品。每个人对自己的功能和特性所做的工作都需要在某一时刻进行集成，这样系统才能整体良好地工作。通常，许多无法预见的问题或基本设计问题只会在集成阶段暴露出来。这有时被称为"集成噩梦"，因为发现的问题可能导致大量返工。持续集成是一组每天甚至每小时自动运行集成过程的实践和工具，可以帮助尽早发现下游潜在的灾难性问题，从而将风险扼杀在萌芽状态。与自动化单元测试相结合，它还允许开发人员在早期发现自己的错误，而这些错误通常是在新特性代码修改破坏了旧功能时无意中引入的。

结对编程

结对编程可能是一种更具争议性的做法。它是一套两个人一起工作来开发软件的实践，通常在一台计算机上完成。结对编程可以提高软件质量。简单地说，当涉及软件编程时，两个人总比一个人强。尽早发现错误是很容易的。通过讨论，结对有助于有效地解决难题。当你必须向其他人解释代码背后的原理时，更好的想法和更简洁的设计就会出现。因为有两个人编写过代码，所以有关代码库的知识将更好地在团队中传播，这通常会降低正式代码审查的需求，也会减少知识孤岛的存在。有些人质疑这样做生产力，因为这似乎是资源的无效使用。虽然这可能是反直觉的，但许多经验研究已经表明，两个人结对编程将得到与两个人单独工作得到的一样多的功能，并且前者的质量要高得多。

可以看出，这些工程实践之间有很多协同作用。它们在提高代码库的内部质量方面非常有效，因此从长期来看，未来的开发成本将保持在较低水平，而开发团队的速度和响应力将保持在较高水平。自 21 世纪初，它们就已经被世界各地的软件开发团队广泛采用。

也就是说，团队需要更长的时间来采用和适应更好的编码实践。对于领导者和团队经理来说，只关注管理实践会更容易，因为可以观察和感受到小型跨职能团队、较短的冲刺以及每日团队站会、演示会和回顾会带来的影响。办公室里早些时候产生的嗡嗡声和能量是可见的、有感染力的。另外，工程实践的影响最初可能不太明显（尤其是对非技术人员来说），而且需要更长的时间才能产生重大影响。但是最终，有了更高质量的代码、更好的设计、更自动化的测试覆盖和更低的技术债，团队将能够以更快的速度开发高质量的特性，同时拥有更少的缺陷和更高的灵活性。它应该更像一台高效的机器，而不仅仅是最初的嗡嗡声和能量。

许多组织在使用 Scrum 等框架时都有不好的体验。根据我们的经验，这常常是因为忽略了基础的工程实践。待办事项列表、计划、迭代和演示为软件开发提供了更好的可视性，但是还需要支持这些实践的技术卓越。近年来，Scrum 引入了一个"Scrum 认证开发人员"项目，专门教授这类实践，以帮助确保成功采用敏捷方法。

通过鼓励和支持敏捷团队采用良好的工程实践，领导者和经理可以非常有效地构建技术卓越。他们也可以采取相反的做法，即不承认或低估工程卓越相对于流程卓越的价值。

11.4 关键点

本章要点：

* 业务战略决定了哪些数字资产是实用资产，哪些是战略资产。它的战略重要性不在于系统的功能、服务期限或技术。

- 高内部质量是在战略软件系统中实现短交付周期、高适应性和响应力的基础

两个锦囊：

- 内建专业梯队，构建交付团队：避免向"简单的编码任务"混入太多初级技能员工（通常来自低成本的供应商）。
- 强化工程纪律，保持低技术债：最重要的是，给团队时间去做。促进业务部门与 IT 部门之间的协作，在交付的特性和内部质量之间保持良好平衡。

第 12 章

赋能人才

世界一流的数字化能力需要世界一流的人才。在人人都在寻找人才的市场中，获取和保留人才正成为数字化转型过程中最重要的任务之一。本章我们将讨论影响人才获取和保留效果的关键因素。

12.1 内建更多核心数字化能力

在组织内做到技术重构业务不仅需要正确的流程、组织架构和技术本身，还需要合适的技术人才来实现它们。几乎无一例外，每当与 CIO 和资深技术领导者交谈时，都会提到人才。放眼望去，似乎到处都处于技术人才短缺状态。因此，对于任何正在进行数字化转型的组织来说，一个需要回答的关键问题是：什么样的能力应该在内部获取和保留，什么样的能力应该从合作伙伴那里借用或租赁。接下来我们一起看看扩充组织可用人才的两个关键领域。

12.1.1 内包与外包

正如前面所讨论的，当大多数技术资产被视为实用资产时，传统管理智慧将导致尽可能多地外包它们。因此，许多企业将大部分 IT 职能（尤其是软件开发）外包给第三方供应商。有些企业在内部保留了一些关键职能——例如，项目管理、架构设计和产品管理——因为它们被认为是软件开发过程中拥有更高"附加值"的部分。通过对很多技术企业的采访，我们发现现实甚至更令人沮丧。如果再进一步坦诚看待自己，就能发现许多内部员工的技能已经被剥离得只剩下非常少的一部分——事实上，只剩下供应商管理而非技术本身了。

一个超大型组织的数字化服务部门负责人告诉我们，当接管这个部门时，他对所管理的 4000 名员工进行了全面的技能评估。结果发现，不论角色如何，他们的大部分职责和任务都与采购及供应商管理有关。他们本质上就是供应商管理者。假如内部员工与供应商员工的数量比值 1:6，那么管理 2.4 万名外包人员需要 4000 名内部员工。难怪 IT 被认为是昂贵、低效、缓慢和复杂的。面对现实，采取实际行动，对内部员工进行重新定位、调整与安排，让他们接受再培训并使其技能与新的数字化能力相匹配，需要相当大的勇气。好消息是，这 4000 人中大多数都有软件交付背景。让员工的工作职能更接近技术和软件开发很困难，但也不是不可能。

在这个新的数字化时代，"每个行业的企业都将成为软件公司""技术战略是商业战略的核心"，技术能力现在被视为一种竞争优势，而数字化解决方案是一个关键的差异化点。许多企业开始"内包"而非"外包"，从而扭转了过去 20 年的趋势，是有道理的。

值得一提的是，并非所有的内包都是由要在内部建立数字化竞争优势的需求所驱动。随着供应商和承包商的成本持续上升，一些 COO 或 CFO 得出结论：从长远来看，从内部雇用员工可能比从供应商雇用员工成本更低。但这种心态仍然是成本驱动，而不是价值驱动。一个更便宜的内部成本中心仍然是一个成本中心。内包应该是建立一种竞争优势，而不是一种实用性能力，它建立的是营收中心而不是成本中心。

内包是一个复杂的过程——需要考虑设施扩建、软件许可证转移、资产迁移以及培训和过渡。互联网上有很多文章讨论 IT 工作内包的好处和挑战。我们将主要关注人才和技能，它们是通过内包构建核心数字化能力最重要的基石。

12.1.2 招聘仅在有合适的内部文化时才有效

从零售、金融服务到汽车制造，再到医疗、制造业和商业服务，我们在各行各业都看到了这一趋势。对于这是否是正确的战略，争议不再；我们听到的问题大多是关于"如何"的：如何重新塑造那些不匹配、过时的内部角色？如何雇用拥有新数字化技能——软件工程、移动、云、DevOps、微服务、增强现实和虚拟现实、人工智能、机器学习等——的新人才？既然每个以卓越的软件工程能力著称的组织背后都有挖人的目标，那么在建立了这种能力之后，应该如何处理人员流失呢？组织能承担得起这种损失吗？这样的例子不胜枚举。

招聘是最常被问到的话题。为了缩小数字化时代的需求和企业内部可用资源之间的差距，大多数领导者都在集中精力从市场上招聘新人才。从悉尼到新加坡，从伦敦到柏林，从北京到班加罗尔，从纽约到圣保罗，我们所见的任何地方，市场上都缺乏 IT 人才。招聘正变得几乎像一场零和博弈，但它不可能是所有企业解决人才短缺问题的唯一办法。

我们坚信，真正的答案不在企业外部，而在企业内部。这关乎发展你自己的员工，包括刚刚雇用的员工，并提高他们的生产力。有两个方面很关键：

- 建立一种学习型文化，这样员工才能不断成长，随着时间的推移变得更好。

- 营造一个能让人们更有效率的工作环境。

例如，克罗格（Kroger）是一家成立于 1883 年的美国零售公司，位于俄亥俄州辛辛那提市。它是美国最大的连锁超市，也是美国第二大综合零售商（仅次于沃尔玛）。传统的食品杂货零售商在采用数字技术方面进展缓慢。如今许多人都感到了压力，因为亚马逊收购了全食超市（Whole Foods），正在成为食品杂货领域的一股颠覆性力量。例如，它开设了一种新型的半自动无人收银商店——亚马逊 Go。作为数字技术的早期采用者和食品杂货行业的异类，克罗格已经有一段时间专注于利用技术使其食品杂货商店现代化，并在数字化旅程中领先于同行。该企业在数据分析、移动、物联网（IoT）等领域投入巨资，推出了点击提货、扫码打包带走、边架显示等服务，为消费者提供更加个性化的购物体验。

克罗格在建立数字化能力的早期就遇到了人才问题。辛辛那提市离硅谷很远——它当然不是技术人才的归属地。早在 2012 年，ThoughtWorks 就与克罗格建立了合作伙伴关系，以帮助其增强数字化能力。当时克罗格的数字化部门只有不到 25 人。有些人对在辛辛那提市招聘足够的世界一流数字化人才的可行性表示怀疑，认为辛辛那提市的数字化更像一潭死水。但该团队坚信，通过建立正确的文化来培养和赋能员工，可以吸引优秀人才，让自己变得更好，建立声誉，并吸引更多人才。这种正向反馈循环起了作用，并得到了长期回报。克罗格被《计算机世界》评为 2018 年"IT 行业 100 个最佳工作场所"。它在大企业中排名第 58 位，是唯一被该杂志认可的零售商。2018 年，其数字产品销售额同比飙升 66%，成为亚马逊和沃尔玛的强劲竞争对手。

有一件事是肯定的：人才战争已经打响，培养自己的技术人才将是成功的必要条件。

12.2 建立学习型文化

相对年龄效应（RAE）是一个普遍接受的概念。它描述了一种偏见，这种偏见在学术界和青年体育运动领域最为明显，即那些在相关选拔期中出生较早的人往往表现得更好。

一个众所周知的例子是马尔科姆·格拉德威尔（Malcolm Gladwell）的畅销书《异类》(Little, Brown, and Company) 中加拿大冰球运动员的年龄偏见。根据在线科学杂志《公共科学图书馆·综合》（*PLOS ONE*) 发布的数据，精英少年队近 40% 的球员出生在 1～3 月，原因是 1 月出生的年轻球员平均来说比同年 12 月出生的球员更大、更快、更强壮。这种给了出生在一年前几个月的球员一个小优势。

尤其是在关键时刻，他们更有可能在比赛中被场上教练组选中。有了更多上场时间、更好的指导和更高的曝光率，他们往往被认为比其他年龄组的球员更好，有时甚至更"有天赋"。因此，他们更有可能被选入顶级竞争力团队，如此循环往复。当他们达到职业水平时，这种优势可能会变得更加均衡，但是这种小小的领先优势仍然是显而易见的。在美国国家冰球联盟（National Hockey League），1～3月出生的球员比其他任何月份出生的球员都多。

关键在于，成功是努力、天赋和一点运气的结合。当声称想要雇用市场上"最好的人才"时，实际上是在说，想要雇用那些努力学习并获得相关经验的人。值得指出的是，在某种程度上，他们也很幸运——在正确的时间获得了正确的经验。

在这个数字化时代，技术进步的步伐越来越快，把所有人都推向终身学习模式。当技术以指数速度发展时，技术人员需要获得新技能，而且不再是每隔几年，而是每隔几个月甚至几周。学习不再是通过一些培训项目偶尔做的事情，它正成为日常工作的一部分。

因此，学习意愿、学习意志力和学习能力比暂时领先和目前的经验水平更重要。有了适当的学习文化和支持，大多数企业目前拥有的最大资产——现有员工——可能会变成一种更具差异化的优势，并在未来加速形成竞争优势。组织领导者需要做很多事情来创造这种类型的环境。下面将介绍一些需要考虑的领域。

12.2.1 创造一个安全的反馈环境

虽然培训是一个学习和提高的好机会，但对大多数人来说，大部分学习都是在工作中完成的。有时是通过工作成果来学习，有时是通过与经验丰富的员工合作来学习。通常情况下，这通过同事的评审和反馈来完成。因此，创造一个安全的环境来提供建设性和有效的反馈至关重要。

提供反馈有三个重要的原则——意图是帮助他人提高、基于事实、直接（而不是通过别人）给予。无论何时，当一个人准备向另一个人提供反馈时，最好先重复并确保符合这三个原则。这将大大减少由不良意图的猜测、反向引导、恶毒的谣言等造成的摩擦和误解。

在建设性的反馈文化中，领导者作为榜样，纠正错误行为（如反向引导和破坏性行为）来帮助强化这三个原则，也会有更大的影响力。

12.2.2 鼓励持续反馈

提供或收集反馈不应只在年度绩效考核期间进行。鉴于年度绩效考核的性质，在大多数组织中，官方反馈收集流程往往也是每年运行一次。

这往往被理解为向同事提供与工作相关反馈的唯一时间点。年度绩效考核的重点应放在目标设定、绩效考核和薪酬考核上。当反馈与绩效考核紧密相关时，反馈的学习与提升两个层面往往被蒙上阴影，甚至被忽视。反馈是在"绩效管理"而不是"绩效提升"的背景下给出的。因此，值得将它们解耦并构建独立的流程和工具，以便在支持和发展彼此思想的前提下始终相互提供反馈。在发展的环境中，更容易提供建设性的反馈，以提高绩效水平而不是管理效果。

12.2.3 创造一个安全的失败环境

众所周知，人们从成功和失败中学习；许多人认为，从失败中学到的也许比从成功中学到的更多。许多组织致力于从失败中学习，还有许多组织拥有相关专门流程与投入——损失评审、事后分析等。然而，大多数人进入这个流程时都有一种特定的心态："我们失败了，这很糟糕；有人犯错了；找出是谁做错了什么，确保其他人不会再犯同样的错误。"很多时候，得到的教训类似于"Joe 没有遵循流程，跳过了关键的一步，应该避免在未来这样做"或者"我们对市场情况做了错误的假设，应该在开发下一个产品之前做更多的研究"。失败很糟糕，而从失败中有效学习的最大障碍往往是指责犯错人或事。

这一点在数字化时代尤为重要，在这个时代，快速试验和快速创新的能力将决定谁是赢家、谁是输家。杰夫·贝佐斯有句名言："我们在亚马逊的成功取决于每年、每月、每周、每天做多少试验。"不管预先分析和设计得有多好，大多数试验都是失败的，而不是成功的。这与传统的运营思维有很大的不同，在传统的运营思维中，成功主要是由更高效、更快、更少成本地重复同样的工作来驱动。把错误和失败最小化是提高生产力的关键。

我们发现许多组织都在努力转变观念，部分原因是害怕失败带来的成本——沉没成本、品牌影响、客户忠诚度等。正如本书所述，有许多方法可以降低试验成本并控制失败试验产生的影响。领导者下一步需要做的是创造一种文化，让人们用更积极的眼光看待失败。

存在"好的"失败。一个有意的试验将从一个假设开始，不管它是关于客户行为还是市场状况。此试验的目的是在尽可能少的成本和品牌影响下验证这个假设。并不是所有假设都会被证明是正确的。事实上，如果真的想突破界限、发挥创造力，那么无效假设可能比有效假设更多。一个新产品开发流程应该由一系列这样的试验组成，每个试验都是在之前成功和失败的试验的基础上设计和构建的。

在这种情况下，失败是"好的""聪明的"失败。即使没有受到鼓励，这样的失败也应该是完全安全的。这种积极的失败态度是建立有效的学习文化最重要的基础。

12.2.4 不要削减人才培训和发展预算

大多数企业都为员工制订了某种培训和发展预算。培训预算的价值很难衡量，回报也不会立竿见影。培训预算通常被视为可自由支配的支出。当由于低于预期的财务结果而开始积累业务压力时，培训和发展预算以及其他可自由支配的开支往往在当前和潜在的未来财务规划周期中被削减。这传递了完全错误的信息，即学习是可选的，可以在任何时候停止。

即使在时间紧迫的情况下也不削减培训预算，这向企业和员工传递了一个重要信息：领导团队重视培训和发展，学习和发展应该是企业和每个员工的首要任务。

12.2.5 学习与发展是一个重要的职能

例如，人们经常看到一些高尔夫球手通过练习不断进步，上升到职业水平，并不断突破极限。与此同时，也有一些人从未停止过打高尔夫球，并试图学习新技巧，但不知何故在一定程度上停滞不前，难以进一步提升水平。技术专家和其他专业人士也会遇到类似的情况。

除了学习动机和努力程度之外，真正的进步只能来自有意识的学习。有意识的学习经验需要几个关键要素：一个好教练、一个关于针对哪里改进的想法、一个旨在改进它的实践，以及一个有效的反馈循环。

学习与发展团队（通常是人力资源部门的子职能）是一个重要的职能。它需要帮助组织为每个角色及其知识领域设计一个能力模型，该模型描述了达到精通所需的过程或学习路径。在不同的成熟度阶段，还应该为每个学习领域确定教练与导师，为从事学习活动的人提供帮助。应该组织培训、课程、研讨会和其他活动来实现这些学习路径上的学习目标，而不是根据预算和绩效奖励随机分配给员工培训"福利"。

12.3 建立赋能文化

几年前，艾德里安·科克罗夫特（Adrian Cockcroft）曾在ThoughtWorks的一次会议上发言。很多观众都是 CIO 和 CTO。鉴于科克罗夫特在帮助奈飞（Netflix）建立世界级云平台方面所取得的众所周知的成就，许多问题集中在奈飞是如何做出重大战略转移的——从 DVD 到流媒体，从数据中心到公共云，从仅服务于美国到服务全球。

会议还讨论了如何聘用和留住最优秀的数字化人才。一位参与者从更传统的企业角度发表了评论并提出了问题。他的评论是："奈飞能够完成这些重大战略举措的一个主要原因是拥有世界级人才，尤其是在数字技术和软件工程方面。但这个比较并不公平。奈飞有吸引人才的品牌，而我们没有。我们只是一个传统的大企业，世界级技术人员和软件工程师不会来传统保险公司。没有人才怎么创新？"

科克罗夫特几乎没有停顿就回答道：

> 我们不是在创造人才，而是从你们——像你们这样的大企业——那里雇用人才。不同之处在于，一旦这些人才加入了我们，我们就只是不妨碍他们，允许他们使用他们认为合适的工具，并以他们认为合适的方式开发软件。你猜怎么着，他们的生产率和创新能力比在原来所在的地方立刻提高了一倍。

接下来是一段长时间的沉默。房间里静得几乎能听到针掉在地上的声音。他继续说道："你们公司里还有很多这样的人——比那些所谓的大技术公司多得多。你的工作是创造合适的环境，这样他们才能富有创造力。"许多人后来告诉我们，这是他们在会议上产生顿悟的时刻之一。

赋能不仅能提高人们的生产率和创新力，还能更好地激励他们。自我决定理论认为，人的成长和改变是由内在心理需求驱动的。一种被认为是先天和普遍的重要心理需要是自主。人类需要感觉到他们能够控制自己的行为和目标。这是人们选择工作地点和工作内容的强大而深刻的原因。

归属感

拥有归属感可能是你需要的最重要的内在状态之一，它能让你持续地改变以获得成功。当人们有了这种归属感，他们就

更有可能真正对企业的成功和企业转型的成功感兴趣。他们会对改变过程中不可避免的错误更加宽容，更有可能在他们看到事情进展不顺时直言不讳，更有能力在充满不确定的情况下继续前进。

这里有两个挑战。第一个挑战是保持归属感。这意味着通过工作和度量一致性、明确性和可视化，将其与更大范畴的企业目标和意义联系起来。还要确保人们对自己的"家人团队"——一个他们在情感上和工作上都可以依靠的支持网络有清晰的认识。在某种程度上，这是人们如何看待个人品牌与组织品牌的关系。"我如何看待自己，别人就如何看待我所在的企业。"

第二个挑战是，帮助人们将其所属的更大范畴的组织与其所属的小团体联系起来。在变化的时代，人们可能倾向于团结一致，变得过于依赖当前团队。它变成了关于"我的"价值体系而不是"我们的"价值体系，关于"我的"活动而不是目的。在为生存而战的过程中，行为可能会变得很有竞争性，甚至与其他团队有对抗性。保护现状比支持变革更重要。未能保持广泛的归属感可能会导致孤立员工的意外后果。团队构成变化即使符合逻辑且与客户结果相一致，也会消除员工对组织的任何归属感，你可能会失去优秀人才。

拥有归属感意味着员工了解他们的团队，感到被支持，对组织成效有共同的主人翁意识，并感到安全。他们本能地知道如何发挥自己的才能。这是一个情商问题，而不是一个逻辑问题或理性问题，需要领导者关注和监控以通过这个视角看待变化。

解决这个问题听起来很容易，但实际上非常困难——架构标准、API 设计和代码质量如何？度量、流程跟踪和支出控制呢？等等。大型企业继承了许多流程、组织架构和遗留下来的约束，其中很多阻碍了赋能与创造力发挥。并不是每个人都有条件从零起步，

或者创建一家新企业。

为此，接下来将重点介绍一些有助于创造赋能环境的常见实践。

12.3.1 交流与共享信息

在小型初创企业工作的人经常提及一个有吸引力的文化特征是在组织中自由沟通的能力——几乎可以接触到从团队领导到CEO的每个人。当一个组织变得更大时，它会变得更具挑战性。层级结构和层次的增多源于组织和管理日益复杂的劳动力与业务流程的需要。尽管信息流动和可达性变得更加困难很自然，但考虑到组织的规模更大，它有时会被无意识地扼杀掉。

首先，人们认为信息只能沿着指挥链上下流动，就像金字塔一样。它不能跳过节点，也不能水平流动。这是一个普遍存在的误解，可以通过创建更多的流程、工具和网络来促进更多的信息流动渠道来纠正。正如第6章中讨论的，大的可视化图表和其他可视化信息雷达是很好的不受层级限制的工具，可以创造性地、广泛地共享信息。

其次，一个可能更难解决的问题是，一些不必要的混乱的产生不是因为架构，而是因为人性。有意识或无意识地，中层管理人员会有一种需求，那就是感觉自己很重要和一切可控。信息就是力量，而不对称的信息更有力量。囤积信息和利用不对称信息为己谋利已成为当今社会大多数人的第二天性。管理人员也不能幸免。这也是在组织中看到的对透明度的抵制比倡导的任何其他文化方面都要多的原因之一。

尽管很困难，但领导者可以做很多事情来帮助打破信息不对称：做一个榜样，让自己平易近人，突破界限，在沟通上更加开放和透明。如果你与组织内部更广泛的群体沟通的一些事情还没有让你的直接下属感到惊讶，那么你可能还没有达到极限。

更好的沟通和信息流是赋能的关键基础。这就引出了下一个组件：决策权。

12.3.2 委托决策权

敏捷宣言包含如下原则："最好的架构、需求和设计出自自组织团队。"经过行业中成百上千个团队十多年的实践，社区在影响自组织团队中团队领导者的决策制订方面做得越来越好。

命令与控制风格的管理哲学将大部分决策权交给一个人，通常是中层管理人员。这种微管理往往会带走员工对工作的主人翁感，阻碍创新。一位 CIO 领导了一家拥有 2000 名 IT 部门员工的企业的数字化转型。谈到自己的经历时，他说，公司很早就确立的一个重要原则是，管理者的日常任务不应该以"告诉别人做什么和怎么做"为中心。这迫使该部门重新规划和培训了近四分之一的员工，以便每个人都能专注于真正的增值活动，并让团队自己做决定。在一个长期历程结束时，一项员工调查显示，其员工满意度（分值范围为 0～10）从 5 上升到了 8。

如果每个人都能获得适当的信息量，那么更多人将能够做出正确的决策，而不仅仅是少数管理者。常识和逻辑与直觉和经验同样重要，甚至更重要。在自组织团队中，团队领导角色要促进关于工作中出现的新模式和行为的讨论，将每个人拥有的信息和上下文结合起来，并让最佳决策出现。这与命令与控制风格形成了鲜明对比——在命令与控制风格中，他们会事先指定最佳决策应该是什么。

12.3.3 培养主人翁意识

决策权来自所有权意识。自组织团队需要在实现企业设定目标的同时，承担起责任，改进工作方式，并不断进步。除了拥有决定如何做事情的权力外，更强烈的主人翁意识将来自成为设定目标的流程的一部分。

领导者在沟通上的努力应该有助于对企业和业务部门的关键目标建立清晰认识。应该让团队参与进一步将关键目标级联到更小的部门和团队的工作，以便团队能够为自己的部门和团队制订目标。

人们常常担心，如果让人们想做什么就做什么、想怎么做就怎么做，那么很少有人会有意愿和承诺去做不必要的事情。当谈及数字化知识工作者时，这种恐惧却很少成为现实。事实上，我们看到的大多是相反的情况。人们和团队如果理解了愿景，获得了正确的信息和决策权，就会拥有更强烈的主人翁意识，并渴望实现更多目标、产生更大影响。

作为一名专业人士，理解自己工作的愿景和意义，帮助创建自己的目标和目的，而且更重要的是能够演进最适合自己团队的流程，以及获得最有效的工具和可用的数字资产，是非常令人满足的。这种经历通常会带来更高的员工满意度，也为企业留住人才提供了更好的机会。

12.4 为潜力而招聘

最后，来谈谈人才招聘和保留。我们相信，如果你专注于构建一个培养和赋能人才的环境，那么它不仅有助于释放现有员工尚未开发的潜力，让他们更好地使用数字技术，还应该使得企业从外部招聘和保留人才变得更容易。

以发展和培养数字化人才闻名的企业更有可能吸引有抱负的人才。那些觉得自己在学习新技能、被赋予了影响力的人，不太可能仅仅为了更高的薪水而离职。

我们对招聘的主要建议是更多地关注激情和潜力，而不是经验和当前技能水平。

招聘是人力资源领域一个高度专业化和成熟发展的部分。目前，在人才搜寻和筛选流程方面有大量最佳实践。大多数企业的人力资源部门都有一个专门的招聘团队，目标是聘用最优秀的IT人才。在过去几年，招聘流程的时间越来越长。根据2015年Fast Company发表的一份报告，在过去四年里，面试流程的平均时间几乎翻了一番，达到23天。尽管如此，从大量申请中成功招聘人才的比例仍在下降。在某种程度上，这反映了数字化人才市场的供需失衡。如果只寻找具备已有经验和技能的人，那么将演变成每个人都在同一个池子中竞争同样的稀缺资源的零和游戏。

但事实并非如此。有效学习和人才发展文化也会引导你招聘到更多有潜力而不仅仅是有经验的人。它可以打开更多渠道，为优秀人才创造更多资源，而这些人才在传统标准下可能显得不合常规。

在 ThoughtWorks，我们尝试了几种不同的方法，并在不同程度上成功地从非传统渠道找到了高潜力人才。例如，我们寻找的不是计算机科学专业甚至不是科学技术领域的大学毕业生。我们为那些没有技术背景的人提供了一个扩展培训和能力发展项目（超过 6 个月）。鉴于已有的认知能力和学习能力，许多人都能够通过有意识的练习快速掌握具有挑战性的技能。结合解决问题的出色能力、情商和协作方法（在招聘过程中看中的），许多人在很短的时间内就成为他们团队和企业的领导者。

12.5 通过数字化合作伙伴扩充数字化人才

内包趋势是否意味着最终不再需要供应商提供 IT 服务？在可预见的将来，这种情况不太可能出现，而且很可能正好相反。随着信息技术不断发展、新技术不断涌现、变革步伐不断加快，没有一家企业能够在内部建立所有的能力。工具、基础设施、专业知识和规模经济将激发更多与外部伙伴合作的需求。

或许最重要的是，即使是在数字化领域，可扩展性也将是世界上大多数企业面临的一大挑战。对这种新型能力的需求正呈指数级增长，超过了该行业目前所能提供的能力，而且很可能在未来 10 年也是如此。正确的数字化咨询将创造一个不同的，甚至更好的数字技术人才发展环境。这种数字技术和能力的来源将通过提供能力提升、专业知识和人才可扩展性补充内包战略。

许多企业继续演进外包策略——哪部分能力内建，哪部分共享资源，哪部分外包。有时是受企业战略的驱动，有时是受财务业绩和预算的驱动，但通常情况下，它只是受新 CIO 的偏好驱动。

在这个新的数字化时代，技术创新正在推动越来越多的商业模式创新，企业需要更快速地响应，技术平台和架构将继续发展，需要一种新的方式来选择和与外部合作伙伴协作。尽管不存在放之四海皆准的解决方案，但接下来的小节将提供一些我们认为值得考虑的重要指导原则。

12.5.1 成本驱动的方法已经过时

如前所述，在 20 世纪 90 年代末和 21 世纪初，IT 外包趋势主要是由这样一个前提驱动的：信息技术是一种实用资产，就像水和电一样。除了可靠性和基本标准外，质量和价值没有太大的差别。假定价值是固定的，并且对每个人都是一样的。为了使价值 / 成本的比率最大化，唯一值得考虑的因素就是成本。

这间接鼓励了瀑布式软件开发流程，在这个流程中，应用程序开发的生命周期被分解为利用不同技能集的几个主要阶段。特别是，编码、测试和维护被视为几乎不相关的活动，可以外包给基于体量的供应商，这些供应商可以由于规模经济而驱动最低成本。正如现代开发方法所需要的，一个敏捷、全面和持续交付的流程，被一些交接以及长而死板的交付周期所取代，又常常以较低的质量和缺乏响应力而告终。难怪 IT 部门常常被视为反应迟钝。

有时，这种方法通过引入高水平个体（内部员工或顾问）来组建混合团队——寄希望于某个人可以同时实现高质量和低成本以缓解此问题。但是，当一家大型外包企业的商业模式是以批量方式培训成千上万专业技能较低的人员以实现规模经济时，通常最终只能获得可以非常好地重复解决同一类问题的一组相当有限的能力。

正如大多数软件从业人员会争论的那样，软件开发很少是一次又一次地解决同一个问题。这是一个高度复杂和不可预测的领域，正如前面提到的，它需要全面认知能力。基于瀑布方式的规模经济理论虽然在理论上行得通，但在现实中鲜有成功案例。

因此，我们经常听到 CFO 和 CIO 抱怨道，他们需要更多 IT 人手、更多供应商人员和更多预算来解决老问题，而与此同时，新的数字化能力开发又急需资源和人力。

分享一个典型的例子：一家大型金融机构的新任 CIO 发现，在三年的时间里，可自由支配的 IT 支出平均每年增长 30%。与此同时，非自由支配的 IT 支出平均同比增长 60%。为什么会这样？该组织将结果归咎于大量来自外部供应商和承包商的低成本员工的错误组合。在需要交付得更多的压力下，使用更多低成本人员是解决以往采购限制问题的唯一办法。虽然代码、特性和应用程序都是由大量人员完成的，但是积累的技术债带来了大量生产问题，进一步定制化也面临挑战。新 CIO 的首要任务是减少技术债和使平台更稳定，第二要务是调整劳动力结构。

只有构建现代化技术架构和平台、世界一流的内部数字化能力和响应式组织架构，才能缓解这些问题。一个现代数字化组织需要现代数字化合作伙伴来实现人才可扩展和能力提升。

有一种观点认为，就像在组织架构、体系结构和流程中其他遗留下来的混乱一样，要在一夜之间完全转换外包模式并不容易。仍然存在需要维护和支持的实用软件系统（但是软件即服务正在减少这种需求）；仍然存在内部数据中心需要管理，直到它被迁移到云上；仍然存在数十甚至数百个正在运行的应用程序交付项目不能暂停或停止。

但与大型传统外包企业相比，数字化合作伙伴是一种非同寻常的合作伙伴。在下一节中，我们将讨论选择数字化合作伙伴时应该考虑哪些因素。

12.5.2 从数字化合作伙伴那里寻求什么

由于新数字化时代的要求，大多数大型外包企业已将战略重心更多地放在现代数字化能力上，或许更重要的是为了减轻过时的遗留能力面临的生存威胁。有些企业是通过自然增长（招聘和培训）

来实现的，但更多的企业是通过收购来实现的。设计机构和数字化咨询公司正被大型管理咨询公司和 IT 服务公司收购，整个行业正在经历一场收购狂潮。

2012 年至 2015 年间，普华永道收购了数字创意咨询公司 BGT，埃森哲收购了设计公司 Fjord，德勤收购了 Ubermind 和 Banyan Branch，安永收购了塞伦。2015 年，Cognizant 收购了 Cadient，威普罗（Wipro）收购了 DesignIT 并成立了自己的数字部门。根据 Clarity and Jegi 发布的关于营销服务行业并购趋势的年报，通常的大型机构控股公司（如日本电通和 WPP）的收购相对少得多，而大型技术咨询公司（如埃森哲、德勤和 IBM）则率先在 2017 年开始收购数字化机构。

与此同时，我们见证了许多中小型数字化咨询公司强劲的有机增长，因为其数字原生品牌、与高素质同行合作的机会以及灵活的工作环境正在吸引越来越多的人才。

以上这些对这个行业来说都是好消息。能力更高和选择更多将更好地匹配不同企业的不同需求。根据内部数字化成熟度、能力差距、位置与规模，企业在评估数字化合作伙伴时可能有不同的优先考虑对象。根据我们的学习和观察，这里有一些重要原则值得考虑：

- 除非在数字化转型过程中相当领先，否则大多数大型组织仍然有相当数量的遗留系统需要维护和迁移。外包维护和支持工作的需求不会马上消失。

- 仍然有一定数量的软件交付工作（和团队）不会立即进行现代化和转型。对于这种外包工作，传统的外包供应商仍在补齐差距。但即使许多企业可以声称自己有数字化部门，这也并不意味着它们是具有高数字化能力的最佳合作伙伴。

数字化合作伙伴需要能够与数字化团队几乎无缝地紧密合作，从而形成一体化团队氛围。重要的是首先检查两方面：文化一致性和流程兼容性。数字化合作伙伴不仅仅是为你的团队提供人力的实体店，也应该带来技术卓越和人才可扩展性。建议在选择数字化合作伙伴时仔细考察以下几个方面。

文化一致性

如前所述，在数字化时代，工作是迭代式协作完成的，内部人员（来自业务部门和技术部门）将与外部合作伙伴的人员同时工作。当团队中一些成员仍然遵循命令和控制的思维模式时，不可能让其他一些成员具有授权的文化。当团队中一些成员只想完成最低限度的工作并提倡"差不多就行"时，不可能让其他成员有动力去学习和持续改进。当来自合作伙伴的错误心态与一个有抱负的内部团队结合在一起，可能会阻碍健康文化的发展，或很快抵消内部取得的任何进展。

深入了解合作伙伴的组织文化很重要，理想的方式是采访一线人员（而不是仅仅听演讲），从前雇员和前客户那里获得关于清晰定义的文化行为的参考，以理解两个企业组织文化之间的一致性（或差距）。

流程兼容性

现在人们普遍认为敏捷软件开发方法是数字化能力的基础。尽管大多数组织已经采用或开始采用敏捷流程，但许多组织仍在努力使大量的外部承包商和供应商成为敏捷与持续交付流程的一部分。当丰田率先推行精益生产并开始在生产率和创造力方面领先时，它很快认识到供应商成了新的瓶颈。考虑到自己就是先驱者，它必须制订计划来培训供应商以遵循相同的丰田生产系统（TPS）。

软件开发领域的好消息是，敏捷软件交付已经存在了近 20 年。这是众所周知的，并为大多数从业者所接受。但是，考虑到大型外包合作和传统瀑布方法的共生关系，许多基于体量的大型供应商在采用敏捷流程方面普遍落后了。尽管许多供应商通过展示认证来宣称自己是敏捷的，但是在体制上实施敏捷方法是非常不同的。

技术卓越

在数字化领域，软件卓越通常与以卓越的用户体验和较低的产品维护与演进成本尽早、快速地交付客户价值的能力相关。IT 行业中这些能力的许多改进得益于更好的体系结构、工具和流程。然而，有一种趋势是淡化编码技能的重要性，就像编码是软件交付过程中增值最低的部分。一些开发方法试图创建足够的预先设计和防护措施，以便低技能员工可以完成编码，这些员工可以接受培训以专门从事一些简单的工作。在20世纪的工业和制造业环境中，这是一种正确的规模化和低成本思维方式，但在现代软件开发环境中却行不通。

由于快速变化的技术环境、业务需求和消费者需求，软件开发需要广泛的技术知识、概念性思考和解决问题的技能。尽管人们付出了各种努力去简化它，它仍然更像是一门手艺而不是工程实践。

正如第11章中所讨论的，对于组织来说，关注编码技能和编码质量并在保持软件开发人员社区的高水准很重要。组织中的所有实践者都应该渴望成为自己领域的大师，以及邻近领域的专家。每个人都应该致力于既成为专才又成为通才——能够在一两个领域展示世界一流的深度，同时在其他软件开发领域学习和掌握足够的知识，成为更好的通用问题解决者。

这也适用于数字技术合作伙伴。在寻找合作伙伴时，重要的是检查整个组织的技术卓越性，特别是实践者社区中的大多数人，而不是只关注质量控制和交付能力的资深层（或少数"超级明星"）。

如果你关注文化一致性、流程兼容性和技术卓越性，并在数字化转型期间选择合适的合作伙伴，这些合作伙伴就可以形成一个智能的生态系统，成为你数字化组织的扩展。

数字化合作伙伴生态系统可以提供必要的技能，而这些技能是你的组织内部没有的；它可以帮助为内部员工提供培训和发展的机会，以缩小内部能力差距。当新技术出现时，数字化合作伙伴生态系统可以成为技术雷达的来源，并提供早期使用经验。在资源共享环境中，以一体化团队的心态一起工作，你可以获得内部团队渴望达到的高水平生产力和创造力。正确的数字化合作伙伴可以成为可扩展人才的真正来源，并成为你的组织在数字化上相对于其他竞争对手的优势。

因此，这不仅仅关乎雇用市场上最好的人才，而是关乎雇用有动力和激情的人，并不断发展他们的能力。

如果你管理的是高响应力的现代化技术组织，那么你的供应商也需要跟上步伐。单一技能、低成本的买卖模式不会满足未来的数字化需求。你需要问自己一个问题：供应商的人才管理理念是什么？它与组织的人才管理文化是否兼容？

12.6 关键点

本章要点：

- 雇用和留住顶尖数字化人才的真正秘诀是企业内部建立学习型和赋能的文化。

- 大多数组织中都有许多未被发掘的人才。学习、发展和授权感可以非常有效地释放员工提供更好的数字化解决方案的潜力。

- 招聘有激情和有潜力的员工，而不是仅关注现成的技能。这有助于发现可能被忽视的新人才来源。

- 寻找数字化合作伙伴时，不要只关注成本；要对文化、流程和技术进行深入的考察，以确保合作伙伴与你正在构建的数字化文化兼容。

两个锦囊：

- 评估数字化人才水平，了解实际能力：有能够提供现代解决方案的一流团队吗？

- 识别核心领域，内建技术能力：要意识到，现在的技术领域非常广泛，一个组织几乎不可能覆盖所有领域，因此需要为专业领域寻找合作伙伴。

第 13 章

持续交付与 DevOps

正如第 2 章和第 3 章所讨论的，数字化转型旨在找到一种新的工作方式，使组织能够更高效和轻松地应对快速的变化。应该重新调整整个组织，以更快地向客户交付更多价值。业务团队和技术团队需要一起工作，以完成端到端的"构建－试验－学习"环。

从技术角度来看，过去十年的关键推动者之一是云服务。亚马逊在 2006 年推出了亚马逊网络服务（AWS）云平台，只需在网上管理控制台单击一个按钮，就可以在几秒内创建一台服务器。面对发展缓慢的内部 IT，许多组织为了更快地发展，纷纷使用了 AWS。但是，仅仅使用 AWS 作为"让服务器更快"的方法，只是其好处的一小部分——例如，通过应用自动化和脚本，创建测试环境以消除瓶颈；扩展基础设施，以应对"黑色星期五"的流量峰值。当然，自动化是敏捷工程实践的核心，也是持续交付与 DevOps 文化的关键部分。这些技术和技艺相辅相成，能极大地提升交付生产力以及创造业务价值的速度。本章将依次讨论这些问题。

首先介绍持续交付。这是将软件交付流程从缓慢而漫长的发布周期转变为更快和迭代的交付方式的关键因素。

13.1 尽早并持续发布软件特性

有了持续交付，团队就可以确保可以在任何时候将开发的每个特性都发布到生产环境中，而部署决定权掌握在业务部门手中。只需按下一个按钮，就可以发布变更，无须等待漫长的测试和发布周期。

首先，我们有意将更多注意力放在设计最佳敏捷实践上。下面将详细阐述支持尽早并持续发布特性的流程和管理实践：

将需求分解为用户故事

与正式、详细的系统需求或用例不同，"用户故事"是对特性的简单、非正式的描述。其格式通常是"作为（一种类型的用户），我想（做某事），以便（实现某种价值）"。用户故事并不是针对系统需求的精确文档，而是业务用户与开发故事的技术团队之间的口头交流工具。一个抽象的用户故事可以被分解成许多更小、更具体的故事。用户故事列表是待排序、待挑选和待处理的待办事项列表。

小的跨职能团队

在第 5 章，我们讨论了跨职能团队的好处。在敏捷软件开发环境中，敏捷团队通常由 6～10 人组成，该团队对用户故事进行分析、开发、测试和部署。事实证明，这样的团队规模能够在沟通和能力之间获得最佳平衡，来保持以最少的开销和足够广泛的技能集负责端到端的开发。

在迭代或者冲刺内工作

被分解到最低级别时，用户故事的大小应该是最多几天而不是几周的工作量。通过一些实践和经验积累，它们比大型、复杂的用例更容易估算。团队将以 1～4 周的小周期工作，通常称为迭代或冲刺。在每个迭代中，团队将遵循如下流程：迭代计划（从待办事项列表中挑选要开发的故事）、日常开发、每日站会（半小时）、故事完成后的特性演示、迭代结束时的回顾会议，以及为下一次迭代做准备（评估、优先级排序）。这种节奏使得团队一次专注于一小块特性，与用户实时讨论出详细需求，编写特性代码，展示它从而立刻获得反馈。

计划会、每日会议、演示会与回顾会

这些会议是敏捷团队用于在迭代中组织和引导协作的一些常见实践。计划会在迭代开始之初完成。团队将根据业务优先级、来自用户的反馈和产品待办事项列表的当前状态，一起讨论迭代目标。它根据目标和用户故事估算来选择用于开发的用户故事。如果一个 8 人团队以两周为迭代工作，可能需要两个小时才能完成。在每日站会中，团队成员聚在一起协调工作或提出问题。站着而不是坐着，可以使会议保持简短（理想情况下少于 30 分钟），这样就不会变成冗长的理论辩论，因此才有了"每日站会"这个名字（而且椅子也不够……）。每个故事完成时或每个迭代结束时，可以进行演示会，向利益相关者展示特性以获得建议或认同。这也是一个获得有关优先级和未来方向反馈的机会。回顾会是一个关于本迭代"如何"（而非"是什么"）的反思会，以便团队能够持续改进。

许多组织都在努力采用敏捷实践。特别是，我们看到组织将很多精力放在迭代、待办事项列表和站会等工作上，而没有把精力放在更困难的实践上，例如将需求分解为小故事以及进行结对编程和自动化测试。

Scrum 已经成为一种非常流行的敏捷风格，但是许多 Scrum 项目失败了，因为开发人员不知道敏捷项目管理方法背后的重要工程实践。Martin Fowler 创造了一个术语"松散的 Scrum"来描述这个问题。Scrum 联盟意识到了这一差距，并提供了一个"Scrum 专业开发人员"认证，以强调这些重要的工程技能。

正如第 12 章所述，持续集成（CI）是支持迭代开发的一个重要概念。这种方法在 20 世纪 90 年代末开始流行。下面讲述一下我们自己的经验，即 ThoughtWorks 如何在大型交付团队中实践持续集成，以及如何开发工具来支持大规模应用。

一个关于持续集成和 CI 工具诞生的故事

1999 年，在 ThoughtWorks，本书的作者之一郭晓是一个

100多人的团队中的一员，该团队使用极限编程（XP）方法（敏捷方法的后一部分）构建了一个相当复杂的租赁应用程序。在此之前，XP主要用于6~12人的小型团队。这个试验可能是第一次探索将XP流程扩展到100人规模的团队。我们将大型需求文档分解成更小的"用户故事"。团队的100多名成员被分成几个子团队，每个子团队专注于不同的功能领域，由业务分析师、开发人员和质量分析师组成。在早期，我们没有将迭代推进到更短的周期，而是决定以4周为迭代周期运行。在每次迭代的开始，业务利益相关者和技术人员会花费半天的时间挑选需要聚焦的用户故事，对它们进行优先级排序，并为每个用户制定高级目标和成功标准。

大规模带来了一些有趣的挑战，其中之一是如何持续集成这么多人同时编写的代码。

即使团队根据业务用户的角度工作在不同的功能领域，仍然有许多共享组件和每个人都得依赖的架构级基础设施。微服务、事件驱动的架构和其他现代架构技术仍有待规划和采用。当然，也有人试图尽可能多地解耦代码库，以减少组件之间的依赖关系，但是组件仍然以库的形式在团队之间重用。还有一些小型的中心团队负责构建数据库层、业务逻辑层和前端用户界面层的功能基础设施与可重用组件。

所有代码都必须从源代码控制系统下载、编译并一起构建，以便能够端到端地测试整个应用程序。理想情况下，每次编写一小部分功能并将代码检入源代码控制系统时，都要执行此操作。对于小型团队来说，可以在几分钟内手动完成。即使需要每天做几次，这也是一个可容忍的开销。而对于100人规模的团队来说，这很快就变得不切实际了。首先，编译和组合所有内容的手工过程花费了半个多小时；其次，许多人和子团队需要在一天中数十次地向源代码控制系统添加代码。集成不能频繁地完成，许多子团队决定从中心代码库分支出去几个星期，以避免每天与其他所有人集成。很多错误、问题和冲突在很长时间之后才被发现，从而导致了大量的延迟、返工和工作浪费。集成流程在本质上被破坏了。

为了解决这个问题，我们决定编写一些脚本来将下载、编译和构建应用程序的命令在一起进行批处理，这样就可以更容易、更快地完成。任务通过脚本被逐步自动化，直到有一个"主脚本"来完成整个集成工作。最后，任何希望集成和部署整个应用程序的人都可以使用一个命令来完成此任务。这不用半个小时，而是一到两分钟就能完成。

为什么要就此止步？测试框架也提供了命令行工具。我们将所有的单元测试与另一个脚本打包在一起，并将其合并到主脚本中，这样编译和测试就可以一起完成。它将另一个烦琐的手工过程转换为自动化任务。结果呢？开发人员和团队在白天完成一些工作后，更愿意编译、构建和运行整个应用程序的测试，而不仅仅是系统中他们自己的部分。没有更多的分支，而且大多数时候每个人都在同一个代码库上工作。潜在的集成错误、被破坏的特性或架构冲突几乎是在添加新代码或进行更改之后就立即被发现了。

源代码控制系统还有一个有用的功能：只要有人将部分代码检入系统，它就会发出通知。很明显，除了要求每个开发人员和团队自己运行集成和测试之外，我们还可以让一台专用计算机处于等待模式，一旦触发通知就立即运行整个集成程序。我们甚至建立了一个由该计算机托管的小型网站来显示每次运行的结果。这就是第一个 CI 工具的想法和原型的诞生过程。它在 2001 年开发完成并作为开源应用程序发布，名为 Cruise Control，以支持更广泛的社区使用。现在市场上有各种 CI 工具——Jenkins、TeamCity、Bamboo 等。这一切都是从使一些手工任务自动化这样的小步骤开始的。

Cruise Control 的简陋起源也代表了敏捷软件开发运动中的两个重要原则，特别是持续交付概念的发展过程。第一，如果感到痛苦，就要尽早和频繁地做；第二，计算机擅长将单调乏味的任务自动化，从而解放人类去解决难题。

持续集成是一种基础技术，它可以帮助你在实现目标的道路上尽早并经常地发布功能从而为业务创造价值。然而，首先需要探究一下为什么发布软件是如此令人担忧。

尽早、更频繁地做那些艰难而令人痛苦的事情

首先，拖延的时间越长，解决难题就变得越令人痛苦。将不同的代码块集成在一起来构建最终的软件产品充满了潜在的错误和问题。当需要编译和组合各种组件并构建整个应用程序时，这让许多团队感到焦虑。在更现代化的系统中，集成工作可能不仅仅是收集和编译代码，还可能意味着集成组件（比如微服务生态系统中的组件），或者集成一个系统和另一个系统。

痛苦程度、集成工作量与每次成功集成的时间间隔有很强的相关性。集成之间的间隔越长，解决问题和错误所需的工作量就越大。与技术债的概念类似，还有集成债。随着时间的推移，集成债将产生利息并需要花费更多的成本来修复。

更频繁地集成提供了实践和改进的机会。在前面关于 CI 工具诞生的故事中，自动化任务的脚本并没有在一开始就被创建，而是一块一块地、一个任务一个任务地编写，它们累加起来使集成过程更快、更平滑，并且随着时间的推移使痛苦减轻。这使得团队能够发现潜在的问题，改进脚本，并改进自动化流程。在一个发布周期内运行此自动化集成流程数百次（或者数千次）之后，高风险的集成活动最终变得无痛苦、低风险，有时甚至变得相当乏味。当没有人再对编译整个应用程序大惊小怪时，就取得了成功。

当然，这里的一个关键构成要素就是使用计算机尽可能多地自动化手工任务，以减少更频繁地执行令人痛苦的任务所付出的精力。有两种类型的痛苦：执行冗长和耗时的手工任务，以及发现问

题后解决问题所需的工作。尽管这常常意味着需要额外的工作来编写脚本或工具以自动化任务，但当它可以解放技术人员来专注于解决更困难和更有价值的问题时，这种工作就是有意义的。

在最初成功地将"如果很痛苦，那就尽早并且频繁地去做"的原则应用到软件产品的编译和测试中之后，我们开始将其进一步推广，而不仅仅是集成代码。软件交付生命周期（SDLC）中另一个高风险和令人痛苦的步骤是实际部署和上线阶段。这是最后一个步骤，它将执行开发完善后的构建，将其部署到预发布环境，使用生产数据运行端到端测试，以及如果一切顺利的话，部署到实时生产环境中，以便最终用户可以开始使用。在这一步骤，许多事情仍然可能出错。例如，预发布和生产环境可能不同于开发环境（硬件、操作系统、安全约束等），从而导致缺陷或功能受损，而生产数据可能不同于测试数据，从而暴露在开发阶段没有遇到的问题。

还有许多重复性的、乏味的传统手工操作——不同的硬件和安全环境需要手工配置，测试数据需要准备和管理，功能测试通常通过图形用户界面（GUI）运行，等等。

技术社区开发了几种技术来自动化部署任务并更快、更频繁地执行这些任务，而且成功率更高。这里有两个最重要的技巧：

基础设施即代码（IaC）

使用高级声明性或模板语言来管理配置并自动启动和维护基础设施（服务器、网络、负载平衡器、防火墙等）。基础设施配置被看作代码，使用版本控制、测试、增量部署和通常的代码流水线。基础设施配置的测试和维护如同软件代码本身，使得跟踪、更改以及自动管理基础设施变得容易。IaC 为开发团队提供了按需创建和重新创建环境的能力，并消除了由每个产品服务器都是独特的、手工配置的（而且常常包含等待攻击我们的 bug）导致的"雪花服务器"问题。IaC 技术通常是创建高度可伸缩的云环境的先决条件。

功能测试自动化

与开发人员为维护系统完整性而编写的单元测试不同，功能测试是从最终用户的角度执行的端到端测试，通常包括通过 GUI 单击按钮、输入文本和进行其他操作。在敏捷开发之前，这些测试作为回归测试阶段的一部分由 QA（质量分析师）手工执行。测试"脚本"是在 Excel 表格中编写的一系列人工步骤，人们将执行这些步骤来测试软件。ThoughtWorks 开发的开源软件 Selenium 和其他类似的工具现在可以通过驱动 UI 或 Web 浏览器以机器速度自动运行这些图形化测试，而不需要人工参与。

这些进步使得进一步自动化基础设施管理与配置、功能测试和测试数据管理，以及部署软件到生产环境"最后一公里"中的其他关键步骤变得可能。同样，在 ThoughtWorks，我们开始构建一个扩展 CI 概念的工具，以涵盖这些端到端测试和部署阶段。该工具最初于 2007 年发布，并被命名为 Cruise（与前面提到的 Cruise Control 相关），后来成为 GoCD，当然这里的 CD 就是持续交付的英文缩写，它强调将软件交付到生产环境的端到端生命周期，而不仅仅是开发阶段的集成。2010 年，ThoughtWorks 的 Jez Humble 和 David Farley 出版了《持续交付：发布可靠软件的系统方法》一书，详细介绍了相关方法和技术（当时 Jez Humble 是 GoCD 团队的一员）。

从那时起，持续交付方法（如图 13-1 所示）被世界各地的技术社区广泛采用。它成为软件团队尽早、更频繁地向客户交付高质量和可靠的价值的基础。2018 年度《DevOps 现状调查报告》发现，"精英"使用者（拥有出色的持续交付和 DevOps 成熟度的人）能够每天进行多次随需应变的部署，变更前置时间从开发到生产环境不到一小时。

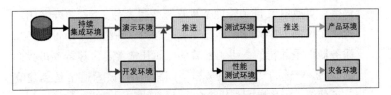

图 13-1：从开发到生产环境的持续交付流水线

13.2 DevOps 进一步扩展了跨职能团队概念

从 2009 年开始,大约就在持续交付成为敏捷团队的标准实践的同时,另一个叫作 DevOps 的想法开始在软件开发社区中流行起来。

在大多数技术组织中,开发软件和运行软件被看作两种完全不同的活动,需要不同的技能。因此,在软件系统投入生产后,通常会有一个不同的团队进行运维。该团队将管理和维护生产环境、软件配置,监视性能,并将任何生产问题或用户投诉进行升级处理。

敏捷方法和持续交付的成功促使更多组织希望更快、更频繁地发布软件。这对发布管理、生产环境管理以及监视和升级流程施加了更多的约束。尽管像大多数劳动分工一样,将软件的构建和运行分离可以带来可伸缩性和效率方面的好处,但是加速的变化和更短的发布周期正在造成更多的沟通问题和知识管理效率低下。社区经常发现开发人员和系统管理员意见不合,甚至在生产中出现问题时相互指责。

很少有战略软件系统能够长期保持静态。它们中的大多数现在都需要经常更新,以适应快速变化的市场和客户期望。在最初的几个版本之后,不再有一个稳定的所谓运行阶段。软件系统正在成为一个平台,新的特性和功能不断被构建并发布给业务用户和客户。开发团队和运维团队被迫在密切协作中并肩工作。

随着云基础设施(尤其是处于云革命前沿的 AWS)的兴起,以机器速度自动管理基础设施成为可能。即使是传统的 IT 组织也面临着加快速度去做那些更灵活的初创公司能够做的事情的压力。

既然有能力以更少的努力和更少的风险持续地将软件推向生产,那么为什么不能将开发和运维软件的工作合并到同一个团队中——实现真正的端到端所有权?

这个想法最初是在 Flickr^{译注 1} 上实施的，当时 John Allspaw 和
Paul Hammond 决定雇用"像开发人员一样思考的运维人员"和"像
运维人员一样思考的开发人员"来解决这个问题。两人在 2009 年
O'Reilly 的一次会议上阐述了这一概念。大约在同一时间，比利时
工程师 Patrick Debois 组织了一个关于"敏捷系统管理"这一类似
想法的小型会议，并创造了术语"DevOps"来代表它。DevOps 很
快就成为这种将开发和运维工作结合起来的运动的名称。

与持续交付一样，这种方法也基于相同的敏捷原则，频繁地将
增量变更交付到生产环境中，为最终用户提供价值，并尽可能早地
收集反馈。DevOps 强调软件的系统管理和运维不应该是独立的工
作——应该包含在软件开发团队的工作中。

这进一步扩展了跨职能团队的概念，使系统管理员纳入其中。
生产系统管理技能集和职责使得团队对端到端软件生命周期更加
可视化，更有效地收集和分析实时用户反馈，并在同一个团队中将
"构建 – 试验 – 学习"闭环。

这种新工作方式的优点很快引起了社区的关注，并被广泛
采用。组织成立了新企业来开发支持 DevOps 运动的工具，尤其
是 Splunk 和 Puppet。这两家公司还发布了前面提到的 2018 年度
《DevOps 现状调查报告》，该报告被广泛使用和引用来改进实践。

DevOps 是一种文化变革，而不是一个新职位头衔

与敏捷和持续交付类似，DevOps 强调软件开发人员和其他 IT
专业人员之间的协作与交流。然而，也许自人们第一次探索雇用
"像开发人员一样思考的运维人员"和"像运维人员一样思考的开
发人员"以来，团队中出现了一种创造一个 DevOps 角色的强烈趋
势，甚至还出现了一个新职位头衔："DevOps 工程师"。

我们对这个新职位头衔的感情很复杂。一方面我们很高兴，因

译注 1：一款网络相册。

为这是这场运动正在继续以及更多的人有意拓展技能的一个标志。另一方面我们很担心，因为在一个致力于 DevOps 的团队中设立一个独立角色会错失这场运动本应该在更大范围内带来的一次文化变革，而且有可能会制造另外一个孤岛。

让开发人员像运维人员一样思考，比在跨职能团队中增加一个专门负责运维的开发人员更重要。如果确实存在在 DevOps 工程师这样的职位，那么这个人在团队中的角色应该更多是帮助团队中的其他人像运维人员一样思考，而不是仅仅承担系统管理职责。

即使拥有 DevOps 工程师的小型交付团队应该能够承担软件产品的端到端开发和运维的职责，团队也仍然不能真正承担与系统运维相关的一切。系统监控工具提供了快速反馈周期，允许团队尽早识别问题。在代码中解决这些问题需要更好地理解生产系统的运维方面。维基的发明者沃德·坎宁安（Ward Cunningham）曾经告诉我们，让开发人员更好地编写高质量软件的最好方法是花一年时间做系统支持和维护。系统管理是任何软件团队构建高质量产品都需要的重要视角。

许多组织在构建内部平台的同时也在建立 DevOps 文化。很多情况下，"DevOps"是指构建 DevOps 平台的团队，或者负责传播和促进组织内采用此平台团队的一部分。当支持平台构建的趋势时，确保交付团队不将责任转给 DevOps 平台团队是很重要的。DevOps 文化强调的是开发人员的思维方式更接近于运维，而运维更关心开发人员的需求。我们相信所有的团队都需要正确地理解其软件部署使用的平台和基础设施。DevOps 文化并没有否定这种理解的必要性。

13.3 成功的四个关键指标

在尼克尔·佛斯格伦（Nicole Forsgren）等人的开创性著作 *Accelerate*（O'Reilly）中，他们指出组织绩效和软件交付绩效之间有直接的联系。他们的研究表明，区分低绩效、中等绩效、高绩效和优秀绩效的只有四个关键指标：

前置时间
　　代码更改从开发到部署到生产环境所花费的时间。

部署频率
　　组织级别多久部署一次代码。

平均恢复时间（MTTR）
　　从失败中恢复需要多长时间。

更改故障率（CFR）
　　部署到生产的更改多久会导致一次失败。

　　基于这些指标进行改进的组织会更成功地将可以工作的软件部署到生产环境。这是一个令人惊讶的结果，即仅仅使用这四个指标就可以预测某个组织中的 IT 表现。

　　Accelerate 一书研究的另一个重要观点是，不管技术堆栈如何，这些指标都是有效的。传统上遗留系统很难管理，也很难更改，组织不愿意采用更快的新方法，维护团队常常为不能加快速度找借口。但是研究表明，即使是使用传统技术的团队也可以通过这些指标提高绩效。

　　我们一直认为，持续交付和积极的 DevOps 文化是提高 IT 绩效的直接方法。*Accelerate* 采用硬核数据和同行评审的研究验证了这种经验。

13.4 总结一下

　　从有人忘记将文件添加到源代码版本控制，到能够持续、快速、可靠地部署到生产环境中，我们已经取得了很大的进步。也经历了从"把它扔到墙那边"，到开发人员和系统运维人员之间建立真正伙伴关系的漫长历程。作为回报，我们最终有能力更快、更高质量地将软件产品发布到生产中，并更快、更可靠地响应市场变化。

DevOps 将跨职能团队的边界从产品开发推向产品和系统维护的"下游"。它代表了敏捷、持续交付和 DevOps 社区共享的另一种共同哲学。

成功地采用敏捷原则为 IT 创造了一个新的"超级力量"——IT 可以更快地交付，提供更高的质量，使业务伙伴满意。但是业务方面呢？一个组织应该如何运用它新发现的能力？最终，更快地将错误的东西交付到生产中，并不能真正帮助创造更多的业务价值。需要确保更快地将正确的内容交付到生产环境中。对客户价值、精益切片和度量标准的关注将有助于确保现在 IT 可以更快地运行，这实际上产生了有意义的业务收益。

13.5 关键点

本章要点：

- 尽早、频繁地发布产品以缩短反馈循环，依赖于采用敏捷软件交付中的最佳实践，尤其是持续交付实践。

- 除了实际的实践外，还要学习持续交付方法中两个重要原则：如果令人痛苦，就尽早且频繁地去做；尽可能多地自动化重复性的任务。

- DevOps 要求进一步扩展跨职能团队，将软件开发和系统运维结合起来。这也是在开发团队中发展更多的多技能通才的号召。

两个锦囊：

- 度量"四个关键指标"：度量前置时间、部署频率、平均恢复时间和更改故障率。对 IT 团队进行评估，观察度量指标和良好交付效能之间的相关性。

- 遵循持续交付的原则：将这些原则用作你的 IT 组织的试金石——业务是否可以没有瓶颈、高可靠地将更改部署到生产环境中？

第 14 章

数字化平台

数字化转型通常与成为数字化平台型企业的目标相关。平台业务这个概念引起了不同行业很多业务主管的兴趣。数字化时代最成功的一些企业都是平台型企业（或 API 企业）：苹果、阿里巴巴、亚马逊、Salesforce、优步和爱彼迎（Airbnb）等。平台业务是连接生态系统参与者的非线性商业模式。

平台可以是一个将供应商和消费者彼此连接起来的市场，就像亚马逊、优步和爱彼迎一样，或者是一个社区，使得用户可以进行社交，就像脸书、推特和谷歌一样，这样广告商就可以通过触达大量受众获益。平台通过网络效应创造价值，其中各方的利益随着参与人数的增加呈指数增长。它还可以为生态系统中的其他参与者提供加速成长的基础，例如：Salesforce 和亚马逊为中小型企业提供客户关系管理和实施能力，使其快速成长并专注于核心价值创造。

连接生态系统参与者并不是一个新概念。市场在人类历史上一直存在，从古代集市到现代购物中心，商人和购物者在那里见面并交易。报纸也已经存在了几百年，广告商从大量吸引来的读者身上获益。

这些现代平台型企业的共同之处在于，信息技术发展使得数字化和在线基础设施成为可能。在可能最大的平台——互联网之上建立的数字技术使人与人之间联系变得更容易、更便宜。平台所捕获的数据量不断增加，通过新分析工具为各方提供了更多价值创造机会，从而产生越来越多的洞见。

有很多研究分析了平台型商业模式，并介绍思维过程——一个可用于构建自己平台模式的框架和工具。杰弗里·G.帕克（Geoffrey G. Parker）等人所著的《平台革命：改变世界的商业模式》（W. W. Norton & Company）是一本非常不错的介绍具体操作的书，可以帮助你获得更多洞见。

这里讨论的数字化平台并不是平台型业务本身。相反，数字技术平台是商业模式革命的前奏。

尽管有必要使用数字技术平台，但这样做并不总是需要带来平台型业务。事实上，我们并不认为各个行业里大多数大型企业需要成为所谓的平台型企业以构建差异化特征。平台业务会加速增长，但这些业务仍将是整体经济格局中的一小部分。

从长远来看，无论是否要拓展你的商业生态系统成为一个平台业务，对于任何现代业务来说，数字技术平台总会成为一个需要采用的关键步骤，才能够以更高质量和更低成本向客户更快地提供新价值。

支持数字化平台的三大支柱是：

- 支持 API 的模块化架构。
- 自助访问数据。
- 交付基础设施。

本章将逐一讨论这些内容，首先讨论支持 API 的模块化架构的重要性，以及这种架构与传统单体架构的不同之处。

14.1 支持 API 的模块化架构而非单体架构

在美国，电子商务占零售总额的比重从 2016 年的 11.6% 增长到 2017 年的 13%，2017 年占零售总额增长的比重为 49.4%（2016 年为 41.6%）。话虽如此，线上购物的显著增长并不意味着实体店和购物中心将很快关闭，从而让电子商务成为人们购物的唯一途径。实体零售继续增长，尽管增速远低于线上购物。消费者仍然希望能够触摸和感受真实产品，有时还想享受逛街的乐趣。

数字化的便利和体验，正在推动现实世界中消费者的一种不同的行为。即使是在实体店，消费者也常常希望在手机上查看有关产品的更多信息，并进行在线价格比较。有些人通过手机付款，而不是在柜台结账。在线上购物时，有些人会选择在附近的商店预定商品，这样就可以自己去取货，更快地收到商品，或者只是为了节省运费。这就是所谓的全渠道零售体验。

鉴于许多零售企业软件系统的单体架构特性，在线预订、实体店提货的简单功能可能没那么容易实现。电子商务系统通常作为独立的系统构建，有独立的货品目录、客户管理和库存管理逻辑。实体店也有自己的货品目录、客户管理和库存管理逻辑，所有这些都与自己的软件系统绑定。首先，需要构建一个新的"店内查找"功能，它将电子商务系统与实体店系统连接起来，以确认是否有这个产品。

当实体店开发库存管理系统时，这个系统是一个单体架构系统，所有业务逻辑都被嵌入其中。它并没有被设计成为多个可以被其他系统访问甚至控制的独立组件。没有必要责怪软件产品团队，谁承想世界会如此快速变化，消费者现在突然想要这个新功能？

但这就是我们今天生活的世界。新的价值流被持续创造出来，通过新渠道或数字化增值服务向消费者发布产品。数字化平台的概念是，建立一个内部市场来连接具备数字化能力的生产者和消费者，与外部市场连接买家和卖家并没有太大区别。平台作为一个生态系统，并不仅仅是为了满足当前需求而构建相关技术与业务能力，这些能力还是具有不同价值流的新产品和服务的潜在构成组件。

14.1.1 仅仅是软件重用吗

建设数字化能力即服务当然与软件可重用性的概念相关，但还不止于此。可重用性本身可能是软件工程的"圣杯"。在计算机的早期时代，程序员一直在寻找各种方法来重用软件代码。

子程序和函数是最简单的重用方法，它们由一系列执行特定任务的程序指令构成，被打包成一个单元，可以在软件应用程序中被反复调用。以"数组"为例，在任何编程语言中，都可能有一个处理一系列元素（数字或字符）的函数或结构体。它负责管理列表，添加或删除元素，进行计数或搜索。这种可重用的小函数可能每天在你的笔记本电脑、手机或智能手表上被调用数百万次。软件本质上建立在多层可重用组件（函数和子程序）之上。很多这种可重用组件被打包到任何软件程序员都可以重用的所谓"库"中。

这种代码级的可重用性通常在编程语言边界处停止。需要将已编写的代码以及所有引用库编译成一个"可部署"的包，可以安装在计算机上并运行。然后，在同一台计算机上安装并运行通用基础设施应用程序（通常称为进程），大多数软件产品将依赖于它来正常运行。

软件开发人员花了很多精力编写代码来构建他们的产品。然而，与产品所依赖的可重用组件的数量相比，这些工作只是冰山一角。可重用性不仅减少了开发新产品所需的工作量，而且降低了潜在的重复代码，如果其中某个依赖项升级了而其他却没有，这些重复代码就会导致缺陷和不一致性。

当一个团队设计和开发某款软件产品时，常常会考虑自己的代码在未来场景中的可重用性。这已经植根于大多数软件开发者社区文化。但是在单个项目或单个用例之外的代码重用往往比较困难，在企业的场景中尤其如此。企业常常会探索如何将具有"优良实践"的业务功能或流程固化为可重用的软件包，以便跨不同企业甚至行业使用。这与在同一组织内重用技术解决方案以创造新价值或解决稍微有差异的问题是不同的。以下是这种可重用性很难实现的一些原因：

- 编程语言和工具在不断发展。与其他理工科相比，计算机学科仍处于起步阶段。1996 年前后最流行的编程语言是 C++、Java、PHP 和 Python。到 2016 年，除了这四种语言，最常用的语言还包括 C#、Scala、F#、Clojure、Go、Swift和 Kotlin。平均每两到三年就有一种新的编程语言被广泛采用。尽管一种语言可以用来为几乎所有问题建立解决方案，但人们仍然会持续发现新语言可以比其他语言更有效且高效地解决特定问题。随着时间的推移，当团队发现使用一种语言可以为某个业务领域的一组问题建立解决方案时，可能无法重用已经使用某种语言开发出的业务功能。

- 可重用性不是免费的，继续维护和演化可重用组件需要付出额外努力。当出现新的可重用场景时，可能需要对"源头"进行更新和更改，以适应新用途。与此同时，所有其他依赖于此代码的地方都需要重新编译、测试和验证。这常常与企业的组织和资金分配方式相冲突。通常，最简单的方法是复制代码并在本地修改，而不是在所有地方都进行修改。这也可能导致重复和碎片化的代码。在一个随时间健康增长的大型企业中，在不同业务单元中看到三四个不同的客户登录页面并不常见。

- 兼并与收购。对于大型组织，这可能是对设计良好、有效集成的企业组织架构的最大破坏。跨两个不同企业迁移与合并数据还有功能，不仅需要大量的工作，还需要扩展系统和集成方式来处理很多边缘情况。通常，与完全迁移的成本和带来的中断相比，保留一些系统重复性且并行运行并不算太糟糕。

14.1.2 微服务

在信息技术的短暂历史中，有很多人探索如何创建 API 驱动的模块化架构，尤其是面向服务的架构（SOA）。大约在 21 世纪初，SOA 的概念变得非常有前途，并且非常流行。由于企业应用程序集成（Enterprise Application Integration，EAI）软件供应商过于分散和缺乏社区支持，支持 API 的架构愿景从未成功实现。到 2014 年，微服务的兴起可能是整个行业第一次真正大规模采用支持 API 的模块化架构（图 14-1）。

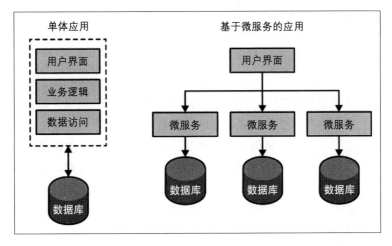

图 14-1：单体架构与微服务架构应用比较

在 2014 年一篇被广泛引用的文章中，我们的同事 Martin Fowler 和 James Lewis 这样描述微服务：

> 简而言之，微服务架构风格是一种将单个应用程序作为一组小服务来开发的方法，每个小服务都在自己的进程中运行并以轻量级机制通信，通常是 HTTP 的资源 API。它们围绕业务能力构建，可以通过完全自动化的部署机制独立部署。它们可能使用不同的编程语言编写并使用不同的数据存储技术，很少受到集中管理。

自 2014 年以来，我们看到微服务在企业计算领域的应用飞速增长。一开始我们有点怀疑。社区是否已经为新一轮的 SOA 做好了准备？这次会有什么不同？在不同的企业环境中对这种新的架构风格进行应用并获得经验之后，我们注意到了一些颇有前途的特征：

社区引领，而非供应商引领

开源运动正在缓慢但稳定地重塑软件开发工具的前景。随着谷歌、微软、亚马逊等大型技术公司提供越来越多的开发工具作为开源软件，大型组织更愿意从大型的昂贵重量级打包软件开发工具转向适合特定用途的免费轻量级开源工具。对于传统的供应商来说，工具市场本身正在变成一个不那么有利可图的市场，它们已经失去了对工具选择决策的影响力，这间接地帮助了微服务的采用。

支持部署、管理、调度和监视这些可独立部署的小型服务的大多数被广泛采用的工具都是开源的。其中一些以开源软件的形式提供基本功能，而以付费组件或服务的形式提供高附加值的功能。通信与协调也基于简单的轻量级开放标准，如REST。尽管随着越来越多的框架和工具可用于支撑，这个领域变得越来越成熟，但是微服务概念在很大程度上仍然是一种架构风格，而不是来自任何特定供应商的软件产品。它没有继承SOA曾经经历过的EAI中间件包袱。

围绕业务能力组织

微服务旨在映射到更细粒度的业务能力，而不是传统意义上位于某个部门或某条业务线中的端到端价值链，因此才有了"微"的概念。

在前面提到的"在线预订，线下提货"的例子中，端到端价值链需要访问传统上属于线下价值链的"商店管理"和"库存管理"等业务能力。围绕这些业务能力构建微服务将使构建"内查找"和"店内预约"之类的新服务变得更容易。这些新服务是扩展了以前的线下能力的新业务能力，现在可以在线上渠道使用。微服务运动正在帮助企业重塑现有单体软件产品架构，使得它们可以围绕更细粒度的业务能力进行模块化，并构建具有类似思维模式的新软件产品。

谁开发，谁运维

所有软件开发工作的集中化标准和自顶向下管理的关键动机之一是劳动分工，不幸的是，这也引入了移交过程，并增加了工作协调带来的开销。敏捷方法、持续交付和DevOps运动为较小的跨职能团队构建了一种能力，使它们能够承担端到端开发与运行技术解决方案的责任。通过去除标准化带来的约束，小型跨职能团队构建服务时就可以选择最佳技术和工具来开发它们负责的业务能力。由于技术世界的快速发展，对于不同的业务问题来说，最合适的技术、编程语言和工具常常非常不同，这并不奇怪。通过将服务和团队映射到业务能力上，上一代EAI工具的两个关键核心功能不太相关——定义服务的粒度，以及管理搜索和发现服务的流程。"企业如何定义和发现业务能力"是技术团队如何定义和发现技术服务与解决方案的答案。

迭代方法

与自顶向下、层次分明的方法不同，微服务架构是自下而上、不断演化的。在开始构建第一个服务之前，你不需要在整个组织中以最细粒度级别设计所有微服务。相反，你可以（而且可能始终应该）从一个可部署和可升级的独立服务开始，以实现某种业务能力。

再次以"店内预约"服务为例。团队可能没有认识到"店内查找"是一种业务能力，可以模块化并在"线上购买，实体店取货"场景之外的另一种情况下重用。团队可能决定构建嵌入"店内预约"服务中的"店内查找"功能。从事另一个客户成效的新团队可能会发现自己也需要"店内查找"功能。两个团队可以一起工作，将"店内查找"视为一级业务能力；因此，这是一个单独的服务。在一个设计良好的高质量代码库中，将这个逻辑组件拆分为一个单独的服务应该不需要太大的工作量。这两个团队可以一起工作来实现这一点，并且总成本比一个团队重复构建嵌入另一个服务中的相同功能的成本要低。团队还可以决定"店内查找"服务的所有权属于第一个团队还是第二个团队。技术架构师社区或中心架构师组应该发挥重要作用，以促进这些交流与协作，从而使精确的服务粒度与架构设计从需求中浮现出来。

随着这些服务不断发展并在整个组织内共享，其中一些服务可以作为 API 供其他组织利用。零售商可以利用其他渠道和数字化生态系统，让更广泛的客户通过其他门户购物，并使用API 在自己的商店或库存中查找商品。这些面向外部的 API 使得业务方能使用新的商业模式进行创新，如本章开头所述，这些新商业模式可能带来平台型商业模式或 API 商业模式。

当然，微服务运动仍处于早期阶段。当微服务在亚马逊和奈飞等公司表现良好时，我们已经看到了它的巨大成功。多年来，这些公司一直在应用这些原则，并在系统设计和架构上不断突破边界。在探索如何采用这种新的架构风格时，传统的大型组织在遗留系统和技能集方面面临着更多的挑战（本章后半部分将进一步讨论遗留系统的现代化方法的相关经验）。

不仅如此，微服务架构背后的指导原则与本书一直倡导的内容高度一致。它不会是支持 API 的模块化架构之路的终点。肯定会有微服务架构风格本身的新发展、支持它的新工具，甚至可能会有超越微服务的新架构模式。重要的是支持 API 的模块化架构的概念，这是支持平台化思维的第一个关键支柱。接下来我们将讨论第二个支柱：自助访问数据。

14.2 自助访问数据

在第 9 章中，我们讨论了"数据决策"的必要性，而不依赖于"收入最高者的意见"（HIPPO）。虽然大多数人会同意这种方法，但在实践中，要真正地将相关数据放在一起以真正地让数据自己说话是相当困难的。

组织通常将数据分散在不同的孤岛中，这通常是由大型遗留系统造成的，这些系统执行有用的任务，但也会囤积数据，并且不能与其他系统友好相处。客户信息、购买历史和库存信息等关键资产通常分布在整个组织中。这使得获取这些资产的单一视图变得非常困难，而这是创建新产品、推动对现有客户的交叉销售和提升销售所必需的。

在 APP、可穿戴设备和推送通知的时代，客户希望通过与组织的最新交互获得实时体验，而不是被缓慢的批量数据集成拖累。为了使机器学习技术发挥作用，通常需要近乎实时地访问集成数据源。

当谈到"自助访问"数据时，并不是指为一群用户提供一个大型数据库和 Tableau 的副本，以便他们可以建立自己的查询（尽管这可能是整体数据战略的有效部分），而是实际上在讨论跨组织的不同团队的自助访问。通常，访问数据涉及大量官僚主义、繁文缛节和摩擦。在某些情况下，这些限制是合适的，特别是对于那些必须受到控制和保护的客户数据；但是在很多情况下，组织中的团队发现很难访问和理解对构建客户价值有用的数据。数据被锁定在另一个系统中或由另一个团队控制。在这种情况下，"自助访问"意味着跨组织的团队可以轻松地访问适当的数据，而且摩擦很小。

启用自助访问的特定技术可能有所不同。解决这种需求是良好的企业级数据战略的关键部分，以下是两种常见的方法：

- 构建数据湖，将所有系统的"原始"数据集中存储，使用湖畔"数据集市"将有业务意义的数据集合聚集在一起，并允许客户以一致的方式理解和访问这些数据。

- 使用事件流技术连接系统之间持续不断的小更新流。团队可以选择接入事件流，监听与其需求相关的更新，忽略不相关的更新。

大多数组织将构建一个明确的数据战略，其中包含"数据平台"相关元素。"无论你使用的是数据湖、事件流还是各种技术组合，数据自助访问方面都对团队的效率至关重要。优步的 Michelangelo 就是一个自助访问数据平台的例子，它给优步带来了相当大的竞争优势。数据科学是优步的业务核心基础，数十个团队在 PB 级数据基础上建立、训练和部署机器学习模型。Michelangelo 允许优步的团队找到需要的数据集，使用整个数据中心的计算能力来分析数据、训练机器学习模型，并将其部署到生产环境中，为优步的一些负载最高的在线服务提供预测。

14.3 交付基础设施

随着业务能力可以作为服务使用，企业数据可以实时访问，企业计算环境正在成为一个平台，为以闪电般速度开发新产品和服务做好准备，而只差最后一个技术障碍需要解决：基础设施瓶颈。这是大多数大型企业中的另一个孤岛，也是开发团队更快运行试验和缩短反馈周期的障碍。

在这个数字化时代，客户体验的重要性众所周知，大多数组织都把重点放在构建差异化的用户体验上，且将其作为核心战略的一部分。但是我们常常忽略了自己员工的感受，尤其是那些必须整天处理软件开发工具包（SDK）、框架、工具和开发环境的开发人员。为什么？因为客户有选择（使用你的产品还是其他产品），而开发人员没有选择，因为他们为企业工作，而企业可以告诉开发人员使用什么工具。尽管消费者关于使用特定产品的情感和态度对于企业来说是非常重要的，但是开发人员使用技术的体验始终被放在较低优先级。

开发人员确实会抱怨拥有糟糕的体验，但这并不是总能在企业内获得广泛关注。然而，它在某个案例中吸引了一批关注者，并催生了当今数字化行业最重要的商业模式之一：云计算。大约在 2000 年年初，亚马逊雇用了许多开发人员以应对新产品和平台不断增长的需求。然而，尽管将很多人投入到解决问题的工作中，项目交付并没有更快。任何项目无论多小，都要花好几个月才能完成并投入生产。安迪·雅西（Andy Jassy）曾是杰夫·贝佐斯（亚马逊 CEO）的办公室主任。当关注到这个问题时，雅西听到了来自开发人员社区的反复抱怨：每次开始一个新项目，都需要花很长时间从头开始构建开发环境和产品环境。团队不得不安装一个自己所选择的编程语言的开发环境，创建一个数据库，创建一个源代码管理系统，创建一个集成应用程序的构建环境，请求一个预产品环境来测试应用程序，等等。在编写应用程序代码之前，通常需要几周甚至几个月的时间来设置和运行所有这些内容。顺便说一句，我们仍然在一些传统企业环境中看到类似问题——在 2019 年！

雅西和内部团队决定直面这个问题，并构建一组公共基础设施服务，每个项目团队可以根据请求轻松访问这些服务。从这里到基础设施即服务（IaaS）概念，推出面向外部的 AWS，再到整个 IT 行业采用的云计算，还有很长的路要走。许多人对 AWS 今天的巨大成功感到敬畏，但却错解了开发人员消除摩擦的初衷。

尽管如今很多企业采用大规模云计算已经成为主流，许多企业依然主要关注成本收益，即在云上运行应用程序比拥有自己的基础设施更便宜。这些企业经常忽略其给开发人员带来的其他更重要的影响：基于云的数据自助访问平台带来的灵活性和自由度。

消除摩擦

平台思维的第三个支柱是专注于改善交付基础设施以消除团队在快速迭代周期开发产品的摩擦。快速地自助访问计算环境只是需要改进的许多方面之一：

计算资源的弹性伸缩

利用虚拟化和云平台，将服务器和存储等计算资源配置时间从几小时甚至几天减少到几分钟。提供按需扩展计算资源的能力。

配置与设置环境

自动化操作系统、数据库和其他常见编程平台（如 Java）的安装，以快速、可靠地设置开发环境。

持续交付工具

自动化和标准化的持续交付工具配置。正如前一章所讨论的，这些工具正成为敏捷团队持续、增量地开发与发布软件的重要工具。

部署运行时配置

轻松有效地启动运行时环境。对于微服务，这可能意味着启动 Docker 之类的容器，并使用 Kubernetes 之类的工具来自动部署、扩展和管理服务。

监控

在细粒度级别上为基础设施、应用程序、数据和安全性提供易于使用和有效的监控工具，小型团队可以使用这些工具监控自己服务的健康状况，并端到端负责。

在类似于亚马逊、奈飞和谷歌的大型组织中建立这样的交付基础设施是一项不平凡的工作。好消息是，考虑到开发人员的速度和生产率提高带来的效率收益，更多的开源工具正在开发中，并逐渐成熟，可供广泛采用。然而，这也意味着这是一个快速变化的领域——在我们说话的同时，新的技术和工具不断出现。当前最先进的交付基础设施可能在两三年后就会过时。

考虑到这一领域快速变化的特质，构建现代交付基础设施绝不是一次性的工作。这也意味着需要更严肃地对待它，而不是仅将其视为云计算订阅和一些附加脚本。我们提倡交付基础设施即产品（DIaaP）的思维应该将开发人员视作客户。第 15 章将更详细地介绍"产品思维"方法，并解释如何将内部基础设施作为拥有客户的产品来思考。

为了成功地交付这样的产品，需要对产品路线图和待办事项列表的开发拥有真正的所有权。它不需要一夜之间完成，也不需要采用爆炸式的方法。比较容易的起点是，从一个单一交付基础设施产品团队开始，该团队负责这些能力的全生命周期建设，但聚焦于为客户——组织中的开发人员解决某个特定问题。随着时间的推移，产品能力的拓展将有利于创建更多的团队；每个团队都聚焦于在较大的交付基础设施即产品（DIaaP）中交付特定能力。这将使得这些专项能力团队围绕其产品构建企业级知识体系，从而在组织级的更大范围内交付价值。

14.4 遗留系统现代化

任何组织无论规模大小，都承受着遗留系统带来的负担。一些开发人员甚至开玩笑说，有些东西一旦发布到生产环境中，就成了"遗留系统"。虽然这种遗留系统能使企业在竞争中走到今天，但在未来是行不通的：遗留资产降低利润，消耗运营预算，扼杀你的创新能力——你的创新周期如果不是按年计算，也会是按月计算。更重要的是，它会拖累你构建内部专业技能的能力：在对技术人才的竞争中，没有人愿意为数字化恐龙工作。

应用程序现代化对于你的企业转型能力、在客户参与或供应链管理中部署创新的能力以及交付自动化和灵活的运营的能力至关重要。但要把它做好并不容易。成熟的组织必须考虑内部互连系统构成的大量"资产"：从旧到新，从自定义代码到压缩软件包，内部创建、外包或从供应商收购的。

从 IT 的角度来看，遗留系统的负担来自以下五种水平方向的力量：

数据

筒仓式的基础设施有碍于你全面查看数据所付出的努力。遗留系统将阻止你成为数据驱动的企业，并阻碍你拉近客户距离的探索。

架构与基础设施

当今世界要求持续可用性、交钥匙可伸缩性和对客户需求的快速响应。但是遗留系统常常站在这些特征的对立面，损害了客户体验。遗留系统常常受到成本上升和前置时间太长的困扰，即使是一些琐碎的任务也是如此——这会导致业务不连续。

遗留流程与治理

面向未来的组织明白短反馈周期和筒仓的分离对于整体客户体验的快速交付至关重要。遗留组织架构与流程通常以缓慢的年度周期工作，这种被动而非主动的方式迫使企业提前数月甚至数年去猜测市场在哪里。

云

很长一段时间以来，无论是公共云、私有云还是混合云，都是最好的现代托管平台。遗留应用程序很少是准备好可以云化的，简单的"提升与转移"方法可能会造成麻烦，因为云通常用单个服务器的高可靠性换取整个平台的高可靠性。为了能够工作，必须使用"12 因素"技术对遗留应用程序进行更新，以解决这个问题。

安全

我们每周都会读到关于数据泄露或数据丢失的新闻报道，客户对他们所购买服务的企业的安全立场越来越敏感。尽管遗留系统并非天生就不安全，但管理困难或成本高昂的应用程序可能会在安全修复和补丁方面处于落后状态，因而向外部呈现一个巨大的可攻击面。

技术、人员和业务并不是分离的。改进遗留技术状况迫使你重新检查业务流程和组织架构以及技术系统。事实上，试图自己解决技术问题是组织寻求现代化的主要绊脚石之一。

在迈向现代化的过程中，请记住以下重要原则：

- 打破壁垒，让你的组织架构朝着共同的目标前进。每一次交接都有可能导致沟通不畅、速度减慢和受挫，而每一次不一致都是组织中某个人可以"赢"而另一个人却"输"的机会。确保你的组织架构让大家共赢，即对所有人来说是整体的胜利。

- 无论是技术人员、组织人员还是业务人员，缩短其反馈周期。开发人员喜欢使用自动化测试来查看他们的代码是否工作，以及他们是否正在取得进展——从决定更改某些内容到获得关于更改是否成功的反馈时间称为周期时间。将这种想法应用到你的业务战略和IT战略上——多久才能看到我们的战略是否成功？IT系统如何帮助减少周期时间？

- 授权与客户需求连接最紧密的人进行本地决策。无论客户是使用API的内部团队、平台，还是选择公司产品的消费者，与客户工作最密切的人最能理解并满足他们的需求。将决策"下放"给那些最接近客户的人。

14.4.1 现代化的七个步骤

尽管每个现代化场景各不相同，但是将工作重点放在对支持客户价值交付最关键的系统上是很重要的。如果遗留系统阻碍了创建价值的精益切片，或者阻止你围绕适当的度量标准来组织团队并给予它真正的自治权来创造成效，那么该系统在现代化中具有高优先级。

概括地说，我们认为现代化应该遵循以下七个步骤：

1. 把现代化当作路线图训练，而不是一个一成不变的计划。当你在现代化进程中不断取得新进展时，也会有新的工作重点。商业前景将改变，竞争威胁和机会将出现，技术也将改变。当下一个"Docker"到来或机器学习爆炸发生时，需要调整计划以适应新的进展。

2. 对系统与组件之间的衔接负责。任何企业的资产都将包含各种技术、内部定制开发的系统、供应商维护的系统和包。你的企业集成策略必须是一贯的，并且对这些组件如何相互通信、共享数据和协作有自己的见解。

3. 根据以下特征对每个系统进行评估，确定行动优先级：

   a. 系统的实际改变速度以及期望的改变速度。
   b. 改变的成本和所花费的时间。
   c. 不转型的业务影响 / 重要性 / 收入机会损失。
   d. 不转型的风险与转型的风险对比，包括对产品和流程影响的严重程度、发生的情况、设计与交付期间的检测以及运营风险。

   你希望快速改变但又做不到，并且具有高度业务重要性的系统是立即采取行动的良好选择。改变需要很长时间，但实际上改变又没有那么频繁的系统，其优先级很可能较低。请记住，选择不升级或替换什么与选择在何处对改变进行重大投资同样重要。

4. 考虑改变对下游的影响以及连锁效应。近年来，"数字"技术的爆炸式发展改善了与客户的连接性，增加了更多触点。但是这些对前端的增强往往会给下游系统带来巨大的压力，而这些系统在高负载下很可能会出现故障。曾经简单的线性流程已经被新的用户场景——例如"在线购买，去实体店提货"——打断了并变成了一个包含许多潜在入口点和出口点的复杂图形。现代化计划必须考虑系统之间可能的交互，而不只是孤立地考虑每个组件。

5. 对每个系统采用某种遗留系统现代化模式。目前有大量的技术可供使用，而现代化模式可分为三类：

    a. 替换：可通过自定义代码、新软件包或 SaaS 方式实现。建议使用增量替换策略，例如按业务流程或功能区域划分系统，或者使用绞杀者模式全面覆盖并替换旧系统，但是非增量的大爆炸式迁移方式在某些情况下也是可行的。

    b. 增强：在既有旧系统中添加新系统并在两者之间协调请求，添加一个服务接口层为所有新集成所用。

    c. 延续：保持旧系统运行但做一些改进，使它更现代化一些。例如，添加更好的测试、自动化构建或 API。补救并不是一个肮脏的词，有些系统将会存在很长时间。为所有系统建立"可接受"特征的基线（自动化、可部署性等），并改进未能达到这个标准的系统。

    需要纳入考虑的一个重要思想是演进式架构（下一节将对此进行更详细的描述），它使得我们能够随着时间的推移逐步改进系统。通过这种方法，定义架构适应度函数，它们封装了系统"好"的样子，然后对架构进行增量改进并使其符合适应度函数要求。

6. 让现有员工参与新系统的成功开发。任何现代化过程都会给现有员工带来重大的变化。许多 IT 人员害怕更新遗留系统的工作——毕竟很大一部分工作是处理旧技术，他们可能担心自己的技能不能应用到更新的系统中。"遗留的"IT 员工将不断地为新系统成功制造政治障碍，在某些情况下还会彻底破坏你所付出的努力。为了解决这个问题，重要的是要纳入现有员工，让他们至少对新系统的成功负部分责任，并利用他们的专业知识来建立一个替代系统。毕竟他们对你的业务运转有多年的了解：好好利用这些知识吧!

7. 定期重新评估你的计划，兼顾业务环境与技术环境的变化。但记住不要"过度计划"——计划应该是一个指南，而不是一个死板的规则。毕竟你永远不知道下一个重大的技术转变什么时候会发生，你需要为此去适应它。

某个全球电信公司的遗留系统现代化

我们曾经与一家电信公司合作，该公司发现自己处于一个高度竞争、饱和的市场。它需要针对新的手机与服务包为客户提供更多服务。这些服务包被部署在一个全新的数字化平台上，是其新客户体验的基础。

新的客户体验系统的更新频率要比其遗留系统的更新频率高得多，这在新旧系统之间造成了一种"阻抗失配"。我们使用诸如门面（facade）、网关或适配器这样的技术，在以不同速度更新的系统之间充当减震器。客户体验应用程序使用轻量级API包装器与后端遗留执行系统集成。这种方法使客户能够快速响应消费者的需求并降低呼叫中心成本，同时允许其业务正常运行。

在第二阶段，我们对API门面进行了保护和加固，对门面和底层遗留系统都采用了"工业化"的方法。在这个场景中，工业化意味着确保系统是稳定的和可扩展的，并为进一步扩建打下良好的基础。因为新旧系统会并存一段时间（实际上至少几年），所以我们建立了不同模式以确保对于任何特定数据，到底哪个系统是主存储，数据是否写入两个系统，或某种同步机制在两者间是否一致等问题的答案都是确定的。无论选择哪种解决方案，都确保使用新的API门面作为访问中介，这样，如果我们的策略或底层系统发生了更改，消费方系统就不需要更新了。

在第三阶段，我们得以投入更大规模的"战斗"以整合和重新平台化昂贵的遗留系统，而不至于在新的客户体验系统中积累技术债或架构债。就这些新系统而言，它们通过定义良好的API获取数据，并且在该API下管理遗留系统的团队可以自由地修复、增强或替换遗留系统，而不会影响系统资产的其他部分。

在某些组织中，在数字化平台和遗留系统之间建立一个良好的屏障，在数年间可能都是一个很好的解决方案。数字化平台可以用于正在进行的试验，以支持新的用户体验和启用新的渠道，同时企业得以继续适应变化。

要想了解更多关于本次迁移的细节，请访问 ThoughtWorks 官方网站。

14.4.2 演进式架构

技术发展日新月异，技术在其中起着支撑（有时是决定性）作用的商业环境也在迅速发展。几乎不可能预测两年后会出现什么颠覆性的新技术，就像很难预测一家企业的业务战略会如何演变或未来的竞争或监管格局会如何变化一样。因此，构建将适应变化作为第一优先级需求的系统比以往任何时候都更重要。过去几年，比较前沿的一种方法是演进式架构，在尼尔·福特（Neal Ford）等人的著作《演进式架构》(O'Reilly) 中有更完整的描述。

对于许多软件架构师来说，承认未来不可知是很困难的。多年来，"架构"常常意味着"昂贵的东西，以后很难改变"。架构师经常花费数月时间来分析需求，力求构建可以支持未来可能状态中某个版本的系统，但最后却猜错了，或者外部环境（如业务战略的变化）使他们的假设无效。与此同时，构建具有很大灵活性的系统需要付出一定代价——投机性未来的可扩展性的每个部分都需要花费金钱来实现、测试和维护，并且通常会增加整个系统的复杂性。

架构师在设计系统时已经考虑了各种"可能性"。可用性、效率、可靠性、互操作性、可伸缩性、安全性和可用性是现代系统的常见"特性"。演进式架构为这个列表添加了一个新特性：可演化性。

与其说是猜测技术环境和业务环境将如何变化，不如说构建可演化系统的架构师也无法预测未来。他们建设支持今天需求的系统，但是使用特定的技术来确保这些系统能够很容易地适应明天的需求。我们从一个定义开始演进式架构的研究，然后分解它的组成部分：

> 演进式架构支持跨多个维度的导向性、增量式变更。

这个定义的每一部分都很重要：

- 导向性变更意味着架构师可以判断给定设计距离实现一组设计目标有多远。这里借用了进化计算中的术语：适应度函数。适应度函数是对某些架构特征的客观完整评估（"客观"意味着如果两个人进行评估，他们将就结果达成一致——技术人员争论主观度量标准没有任何帮助！）。

- 增量式变更意味着演进式架构可以告诉我们，某个提议的变更对于实现其目标是会使系统更好还是更差，并且该架构使得我们朝着改进的方向迈出一小步。通过使用适应度函数，只要度量一些重要指标，就可以确定增量式变更并没有使整个系统变得更糟。

- 多个维度意味着在一种以上的"能力"类型中支持演进，而且改善一个维度不会伤害另一个维度。例如，安全性与性能常常相互矛盾——某种演进式架构的方法将有助于确保在提高安全性的同时不会使性能变差，或者，如果性能变差，那么你马上就能意识到这一点，并且可以在权衡利弊后做出明智的决定。

演进式架构的基础是适应度函数。因为需要客观度量标准，所以它们要求架构师对其设计目标有非常具体的定义。与其让架构师说"系统应该是可伸缩的"，不如使用适应度函数来指定"如果基础设施中的服务器数量增加一倍，那么总体吞吐量将增加一倍"。与其让架构师说"应该对所使用的库及时打安全补丁"，不如使用适应度函数来指定"系统在新的库版本发布后的两周内更新"。适应度函数应该表达为可针对系统本身运行的可执行测试，既可以在构建时运行，也可以在持续交付路径上的某个点运行。如果最近的变更使得架构变差——例如，当服务器数量增加一倍时吞吐量没有提高——就可以立即停止构建，并为做出这些变更的人获取反馈。这种快速反馈周期是至关重要的。架构的各种"特性"会变为针对整个系统的具体数字与及格/不及格的分数，如图14-2所示。

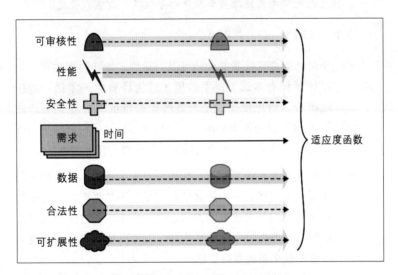

图14-2：演进式架构使得各种"特性"随着时间演进

使用演进式架构，可以编纂系统的设计目标，确保能实现这些目标，然后随着时间的推移进行增量式的改进，确保我们了解整个系统的健康状态以及性能是我们想要的。

14.5 关键点

本章要点：

- 成功的现代数字化业务运行在具有如下特性的数字化平台上：

    - 支持 API 的模块化架构。

    - 自助访问数据。

    - 基础设施现代化。

- 成熟的组织必须考虑内部互连系统构成的巨大"资产"，它们包括一系列从旧到新、从定制化代码到压缩包的系统，也需要成为数字平台的一部分。

- 为了成功进行现代化，需要采用如下七步法：

    ◆ 把现代化当作路线图训练。

    ◆ 对系统与组件之间的衔接负责。

    ◆ 根据系统评估确定行动优先级。

    ◆ 考虑改变对下游的影响以及连锁效应。

    ◆ 对每个系统采用某种遗留系统现代化模式：替换、增强或延续。

    ◆ 让现有员工参与新系统的开发。

    ◆ 定期重新评估计划。

两个锦囊：

- 检视平台化战略：基础设施平台、内部业务平台以及通过连接参与者的生态系统来创造价值的"平台业务"之间有明显的差别吗？底层平台战略是如何支撑更广泛的业务战略的？

- 明确平台客户：对于组织中的每一个平台（所有类型），是否清楚该平台的客户是谁？平台团队如何让客户满意？如果客户对服务不满意，他们还有其他选择吗？

第 15 章
产品胜过项目

当今 IT 行业有一个重要趋势，就是把软件资产当作产品来思考（和管理）。典型的产品包含从产品中获得价值的客户，能够预见、创建、发展和营销产品而长期存在的团队，以及一个生命周期——当产品不再具有市场价值时，就会被淘汰。你也许听到过"从产品角度而不是项目角度思考"的建议。本章将详细探讨此概念、如何改变对软件资产的思考和投资方式，以及如何与关注客户价值和通过精益切片交付相联系。

15.1 定义产品思维

本书使用的"产品"一词的含义有所不同。在写作本章的时候（直到本书出版），我们的手稿中有几百个"产品"实例以及许多关于"产品团队"的参考文档。显然，谈谈产品这个词对于要讲的故事来说很重要。本章将深入讨论我们所说的"产品"，以及产品思维意味着什么。

产品思维来自极度活跃的硅谷创业世界，在那里每个人都有赚钱的想法。过去 20 年，将一个想法转化成一门 10 亿美元估值生意的过程一直在被磨炼和完善。硅谷的成功在世界各地被模仿，许多国家建立技术园区，争相成为" <X> 的硅谷"，X 通常是一个国家或某个地标。对于一家初创公司来说，正在开发和销售的产品——

无论是传统商品或服务，还是社交媒体公司的产品（实际上是用户的眼球）——是所做的一切之核心和最为重要的事情。围绕着产品管理、市场研究、产品与市场匹配度等存在着一个完整的生态系统。在创业世界里，专注于产品就像呼吸一样自然。

对传统企业来说，关注产品也很自然，但只是针对那些卖给客户的东西，而且只在组织内的某些部门有所关注。而组织内大多数远离实际向消费者销售产品的部门（例如只会对客户体验产生间接影响的职能支撑部门）几乎不会关注产品本身。产品思维运动试图改变这一点：如果组织内每个人所创造的一切都被当作产品来对待，那会如何？

以下是产品的一些关键特征：

- 产品解决某个问题或满足某种需求。最好的产品解决了人们甚至不曾意识到的需求（还记得 iPod 吗？谁知道消费者口袋里需要一千首歌呢？）。

- 产品区别于其竞品，有自己的独特性。最好的产品可能与其他产品解决相同的需求，但是通过功能集、速度、易用性或成本来差异化自己。

- 产品需要为一个（或一组）明确的客户开发。功能集、研发质量和价格都围绕吸引特定的目标客户来调整。通常，产品团队会做大量的市场调查并建立原型，以确保产品符合目标客户的需求。

产品思维也采用以上原则，但并不局限于向消费者销售产品的组织，其范畴更广。云基础设施提供商，如亚马逊（AWS）、谷歌（谷歌云平台）和微软（Azure）认为它们的云服务是产品，而开发人员和 IT 部门是它们的客户。企业对企业（B2B）服务被视为产品，而客户是另一个组织。组织内部的能力，例如内部云平台、API 或业务能力，也被视为产品。

15.2 产品与项目的区别

产品思维与传统 IT 概念中的"项目"形成了强烈对比。在项目世界里，一个项目完成后，它就结束了，可以开始下一项工作。但是产品可以有很长的使用寿命，而且许多产品永远不会真正结束。在现代 IT 中，存在一个"产品，而非项目"的概念，它强调了两者在诸多方面的差异：

时间尺度

项目有一个确定的完成日期，工期有限。产品只要有价值，就会一直存在。

团队结构

项目在运行期间，将具有完成项目所需特定技能的人们聚集到一起。项目完成后，项目团队将被重新分配到其他业务部分。产品是由包含设计、开发、支持和演进产品所需技能的产品团队创建的。通常，产品团队是稳定的，成员们会一起为产品工作很长一段时间。

投资

项目通常是通过估算工作量，再添加一个大的余量，然后将投资控制在整个预算范围内来获得投资的。预算的大部分将用于构建解决方案，一小部分用于后续的支持工作。产品通常是通过估算你需要构建一个有用的、有价值的产品所需的团队规模来获得投资的，而且是长期投资这个团队。大部分资金都花在了改进产品上，而不是在最初的开发上。

成功的度量标准

项目的出发点就是为了完成它而非其他。通常，启动这个项目是为了对更大的价值创造战略做出贡献，但是当它们开始运行之后，大多数项目转而聚焦于在最后期限和需求范围内得以完成。"按时、按预算"通常是衡量项目成功与否的标准。产品像激光一样聚焦于为客户创造价值，只要产品是有价值的，就可以投入更多精力来改善它。在很多情况下，产品团队会选择发布一个不太完美的版本，以更早地创造价值，而不是等到一个更完整、更理想的版本完成之后再发布。

尽管这两种运作模式之间的差异描述起来很简单，但是所有这些方面的变化都对组织的运作方式产生了深刻的影响。度量成功的方式、获得投资的方式——甚至是管理和评估员工的方式——将在对整个组织应用产品思维时发生根本性变化。

15.3 产品思维的好处

本书是关于将组织重心转移到创造客户价值上。我们相信，一个擅长为客户创造价值，而不仅仅是从客户那里获得商业利益的组织，将在商业上取得更大成功。我们在第 2 章讨论了客户从组织中获得价值的不同方式，以及组织改变其思维方式以满足提高的客户期望的方法。根据定义，产品关注的是交付给客户的价值。产品只有在客户觉得有价值时才能生存，否则，我们就会停止对某个产品的投资，最终让它退出市场。产品思维是以一种自然的方式，将组织所创造的事物与价值创造的重要性的整体哲学结合起来。

REA 的产品思维之旅

REA 是一家澳大利亚在线房地产公司，和许多公司一样，它从一个不起眼的小公司成长为一家全球性企业，通过 Realtor. com 等品牌扩展其全球足迹。REA 每年的收入接近 10 亿美元，市值超过 100 亿澳元。

REA 将自己描述成一个"产品公司"，它的目标是为买房者和租房者创造超凡的体验，反过来为通过 REA 寻找以上群体的客户创造价值。随着越来越多的买房者使用该网站和 APP，越来越多的卖房者创建待售房产列表，两者的价值都在增加，形成了一个正向强化系统。REA 认为自己的历程就是一个平台驱动增长的故事，其底层技术平台扮演了加速器角色。

REA 的理念是"产品开发是一项团队运动"，它创建小型授权团队来完成工作。这就需要多学科的、拥有完成工作所需所有技能的团队。团队被赋予一项使命，并着手去实现它。REA 让团队更接近客户。某些团队并不通过传统的 IT 汇报线向上报告：它们嵌入业务线中，因此可以与客户（业务方）最紧密地一起工作。团队的主要工作是向客户交付价值，通常通过开发产品或交付功能来实现。

REA 的总工程师汤姆·瓦萨夫斯基（Tom Varsavsky）告诉我们，公司将技术交付分为三个层次：基础设施、API 和数据，以及用户体验。他解释道：

> 作为一家成长中的初创公司，当规模还小的时候，它会作为一个多学科团队直接与客户打交道。当规模大一些的时候，也许公司有几个团队，但基本上还是专注于客户。但是当规模变得更大，团队不能再坐在同一个房间甚至同一栋楼中时，解决每个团队相似问题的成本，或者提出不同解决方案的成本，就开始上升。

此时，一个常见的战略是为组织提取共性。其目的是减少解决类似问题的重复工作或不同类型解决方案的数量。许多组织都得出了相同的结论，但关键是要以不拉开与客户的距离或降低团队自主性的方式来做。

传统的解决方案是建立一个公共团队，比如基础设施团队，一次性解决问题，让所有的团队都使用它。但是瓦萨夫斯基警告说，这种方法"降低了自主性，造成了与客户之间的距离，并造成了目标上的不匹配"。这是因为，集中的基础设施团队的任务通常是保持低成本和长时间正常运行，这意味着抵制变化。另外，产品团队正努力为客户提供价值，并需要将它的变更发布到生产环境中。这两个目标不一致，因此产生了摩擦。

此时，REA 在其旅程中被困住了。它感觉到，随着规模的扩大，在技术上的投入越来越多，但速度却没有提升。推出产品需要的时间太长了。工程师觉得他们在不必要的时候重新发明轮子。CEO 问他们是否提高了生产率，是否在技术投资上获得了良好的回报。

瓦萨夫斯基的方法是做一个针对平台的评估，以了解自己的成熟度。该公司使用自己的三层模型——基础设施、API 和数据，以及用户体验——进行了分析，发现尽管在基础设施层具有合理的平台成熟度和可重用性，但在用户体验（UX）层却几乎没有。它没有"UX 平台"！这是违反直觉的，因为大多数团队都在用户体验层工作，公司在那里进行了大量的投资，但得到的影响力却最小。

REA 研究了为什么重用如此困难。事实证明，当你的团队靠近客户以解决其问题时，并没有真正被激励去解决全局性的问题。正如瓦萨夫斯基所说："团队有良好的重用意图，但是当压力来临或者项目出错时，这些良好的意图就会消失。"例如，某个团队打算为某些功能创建一个可重用 API，但在面临交付日期压力时跳过了这一步。一个善意的团队会做这样的事情，这似乎很奇怪，但正如瓦萨夫斯基所指出的，"不创建可重用事物的成本不是由未能创建可重用事物的团队所承担的。这种团队仍然在交付，但是无意中给其他团队增加了难度。"最糟糕的是，很难衡量没有 API 之类的东西所带来的成本，因为这些成本分布在整个组织中。

瓦萨夫斯基的团队确实找到了一些带来了很好影响力的例子。其中之一是 Shipper——一个部署工具，经过两年的发展，它支持了 600 多个系统的部署。它为什么会成功？Shipper 解决了一个几乎所有团队都有的问题。它很容易使用，团队们都想使用它。作为一个工具，它对应该做什么（和不应该做什么）有很强的洞察力。它有持续的投资。它有一个专门负责产品的人，也是团队的产品经理。该团队为其产品提供内部培训，并在 Slack 及其内部网站上设立了产品据点，以便用户能够更详细地了解它并获得支持。

REA 意识到这些成功因素实际上与产品管理有关：Shipper
取悦客户并使用产品管理技术取得成功。REA 接着提出了一
个关键的见解：产品，甚至内部产品，都需要一个品牌。随着
该公司对其内部平台的进一步投资，它为其创建了一个相关的
"Colab"品牌，包括标识、产品层次、营销和进入市场的策略、
商品等。我们的想法是创建一个内部平台品牌，所有的团队都
想成为它的一分子。该公司将需求也定义为品牌的一部分。一
个 REA Colab 产品包含：

- 一位产品经理，负责产品愿景、路线图、受众、度量标
  准、商业案例、用户采用战略和沟通计划。

- 一位管理员，通过精简待办事项列表、改进技术、为用户
  提供支持、维护文档和高举服务水平协议（SLA）大旗来
  保证质量。

- 一个据点，团队可以了解产品、阅读文档、做出贡献、查
  看示例、学习、请求新功能并提供反馈。

除了强大的品牌之外，REA 的内部产品还有一个特定的产
品生命周期，它取自《精益企业》一书，在第 9 章有详细介绍：

探索

在这个阶段，我们不确定答案是什么，因此试验某个概念
是否有用，从小处着手，不断探索多种事物，不断学习。

拓展

开始整合，建立一个集中式团队，包含一个产品经理和一
个产品开发团队。

保持

确保有足够的能力来继续改进产品，将改进变成"日常工作"。

退出

如果找到了更好的做事方式，就帮助用户升级到新方式，
让旧方式退出。

内部产品的使用在 REA 是可选的——它们旨在为团队提供一种简单的方式来获得好处，因此团队愿意采用它们。内部产品需要提供令人信服的价值，并努力争取被采用。这与一些组织构建内部产品然后**强制**使用形成了对比，其本质是为创建产品的团队提供了垄断。众所周知，垄断往往会扼杀创新，而这种强制使用往往会孕育出不合格的内部产品。对于创建这些产品的团队来说，它面临的竞争实际上可能是外部产品，这本应该带来质量非常高的内部产品，或者事实上导致团队决定使用外部产品（这两种方法都是胜利——如果外部产品更好，就跳过开发内部产品的工作！）。

REA 跟踪两种类型团队的客户指标：创建面向消费者的产品的团队以及创建供组织内团队使用的产品的团队。拥有外部客户的产品团队将**收入**作为主要驱动因素，而拥有内部客户的团队则将**杠杆**作为主要驱动因素。但是所有团队都使用相同的成功度量标准：采用（客户数量、客户消费、产品消费）、服务（提出的问题、关闭问题的时间）、客户满意度（NPS、客户反馈）、性能（正常运行时间、吞吐量、响应时间）和交付效率（速度、周期时间、路线图交付）。

在以产品为导向的旅程上，REA 定义了公司内部需要的新角色，主要包括：

- 技术产品负责人，负责管理潜在技术的长期需求，平衡业务特性与技术质量，确定客户对产品的真正需求。

- 技术文档编辑，能够编写高质量的文档，以便其他团队能够有效地使用内部产品。

- 开发人员先锋，对 Colab 产品感到兴奋并帮助团队快速看到使用它们的价值。

REA 对通过产品思维模式取得的成果非常满意。在整个公司，人们正在使用平台和产品来传达他们的战略和意图，进行组织与投资。瓦萨夫斯基说，内部品牌和产品思维确实帮助了人们关注内部产品和效率。他表示："从产品经理到领导者，甚至那些现在对产品和客户服务等事情感到兴奋的技术团队，各个层面的讨论都在发生变化。"重要的是，REA 通过产品思维提高了效率，同时又不损害客户连接性或团队自主性。

产品思维给组织带来了很多明显的好处：

- 快速调整方向的能力，因为每个产品都有一个团队，可以随时准备实现新特性并响应客户需求。基于项目的传统组织方式可能需要等待新项目计划与预算周期，才可以向新方向发展。

- 减少爆炸式发布，因为产品自然地生长在产品环境里，人们不断地为其添加小的新特性。项目交付的心态通常会导致单一的大版本，这极大地增加了风险。

- 更短的端到端周期，因为产品团队被赋予了从开发到生产环境的软件管理自主权，并充分利用 DevOps 运动，确保可以按需部署。

- 长期迭代能力：产品团队是稳定的，有长期的资金支持，并且有直接的动机来确保产品有一个长期有用的生命周期。因为产品是其关键成效，所以产品负责人（特别是与技术产品负责人合作时）可以为了产品的利益做出长期决策。这鼓励了产品演进，并直接与软件腐化作斗争。基于项目交付的团队通常需要做出短期决策，以便在项目结束日期之前及时完成工作。

- 知识留存更好，因为团队成员长期致力于某个产品，在团队中建立关系和知识。在一个典型的项目结束时，所有为取得成效而聚集在一起的人都被重新分配到其他地方，他们积累的所有知识都消失了。

- 有能力将 IT 作为一种竞争性优势，而不是将其视为一个以效率为最重要目标的成本中心。产品设计是为了创造客户价值，技术团队自然成为有价值的业务合作伙伴。

不仅是初创公司，大型组织也在产品思维方面取得了成功。到目前为止，我们已经通过描述和可获得收益对实现产品导向的方法给出了一些线索，下一节将详细提供一个你可以自己应用的方法。

15.4 如何实现以产品为导向

真正以产品为导向是整个组织的革命性变化。正如从 REA 的例子所见，产品思维影响着从开发团队到领导者团队的每一个人。以下是将产品思维引入组织的一些步骤：

确定什么是组织的"产品"

在本章的例子中，某个现存的东西可以被视作产品。每个组织都是不同的，确定所有潜在的产品及其目标客户是很重要的。可以被外部消费的组织现有的东西——尤其是那些有偿提供的东西——很自然地被视为产品，即使是非传统的东西也应该被视为产品。企业网站可以被视为产品，各种各样的读者是客户；与合作伙伴企业共享的数据集可以被视为产品；团队使用的内部基础架构平台可以被视为产品；安全团队的脆弱性和风险评估可以被视为产品；内部 API 或数据提要也可以被视为产品；等等。

将产品团队与精益切片方法联系起来

在第 3 章中，我们讨论了精益切片的重要性。大型项目往往会失败，而精益切片提供了一种方法来推动某个特定的成效，同时暴露约束条件，如投资方式与组织架构。不存在放之四海皆准的产品战略，这意味着产品和精益切片之间存在可变的相关性。在某些情况下，一个精益切片可以被封装在某个产品中，为客户提供价值。在其他情况下，精益切片将需要多个产品协同工作。产品是选择精益切片的可靠透镜，其他选项包括成效、客户旅程或价值流。关键是要清楚组织中的产品如何与精益切片方法相关联。

为产品建立长期投资

以产品为导向的许多好处在于能够避免短期项目和相关的反模式。在第 8 章，我们讨论了阻碍组织向数字化跨越的职能约束。我们说过，一个关键的变化是为能力而不是项目提供资金，度量价值交付而不是工作是否完成，以确定成功与否和投资回报率。要建立以产品为导向的团队，需要预估一个稳定的团队创建产品并源源不断地交付稳定且有价值的功能所需的资金。如果资金不足，则可以采取一些措施来调整想要获得的成效：

- 为了在短期内扩大团队规模，可以考虑在"核心"团队成员之上添加"弹性成员"。建议使用 3～6 个月的弹性能力。如果开发一个产品的时间不到 3 个月，那么团队成员不太可能做出很大的贡献。如果需要工作超过 6 个月，则可能需要增加投资并永久性地扩大团队规模。

- 如果看起来你低估了交付产品所需的团队规模，或者你对团队很满意，但是想要更快地交付功能，那么只需增加对产品的投资，并永久性地扩大团队的规模。

- 有可能产品得到了正确的投资，但是团队并没有像希望的那样快速推进工作。可以考虑开展一次回顾会，问问团队如何才能更快地推进工作。有可能是团队不可控的因素正在减慢它的速度，比如对其他团队的依赖或者缺乏团队自主权。

构建授权的跨职能产品团队

成功的产品是由包含设计、开发和交付产品所需全部技能的团队创建的。其中一个关键角色是产品负责人，他需要与项目经理截然不同的技能。越来越重要的是要有一个技术产品负责人，他将帮助平衡产品的技术方向与可能拥有的越来越多的功能之间的关系。产品团队应该得到授权、长期存在且跨职能：

- 得到授权的团队掌握自己的命运，有明确的任务、愿景或目标——通常用某个度量指标或 KPI 来表示——该团队被授权在这个度量指标上"移动指针"。用具体的术语来说，应该创建"谁开发，谁运行"的团队来开发和运维产品。团队成员应该携带寻呼机并确保他们的产品符合其 SLA，并且不应该遇到障碍，例如为了将产品投入生产或对其进行更改而将工作交给单独的运维团队。

- 长期存在的团队有一个稳定的组成，人们偶尔进出团队。这支持了产品知识的深度、知识的保留和专业知识，以及良好的团队交互。

- 跨职能团队包含构建产品所需的所有不同类型的专业知识。随着技术的发展，团队需要掌握更广泛的技能。一个例子是数据重要性的提高：现在所有的产品团队都需要有数据素养，根据正在构建的产品，甚至可能需要团队直接具备高级分析或机器学习技能。

15.5 转向以产品为中心所面临的挑战

本章所述的很多步骤都伴随着显而易见的挑战。从基于项目投资转向长期产品投资常常是组织陷入困境的一个领域，希望我们在第 8 章给出的建议能帮助你做好准备，从而转向更灵活的投资模式。如下是一些其他"绊脚石"和相应解决方案：

产品负责人的角色非常有挑战性

根据我们的经验，一个好的产品负责人对于这种方法的成功绝对关键。但是不能简单地将一位项目经理重新包装为产品负责人，项目经理擅长管理一系列任务并推动它在结束日期前完成，但是产品负责人旨在推动实现产品愿景并平衡产品随时间的演进。类似地，也不能简单地让一位业务分析师"升级"为产品负责人，业务分析师擅长将业务需求分解为可开发的待办事项，但是产品负责人的工作范畴要广得多。我们发现，找到并雇用有能力的产品负责人非常困难。一个好的产品负责人到处都很抢手。并没有"银弹"来解决这个问题，你只需要确保认识到这个角色的困难之处，并努力支持任何正在承担这个角色的现有员工即可。

团队和产品待办事项列表必须"大小适当",以保持良好的利用率

有了稳定、长期的团队和投资,团队可能面临有太多的工作要做或者没有足够的工作要做的问题。产品负责人将努力确保其团队有一个良好的待办事项列表,但有可能面临如下情况:待办工作殆尽,抑或团队在等待高附加值的功能被识别出来并添加到产品路线图时工作在价值较低的功能上。如果出现这两种情况之一(工作太多或太少),则可能表明增加团队临时人员或永久成员是解决方案。但是请记住,只要团队能够快速响应并交付价值,那么对整个组织来说,这可能比理论上的"高利用率"目标更有价值。请注意,不要回到过去的糟糕日子:IT 被视为成本中心,而且效率是最重要的衡量指标。

"待办事项列表耦合"可能会妨碍总体吞吐量

我们的同事埃文·鲍彻(Evan Bottcher)提出了"待办事项列表耦合"这个术语,即当一个团队向其待办事项列表添加一个PBI(Product Backlog Item,产品待办事项列表项)时,另一个团队必须向其待办事项列表添加一个对应的 PBI。第一个团队通常依赖于第二个团队先完成这个 PBI。这显然会带来很大的影响:团队在等待下游团队完成工作时放慢了速度,并且生产力急剧下降。如果遇到这种问题,首先要问的是为什么会出现这种耦合。是因为两个看似独立的团队实际上在某种程度上是交织在一起的吗?是否缺少一个抽象层或平台,使团队能够避免耦合?这些团队是否得到了充分的授权,可以自助访问基础设施和相关数据?

15.6 总结一下

将产品思维应用于组织开发软件与服务的方式上,不仅仅是硅谷的时尚。即使在传统企业,"产品胜过项目"的战略也能创造巨大的价值。诸如"如果这是一个产品,那么什么会给客户带来最大的价值?"的一个简单的询问,可以是革命性的,并为团队做出最佳决策提供洞见。

转换到真正以产品为中心并不容易。这需要重组团队和组织，寻找很难找到的产品经理，切换到以产品为中心的投资模式（通常是许多组织面临的最大问题）。正确地使用产品方法可以为整个组织带来显著的好处，包括更快速地向客户交付价值，拥有投资更多和更有知识的团队，甚至还可以从淘汰没有足够价值的薄弱资产中获得一些收益。

我们完全有可能逐步过渡到一个以产品为中心的世界，从已经拥有某种明确客户的资产开始，然后扩展到其他产品，如数据资产和更无形的"服务"。组织应该从小规模开始，在对以产品为中心进行更大的投注之前获得一些经验和信心。

15.7 关键点

本章要点：

- 本书是关于让组织重新聚焦于创造客户价值。根据定义，产品关注的是交付给客户的价值。这是一种将创造的东西与价值创造的重要性联系起来的自然的方式。

- 通过转换到这种模式，很多企业已经取得了极大的成功。例如，REA 就是一家从产品思维获益的十亿美元级别的公司。

- 切换到产品思维使团队能够迅速调整，减少了爆炸式的发布方式，缩短端到端周期，允许团队长期迭代和演进软件，直接消除软件腐化，使组织更好地保留知识，将 IT 定位为竞争性优势，而不是交付订单的成本中心。

- 为了迁移到以产品为中心的运营模式，组织应该定义自己的产品，创建长期的投资，建立授权的跨职能团队，并使用全局的精益切片方法来连接产品和团队。

- 产品定位并不容易。找到好的产品负责人和技术产品负责人至关重要。团队的规模必须与产品愿景相匹配，必须注意不要在团队之间引入意外的待办事项列表耦合。

两个锦囊：

- 梳理产品：在组织中寻找成功的产品。是什么让它们成功？是清晰的目标、品牌、优秀的产品负责人、优秀的团队，还是其他因素？
- 组建产品团队：选择一两个内部能力或服务，组建一支产品团队来管理该产品的开发。

第 16 章

IT 部门的未来

在所有层级上进行重大变革，将组织重新定位回以客户价值为中心。几十年以来，IT 部门一直被视为成本中心，其决策旨在优化效率，但通常会降低成本，也会降低速度，还会拖延上市时间，并依赖于第三方提供专业技术知识。当今世界充满了不确定性而且技术快速涌现，IT 部门必须重塑自身，成为有价值的合作伙伴，以满足更高的客户期望。

16.1 更好地对齐业务与 IT

在过去三十年里，IT 组织一直在发展。在许多情况下，IT 变得更大、更集中、更多外包，也更复杂。2008 年的全球金融危机给包括 IT 部门在内的大多数业务部门带来了很大的压力。随着对越来越多的应用程序和技术解决方案的需求以及降低成本的压力不断增长，IT 部门经常会出现更多的外包，复杂性也会增加。IT 部门几乎像一个独立的业务部门一样运作——它向内部业务用户和消费者提供产品和服务，管理大量的供应商，雇用大量从事多种任务的 IT 人员。IT 部门内部也开始建立越来越多的基于技能集的专门的卓越中心（CoE）和其他类似单位，希望随着组织的规模越来越大，产生规模经济的优势也越来越大。

基于技能集的模型在反复执行相同任务时，能起到降本增效的作用，但它并不适合快节奏的创新和产品演化。根据哈克特集团（Hackett Group）2017 年的一项研究，根据对年收入 10 亿美元或以上的公司的 160 名领导者的调查，64% 的受访者对其 IT 组织支持数字化转型执行的能力缺乏信心。与此同时，该研究发现对 IT 能力的需求越来越大，这可能比全职 IT 员工的数量增加更多，哈克特集团认为，这意味着它需要平均提高 2% 的生产率，才能跟上经济增长的步伐。但是该研究表示，最大的工作量增长（5%）和 IT 人员数量增加（4.2%）发生在公司 IT 部门之外。业务集团似乎正在投资于自己的 IT 能力。

有些时候，业务部门会直接与 SaaS 提供商接洽特定的服务，因为采购和实现流程似乎更简单、更快。在业务部门中，经常可以看到一个"数字化"部门，其任务是使用该部门自己的技术人员和合作伙伴构建客户参与的解决方案。其他时候，研发部门将扩大自己的 IT 团队，构建与企业外部更大范畴的数字化生态系统相连接的解决方案。通常，最终会在大型组织中发现一个复杂但支离破碎的技术能力环境。信息和数据存在于被隔离的筒仓中。在这样一个复杂系统中，往往存在重复、不一致和效率低下的问题。"数字化"部门如何适应 IT 部门或如何与 IT 部门更好地交叠，仍然是一个不断演进的问题。

这些都是 IT 部门可以增值的机会。通过更好的组织架构调整，IT 部门和业务部门应该能够更有效地协作，最大化交付给客户的价值，同时降低复杂性、重复度，并最终降低成本。

在此，我们想回顾第 3 章讨论的精益切片方法。改变团队结构和协调方式对组织的破坏很大。糟糕的是，由于业务复杂性和人际关系复杂性，我们一开始常常不知道答案。精益切片方法使得我们可以通过迭代方式演进团队及其结构，使其更符合业务成效（由客户价值定义），而不是根据职能预算或技能集专门化要求而定。

未来状态如何？虽然我们并不认为可以定义一个通用结构，但是存在一些值得思考的主题。

16.2 创建明确的战略以应对日益增长的技术复杂性

现代系统技术复杂性的增长似乎是不可避免的。几年前，大多数应用程序运行在简单的网络服务器和数据库上，可能使用某种 HTML 和 JavaScript 的组合作为前端。现在，我们经常看到需要支持手机、平板电脑和 Web 浏览器以及通过 API 与第三方集成的系统。业务逻辑可能不是分布在单个后端业务逻辑服务器上，而是分布在数十个微服务之间，甚至可以在云服务提供商的功能即服务 (FaaS) 产品中执行。数据的爆炸式增长及其在创造有价值的、引人入胜的客户体验中的应用，导致典型系统的系统架构中与数据相关的组件数量相应地爆炸式增长。图 16-1 展示了 2005 年和 2019 年可能的架构之间的比较。

我们的意图不是用技术术语来迷惑你，也不是声称任何特定的系统架构都是正确的：重点是让你明白现代技术领域是如此广阔。大多数组织不太可能拥有资源来获取整个领域深入的专业知识，而是需要从供应商和合作伙伴那里借用或购买相关能力。第 12 章详细讨论了如何选择合作伙伴。关键因素是技能和文化一致性，而不是成本。

组织战略必须清楚哪些能力将在内部着重建设，哪些能力来自外部。自己探索来覆盖全部能力的效率很低（甚至可能是蛮干）。某些技术能力可能对你来说是极具战略意义的，应该在企业内部发展。对于其他特定能力，可能已经存在值得信赖的第三方，并且可以与之愉快合作。关键是要有战略眼光，并明确定义将要内建哪些能力，以及更重要的是，不要内建哪些能力。

对于决定从组织外部获得的能力，必须仍然具备管理交付这些能力的供应商的专业知识。许多组织陷入困境是由于几十年的低成本外包、无法管理这些供应商，以及无法确定供应商是否做得很好；避免在数字化时代重复这个错误，并确保组织内部有足够的专业知识，以有效地管理第三方。

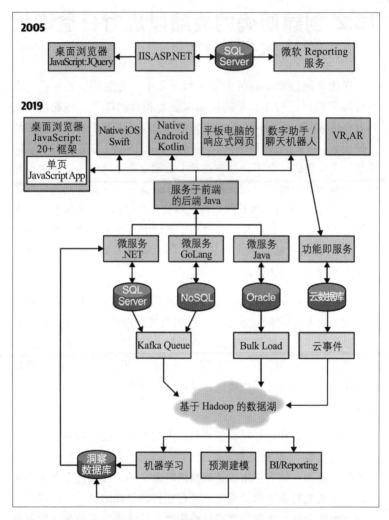

图 16-1：2005 年和 2019 年的架构对比

16.3 团队与客户成效（而非功能系统）保持一致

第 5 章探讨了能够打破竖井并交付价值的跨职能团队的概念，第 7 章强调了创建稳定团队的必要性。这两个概念都改变了组织管理"团队"的方式，并且这些改变还将扩展到管理 IT 的方式。

商业航空公司在创造性地使用信息技术系统方面领先于许多其他行业。在 20 世纪 60 年代末，第一个"在线"预订系统的建立是为了实时保持正确的库存，而且世界各地的代理商都可以访问。当时是在前互联网时代，人们部署了一系列大型主机来协调消息流。位于世界各地的电传打印机将信息输入系统，然后系统将订单发送回所有的电传打印机。它也是最早的在线系统之一。

因此，许多航空公司建立并继承了大量遗留 IT 系统来运营它们的业务也就不奇怪了。这些系统的功能包括航班调度、飞机维护、预订、机组调度、乘客登机以及所有其他关键领域。IT 部门通常也是围绕这些关键系统组织起来的。随着对新功能和服务的需求的增长，系统变得越来越复杂，团队也开始变得孤立。

在数字化时代，随着客户期望的提高，越来越多的系统需要进行协调以向客户提供所需的服务和体验。在前面提到的延误航班场景中，不同的系统，如航班运营、飞机航线、机场运营、机组调度、行李跟踪、客户服务、忠诚度，甚至酒店预订，必须协同工作，为乘客提供最佳解决方案。来自这些系统的实时信息将通过多种渠道（包括网络、信息、移动应用程序和电话）发送给机组人员和乘客，以减少乘客的焦虑，并帮助机组人员做好准备。让系统彼此集成既是技术挑战，也是人员或组织的挑战。

许多航空公司从这种以技术为导向的筒仓结构转向以业务能力为导向的协同。例如，围绕特定业务能力组建团队，以支持客户旅程的不同环节——预订、旅行准备、机场体验、登机、飞行体验、到达等。在旅程的任何特定环节，多个 IT 系统将共同为乘客提供价值和最佳体验。在业务方面，需要跨职能的技能来理解客户的价值和体验；在技术方面，需要跨系统的技能来交付技术解决方案。

尽管这并不能完全消除在不同时间围绕特定 IT 系统建立核心开发团队的需要，但是开发和集成这些系统的知识与技能在整个组织中传播得更广泛，而不是集中在一个地方。

在业务和 IT 之间建立协同只是第一步。如果就像杰克·韦尔奇说的那样，"每家企业都将变成软件公司"，那么最终不应该有 IT 部门。是的，在一家软件公司中，仍然有专门的团队维护诸如电子邮件系统、网络、笔记本电脑和移动电话管理等实用资产。但是，从事战略性数字资产开发的大多数技术团队，都应该嵌入对客户成效负责的跨职能团队中。可能不再把传统的 IT 部门称为"维修之家"。就像软件公司或原生数字化业务一样，信息技术就是业务，传统意义上的独立 IT 部门将不复存在。

16.4 不应该有两种速度

敏捷运动主要是由对文档驱动的重量级开发流程（称为瀑布式开发）感到失望的软件开发人员推动的。这是一个僵化、缓慢、经常是浪费的流程，市场和用户期望的变化速度比瀑布式开发的反应速度要快。敏捷方式正在寻找一种方法来替代当时的主流方法，常常被打上"极限"（这在当时并不奇怪，因为它的名字是极限编程（XP））、危险和不安全的标签。早期，敏捷方式的采用也主要是从拥有一定自主权的小型团队开始，或者是从传统流程较少的初创公司开始的。我们清晰地记得，在 21 世纪初，当在更大规模的团队和企业中倡导敏捷软件开发时，遇到过质疑和阻力。

大约在 2010 年初，随着来自瀑布流程的更多失败和来自敏捷方式的更多成功证据的积累，大型企业中的许多 IT 部门被迫采用更迭代、探索性和试验性的交付技术。尽管如此，仍然有各种各样的借口来解释为什么新技术不能应用于任务关键的核心遗留系统，对于这些系统，安全性、稳定性和准确性被认为更重要，甚至以速度和适应性为代价。面对这一难题，一些 IT 主管接受了"双速 IT"或"双模 IT"的概念，其中系统被归类为"记录系统"，它们存储权威数据并趋于缓慢地变化，而"差异化系统"与客户互动，并且往往会更快地进行更改。双速 IT 明确地将这些类型的系统分开，并围绕它们创建不同的管理流程。

尽管我们欢迎明确迎合不同类型系统的策略，但不同意使用风险规避方法来保持记录系统的现状。本质上，这是推迟施行更好的开发方法的一种方式，可以避免变化可能带来的破坏和痛苦。我们接受这样一个事实：在处理大型企业的重大变革时，在特定的时间和特定的情况下，这可能是一个必要的妥协。我们还认为，现在是时候抛开双速IT或双模IT概念，继续向前发展了。

大多数企业面临的突出问题是，在数字化世界中，系统之间的联系越来越紧密，而消费者希望随时随地与企业打交道。大多数前端"客户交互"软件都依赖于几个核心后端系统为客户提供端到端的价值。为了让消费者在手机上下单并在实体店里提货，需要更新移动应用程序以及电子商务、商店库存管理、预测与补货、客户服务和忠诚度系统。

将系统简单地划分为"慢"或"快"是错误的，并且在最坏的情况下会造成极大的破坏。在创造客户价值时，遗留系统可能具有非常重要的战略意义。我们看到许多组织使用"双速IT"作为借口，它们没有适当地修复其旧系统，而只是使用缓慢、难以变更的系统。但是，为了创造客户价值，需要创建或变更记录系统和差异化系统，而不仅仅是客户交互系统。双速组织最终只能以最慢的速度前进。大型机技术的发展速度可能赶不上移动应用程序的发展速度，但它仍然需要保持一个合理的速度。系统可以在一个组织内以不同的速度运行——这是合理的——但具有不同速度的部件之间的相互作用就像汽车变速器的齿轮：变速箱承受着适应不同速度的压力。IT系统也是相似的，如果速度过于不匹配，变速箱就会被烧坏。

不匹配的 IT 系统会导致业务灾难

在手机世界里，快速地向客户提供新产品的能力至关重要，如果发布了一款新手机——尤其是像苹果手机这样的流行款——销售商需要保证手机有库存，在网上做广告，并让消费者能够轻松地购买手机。客户的忠诚度很低，因此如果他们想要的手机没有了，就会找另一家企业购买。

一家拥有线上、实体店和 B2B 渠道的英国电话供应商希望改进其系统。一项耗资数千万英镑的多年项目被启动，使用双速战略取代该企业的大部分系统。它为前端开发了一个内容管理的动态系统，以快速地将新手机发布到网站上，但该组织并没有关注实体店、后端仓库和物流系统的更新速度。此外，为了降低成本，它将大部分系统的管理外包了出去。

不幸的是，这种战略导致了严重的业务问题。尽管这家供应商能够很快地把新手机发布到自己的网站上，却无法在实体店里买到。上传新的图片和内容到网上很快，但对实体店或后端系统提出"更改请求"需要 5 天时间。每一个更改请求都会提交给实际管理系统的外包公司。

该公司犯的主要错误是假设后端系统不需要很快地更改。新手机有了新的特性和功能，需要更改的不仅仅是网站。该公司将其系统水平分割而不是垂直分割成块，从而真正为客户提供价值。令人难以置信的是，公司领导者确信这只是网站（甚至不是商店系统！）需要快速更新。

5 天的延迟似乎不是什么大问题，但在手机销售的快节奏世界里，这是永恒的问题。手机销售的收入是非常高的，卖家必须在短短两到三天的时间内从手机发布中获取收益。为了解决这个问题，苹果公司定期设置新手机的特定区域发布和发布日期。新 iPhone 的发布日期提前一到两周并不少见。如果这家英国手机供应商不能及时更新其系统，客户就会在其他地方购买新的 iPhone。失去的收入将永远不会再回来——新 iPhone 发布是一年一次的活动，错过这部分收益是一个严重的问题。

随着时间的推移，该公司很明显遇到了大麻烦。利润率的下降、昂贵的零售场所、激烈的竞争以及新手机销售收入的减少，最终导致该公司破产。最终竞争对手以折扣价收购了它的数百家主要门店，数千人失业。如果该公司使用精益切片方法，询问"我们需要做什么才能将新手机送到客户手中？"并围绕快速交付端到端价值构建自己的系统，那么它可能今天仍然在运营。

我们相信这里存在一个常见的误解，即由于系统的年限或复杂性，遗留系统无法拥抱更短的交付周期。事实上，两者都不是决定因素。有很多很久以前编写的整洁代码可以被轻松地集成到敏捷开发流程中。正如第13章提及的，*Accelerate* 一书的作者发现，前置时间、部署频率、平均恢复时间、更改故障率这四个关键指标是预测 IT 性能的指标，而与技术平台无关。这是一个好消息：即使是遗留系统也可以可靠地、频繁地交付价值到生产环境。第14章表明，要使遗留系统现代化，以使它们成为现代数字平台的一部分，需要遵循一些模式来迭代地进行现代化，而无须通过耗费多年时间的爆炸式方法来重写整个系统。

双速 IT 或双模 IT 挣扎的另一方面原因是人才。如果正在处理 IT "慢"的部分，那么所有的持续交付和 DevOps 工具，以及支持 API 的架构和平台思维都是不可用的。一个雄心勃勃的技术专家几乎不会愿意做出任何可以容忍的折中，让自己陷入组织"又老又慢"的部分。不能学习和实践新技术、新技能，是数字化时代职业的"死亡判决"，因为在这个时代，一切都在快速变化。尽管组织中更快的部分释放出了激情和创造力，但对于困在旧的传统领域的人来说，士气将继续下降。

可以在短期内安排转型的顺序，更好地利用资源并改变容量，但这不应该把"双速"或"双模"思维变成一种长期战略。未来只有一种速度：快。

16.5 专注于团队建设

分工可以提高生产率。从亚当·斯密到亨利·福特，大量理论和案例研究都支持这一观点。工业化的整个历史，一直到大规模生产，都是一个专业化程度提高和劳动分工进一步深化的历史。

亚当·斯密参观了一家别针工厂，这家工厂雇用了 10 个人，每天共生产 4.8 万个别针。生产过程被分解成 18 个不同的步骤，包括包装这些别针。每个工人都专门从事一两个步骤。别针通过这些步骤，从一个工人传到另一个工人，直到成为成品。斯密说，如果这 10 个工人都自己完成所有步骤，那么每个人每天仅可以生产 10 或 20 个别针。通过专业化和分工，劳动生产率（每人每天的产出）至少可达原来的 240 倍。

从别针生产快速过渡到软件开发：如今我们将软件开发分成了不同的步骤，这些步骤由专门的角色执行——业务分析师、开发人员、测试人员、部署人员和维护人员（系统运维师）。

在 1974 年出版的《劳动与垄断资本》（Monthly Review Press）一书中，作者哈里·布雷弗曼（Harry Braverman）生动地描述了将编程活动与分析活动分开的经济原因：

> 计算机层次结构的上层由系统分析员和程序员占据。系统分析员是办公室里的工业工程师，他的工作是对办公室里的数据处理进行全面分析，并设计出满足处理要求的机器系统。程序员把这个系统转换成一组计算机指令。在早期计算机的安装过程中，程序员通常也是系统分析员，并将设计系统和编写系统这两种职能结合起来。但随着劳动分工的逐渐深入，这些职能被逐渐分离，很明显，大量的编程工作变成日常工作，可以被委托给更便宜的员工。到目前为止，"程序员"的称谓已经有些模糊：既可以指掌握系统基本原理的专业程序分析员，也可以指程序编码人员（把系统或子系统的现成指令机械地翻译成相应的代码）。后一项工作的培训不超过几个月，其技能在一到两年的时间内达到最佳水平。按照资本主义劳动分工的逻辑，大多数程序员已经沦落到了这一工作层次。

那还是计算机的早期阶段。从那时起，进一步的分工将测试、部署和系统运维划分为由专门角色执行的不同步骤。瀑布式项目管理方法与这种由经济原因驱动的劳动分工和专业化密切相关。工作工件（文档、代码、规范）在这些步骤中流动，从一个人传递到另一个人，从一个团队传递到另一个团队。然而，数字技术是一个高度复杂和快速变化的领域，它也是一个颠覆认知的过程，不能轻易地被分割成重复和单调的任务。

在工业专业化时代成长起来的大型组织中，许多人都在努力超越自己的部门、隔阂和眼前的任务来思考问题。我们中的许多人过于专注于完成手头上的不同任务，而没有从整体上考虑端到端的价值和目标。将软件产品开发（需要大量的认知工作）分成太多的"竖井式"步骤，会强化人们已习惯的狭隘视野，并降低系统思考的能力，而系统思考是创新的关键视角。

下面是 1999 年的一个简单故事：前面提到的第一个大型敏捷项目。团队从一开始就没有拥抱敏捷方式。在无奈地决定采用敏捷方式之前，该项目运行的是传统瀑布方法。许多需求文档已经产生，并被最终用于生成第一组高级用户故事。其中一个用户故事是打印出一张特定费用的发票。打印出来的发票被传给了另一个部门，只是为了手工输入到另一个系统进行进一步处理。软件开发人员和业务用户之间关于这个故事的价值的对话揭示了一个更好的解决方案：可以直接将信息以电子方式发送到其他系统，而根本不需要打印出来。如果不采用敏捷的工作方式，这个需求将通过大量的工作来实现，以创建一个漂亮的打印输出用于传递，这对于两个部门来说都是成功的，但是对于整体来说没有什么价值。

亚当·斯密本人也承认了过度专业化的危险，并意识到了过度专业化对生产率的好处。他在《国富论》一书中写道：

> 如果一个人的一生都花在做几件简单的事情上，而这些事情的效果也许总是一样的，或者几乎总是一样的，那么他就没有必要运用理解力或者锻炼创造力去寻找解决那

些从未发生过的难题的方法。他很自然地失去了这种努力的习惯，而且通常会变成一个极其愚蠢和无知的人。

在数字化时代，对现代知识工作者说同样的话有点极端。但其本质是一样的：如果过于专注于优化独立的任务，而没有端到端地思考整个问题，就失去了解决问题的能力和创造力。通过扩展视野、更好地了解整体以及其中各个部分之间的相互关系，可以有很多收获。敏捷运动和 DevOps 运动中的跨职能团队都是通过增加更多的端到端责任、更多的技能和知识，使团队重新具备这种广阔的视角的。

16.6 "T 型" 人才

DevOps 工程师无法回避这样一个问题：在敏捷团队中，是每个人都应该成为通才，能够做任何事情，还是仍然需要专业化的空间？尽管在可能的情况下我们总是倾向于多面手，但在跨职能团队中留给专家的空间还是很大的。例如，数据库管理员是一个高度专业化的角色。有许多技能和能力需要花费数年时间才能习得和掌握——数据库容量规划、数据库设计、安装和配置、数据迁移、性能监控、安全性、备份和数据恢复，以及 NoSQL 数据库、数据湖、流数据处理等新兴技术。根据工作量的不同，有时对于一个小型跨职能团队来说，拥有这样的专家作为全职成员是有意义的，其他时候，专家可以在小的功能团队甚至更大的产品团队之间共享。

也就是说，拥有多种技能的成员的生产力更高（使得更容易平衡团队工作），更有创造力，也更善于解决问题。对于其他一些常见角色（例如，分析师、程序员、测试人员和系统管理人员），我们也已经看到了模糊角色之间的界限所带来的好处。

每个角色都有自己的知识深度和特殊技能，只有拥有它们才能成为能够处理该领域最困难问题的专家。但也有足够的简单技能，可以通过一些培训和学习获得。掌握这些技能和知识，不仅使团队成员可以共享更广泛的普通任务集合，实现负载均衡和提高生产力，还可以使他们对整个问题空间有更全面的了解，可以提出更具创新性的解决方案。公平地说，不同的角色在同一个团队中一起工作，可以提高沟通和协调能力，减少移交和返工，使团队更具创新性。共享知识和技能集来在团队中培养更多的多面手人才，将进一步推动这一发展。团队可以将多面手发展到多远，取决于项目中每个角色所需的知识深度，以及团队成员在每个领域已经具备的技能水平。

重要的是要记住，在跨职能团队和敏捷团队中，不应该根据角色来组织工作，应该根据任务或流程进行动态组织，允许团队成员根据自己的技能，以最有效的方式将自己融入工作流中。最重要的是，工作是根据当时可用的最佳资源按适当的顺序完成的，而不是由谁来做什么。应根据进展和反馈定期进行审查和调整，例如，在迭代计划会议或每日站会期间。这是一种相当软性而动态的分工方式。随着时间的推移，更多的团队成员应该熟悉彼此的领域，并能够执行一系列更广泛的任务。

对于独立的技术人员，从个人发展和职业生涯的角度来看，专业化和通用化之间也存在着张力。一个经常被提及的比喻是"I型"人才与"T型"人才，由大卫·盖斯特（David Guest）于1991年提出。

在工业化时代，分工和专业化造就了越来越多的"I型"人才。也就是说，专业人士在花费数年时间钻研某一特定领域、围绕该领域磨炼自己的技能后，变得越来越深入，但范围越来越窄。随着技术变得越来越复杂，需要大量的学习和实践才能跟上最新的技术，更不用说扩展到其他领域或学科了。事实上，组织中有越来越多的"I型"人才。

"T型"人才在一个领域也有很深的专业知识，以"T"的垂直笔画为代表。而"T"的水平笔画代表广泛的跨学科知识和技能。越来越多的领导者意识到，"T型"人才更善于培养多样化的连接和对话的能力，从而将杰出的想法展现出来。"T型"人才在跨职能团队中起到关键作用。

许多"Ⅰ型"人才在同一个团队中处理同一个问题时，从一开始就不会自发地顺利协作。可能发生的情况是，每一个单独的学科代表都提出了自己的观点。如果没有跨学科的理解，这可能会成为谈判桌上就谁的观点获胜进行的谈判，最终得到的结果是所有观点的最小公分母。同理心，一种经常被低估的技能，可以在很大程度上缓解这个问题。我们发现，由于"T型"人才的跨学科以及广泛背景下的工作经验，他们往往更善解人意。

　　"T型"人才带来的另一个特点是，有无限的兴趣去了解其他的学科，并在可能的情况下进行实践。经过对许多领域的大量接触和实践后，这可能是赋予他们"T"的最重要原因。这也是"T型"人才带给跨职能团队的最大好处——学习彼此的学科的真正热情。

　　托马斯·爱迪生（Thomas Edison）是有史以来最著名的发明家之一。他对世界历史和英国文学非常感兴趣，并且特别喜欢莎士比亚，经常说："啊，莎士比亚。获得灵感的地方！"[注1] 他的观点是，综合阅读往往是最好的阅读，综合知识往往是最好的知识。到了20世纪20年代初，他越来越失望，因为向他申请工作的大学毕业生没有知识广度。为了更好地测试他们的思维模式，爱迪生针对申请的职位设计了150个笔试问题：有些问题特定于学科，而更多问题广泛且综合。

　　在某种程度上，20世纪的DevOps运动也呼应了托马斯·爱迪生在20世纪20年代表达的观点。

　　肯特·贝克（Kent Beck）进一步阐述了这一观点。"T型"人才是"综合专家"，是可以做很多事情并且真正擅长一件事的人。在数字化世界中，技术的变化如此之快，以致很难预测哪个领域更重要。还存在太多的相互关系，一个领域的专家也需要在几个相关领域有足够的能力来提高生产力。他提出了一个新的比喻，即画油画的人：

注 1：*Harvard Magazine*, April 1977.

- 在画布上画一笔。

- 颜料积累到一定程度，开始滴落。

- 一旦颜料开始滴落，就不知道会流多远。

- 不管怎样，总是顺着滴落的轨迹继续在画布上画。

这是一个培养更多的多面手而不仅仅是综合专家的模式。它还允许专业人士遵循自己的兴趣和好奇心，探索各种可能性，而不是局限于角色定义或规定的职业道路。

16.7 业务与 IT 之间的边界正在模糊化

我们一直在讨论业务和 IT 的一致性。在第一部分，我们重点介绍了向客户价值（最重要的指标）转变以及调整工作和组织架构以相互匹配的需求。在第二部分，我们介绍了一些阻碍这种协调一致的常见组织约束，还介绍了一些解决约束的模式。IT 部门的结构肯定会限制实现以客户价值为中心的精益切片方法。

建立涉及业务和 IT 的跨职能团队以实现客户成效定义的目标是有意义的。这些团队是根据所需的技能集围绕这些目标组建的。将这些团队视为未来 IT 和业务合并的主要组织架构，是否有些牵强？我们不这么认为。科技公司并没有单独的 IT 部门，但有管理硬件基础设施（如电话、网络、笔记本电脑）和实用软件系统（如电子邮件、视频会议、会计等）的团队。随着云计算和 SaaS 的兴起，将它们作为服务来出租、管理和维护，变得越来越便宜和容易。大多数 IT 部门将更专注于使企业具有竞争力并脱颖而出的战略性数字资产。

并不是所有的 IT 支出都由 IT 部门负责，甚至也不是由 IT 部门执行。在 IT 部门之外创建一个新的数字化部门也很常见。

在某些情况下，设立数字化部门是为了吸引人才，为新的数字化业务组建新的技术团队，而不受传统 IT 部门思维模式的影响。在其他情况下，创建它是为了带头进行数字化转型，最终实现整个 IT 部门的现代化。根据哈维·纳什（Harvey Nash）的调查，四分之一的组织（25%）现在雇用首席数字官（Chief Digital Officer，CDO）；2017 年这一比例为 25%，约是三年前的三倍（2016 年为 18%，2015 年为 17%，2014 年为 7%）。

数字化部门和 IT 部门、首席数字官和首席信息官之间有明显的重叠。有时会看到在这种环境中构建的职能和系统有重复，从而导致更多的碎片和不一致。这种分离只能是暂时的解决方案。在某些情况下，IT 部门可能会完全转型和现代化，能够交付"所有数字化的东西"。在其他情况下，IT 部门的范围和职责将缩小为仅关注基础架构和实用系统，而所有战略性技术资产将由企业通过"数字化"部门直接管理。

无论如何发展，我们都相信未来在数字化业务中，技术能力的组织将会有三种模式：

- 管理物理技术基础设施（电话、笔记本电脑）和实用系统（电子邮件、会计系统等）的团队。这将仍然是一个单独的集中部门。

- 团队构建和运行交付基础设施（作为产品）、数据基础设施和平台化思维上下文中的共享服务。这可能仍然是一个单独的集中的部门，与业务团队紧密合作。

- 构建和运行数字化产品的团队，将与由业务部门驱动的基于客户成效的团队融合。这些技术人员的长远发展，将得到学习与发展文化以及集中的学习与发展组织（而不是技术部门）的支持。

当谈到建立创新的数字化解决方案和不断向客户交付价值的能力时，业务和 IT 之间的边界开始变得模糊。当时机成熟时，将业务能力和技术能力整合到同一职能或部门中是有意义的。当技术就是业务时，大多数科技公司都是这么做的。

短期内，IT 部门的定义和工作范围、CIO 和 CDO 的职责与头衔，将在不同的组织内以不同方式继续发展，并且由特定的企业文化、环境和优先级所决定。

16.8 业务领导者将更多地参与技术决策

业务专家领导技术团队是有风险的。他们可能不仅影响要构建的特性和要关注的客户价值，还希望决定如何完成工作。

最常见的问题是缺乏对技术卓越的理解和对软件内部质量的认识。正如在第 11 章中提到的，当业务压力增加时，内部质量往往成为第一个受到损失的因素。这种情况经常发生，以致来自业务的强大影响力经常遭到技术团队的怀疑和担忧。这可能是缺乏沟通，或者技术人员缺乏沟通质量价值的能力造成的。但是，这也可能是由于业务领导者缺乏对这些技术原理的理解和认可。

通过采用精益切片方法和构建基于成效的跨职能团队，业务领导者和技术领导者共同负责整个团队的长期工作结果。无论是关于技术债的影响、质量，还是搭建平台的需要，业务领导者都不能忽视技术专家的建议。

我们已经看到，业务领导者对技术的理解"足够多"，而技术领导者对业务的理解"足够多"。如果将多面手的原则进一步推广，相信新一代的业务技术人员或技术业务人员将会出现，并成为这种现代数字业务的更好的领导者。

最后，我们对 CEO 有一些建议。无论是在旧世界还是在新的数字化世界，CEO 对 IT 部门的效率都有很大的影响。早在 1994 年，《麻省理工学院斯隆管理评论》（*MIT Sloan Management Review*）就对 CIO 如何增加价值、如何成为企业的战略合作伙伴、如何"创造竞争优势、实现业务转型"进行了深入研究。在向 CEO 提出建议时，该研究着重强调了以下几点：

1. 将 IT 和 CIO 定位为变革的推动者。

2. 专注于从 IT 中获得成效，而不是效率。

3. 将 IT 的业务价值制度化。

4. 建立一个包括 CIO 在内的执行团队。

5. 将 IT 和业务作为整体来管理，而不是将 IT 作为业务的附属部分进行管理。

三十年前是这样，今天依然如此。

在科技公司里，每个人都应该协同工作，以协作和迭代的方式解决问题。现代化的数字组织拥有跨职能团队，而不是职能简仓：来自业务利益相关者、营销、产品、运营、设计师和工程师的团队，所有人一起工作，专注于一个单一的市场目标或产品愿景。团队的目标是实现客户成效，而不是职能优化。多面手更善于将不同的想法和经验联系起来，从而使创新的解决方案浮出水面，并使跨职能团队更富有成效和协作能力。

整个技术组织将实现现代化，从后端到前端提供创新的数字解决方案。不再有双速 IT，而是应该只有一个快速 IT。数字化部门的建立往往只是转型过程的起点，这将导致 IT 部门和业务部门、技术人员和业务人员之间的边界变得模糊。最终，我们会看到一种既懂业务又懂技术的新型领导者的崛起。

16.9 关键点

本章要点：

- 技术领域不可能如此广泛，因此组织应该决定自己将创建哪些专业知识，最重要的是不在内部创建哪些专业知识。

- 使团队与客户成效一致，而不是与职能系统一致。

- 不应该有双速 IT。需要对整个 IT 组织进行转型，以实现快速运作。

- 对于基于客户成效的团队，业务和 IT 之间的界限将变得模糊。

- 业务领导者需要更好地理解技术。

两个锦囊：

- 融合业务和 IT：向业务战略添加反映 IT 部门未来期望状态的内容。

- 技术重构业务：确保 IT 部门的主要成员出席重要的业务会议。提供与业务战略相关的技术说明。

最后的反思：领导力的重要性

读完本书，你应该意识到，作为数字化转型的领导者，你的角色至关重要。

在数字化时代，企业面临着无数的挑战和机遇：初创企业带来的行业颠覆，大规模数字化平台的投资压力，持续演变的安全威胁，以及新兴技术的涌现。

在本书的前言中，我们提出了三个主要挑战：

- 显著提升的客户期望，企业如何持续响应客户变化。

- 在快速变化和充满不确定性的时代，企业如何频繁探寻新的竞争性优势。

- 大量涌现的新技术，企业如何洞察与投资技术以重构业务。

很明显，领导者从未像今天这样面临如此大的压力，应对这些新挑战需要一种新的领导方式，要求他们放弃自己对旧有成功的认知，而探索新的可能性。

在数字化转型这场变革中，领导力对组织尤为重要。在真正关注客户的同时，拆解遗留系统、改变传统思想与行为可能需要重新构建组织的文化、人才与技术。组织必须打破传统枷锁，清除组织内的障碍——比如激活僵化的中层管理层——以建立新的工作方式。这意味着要对任何事情保持谦逊，不断学习和持续改变。愿意接受新技术并把新技术融入日常工作中，将是提供工作环境并与客户互动的必要条件。

被"困"的中层管理者

中层管理者是员工和高层领导者之间的文化守护者或信息传递者。他们是转型的关键组成部分，有很大的影响力，能够支持或抑制变革运动。他们如果无法改变自己，那么也会阻止其他人的改变探索，我们需要不断地、有策略地推动，确保他们不会形成一个被"困"的中间群体。

被"困"并不意味着顽固、敌对或固执。相反，许多中层管理者之所以被"困"，是因为他们处于一种无利可图的状态，什么都不做比被动做出改变的结果要好。整体被"困"可能来自多个相互矛盾的要求：

夹在中间

高层领导者试图用大胆而有抱负的北极星指标来推动变革，员工积极参与一场声势浩大的变革运动，而日常工作还需要照常进行。这对中层管理者来说是非常痛苦的，变革的目标往往超出了当前实际情况；当无法完成高层领导者的目标，员工又会感到沮丧。高层领导者对工作的细节不是非常清楚，不确定其设定的"北极星"指标可能带来的后果，也不了解完成工作所需的解决方法，以及解决方法也会因变化而失效。简单来说，中层管理者不知道如何以新的方式运作以及采取何种具体举措。例如，一些领导者除了命令指挥的方式外不会采取其他方式领导他人。为了避免被发现，他们常常会制造一个变化的假象，让人觉得他们在做预期的事情，而实际上什么都没有改变。

害怕暴露自己技能过时

中层管理者是凭借在某一领域的专长晋升而来的，而新的方法与技术演进会使他们的技能过时。例如，具有开发人员背景但不懂持续交付的技术经理会发现带领现在的开发团队充满挑战。

度量的冲突

中层管理者面对着变革所要求的事务与绩效评估度量的事务之间的差距。高层领导者高呼变革，但继续要求采取旧的度量标准、举措与报告方式。这种变革与所度量内容之间的不一致，让中层管理者很难知道该转向哪条路。这会造成他们经常会压制想法、创新和变革建议，仅仅因为这些建议对短期绩效指标没有贡献，而且失败会给他们带来负面影响。一个简单的例子是，变革要求响应力、测试、学习以及试验，而度量标准仍参考里程碑、完成度、收入与投资回报率。

权利的守护

由于马斯洛的需求层次理论的核心是尊重需求，因此一些中层管理者陷入了守护模式。他们不对变革持开放态度，也不帮助团队建立新的技能，而是捍卫自己的权利，以留住所负责的员工或工作。通常，这种自己的价值受到质疑的感觉来自中层管理者的工作不再必要，或者他们的直接下属支持其他管理者。在一些组织中，管理者需要有一定数量的直接下属来保持他们的管理地位，他们会努力保持这个神奇的数字，而不管是否能得到更好的结果，使得这个陷阱变得更加分散。在"已知"范围内保持你在组织中的地位要比在不确定的时代容易得多。

中层管理者的僵化风险在于，通过信息解读来趋利避害。他们将通过淡化或降低高层领导者创造的动力来消除对变革的恐惧。不仅如此，他们还会夸大自己或团队对变革做出的贡献，使别人认为自己是在做正确的事情。最后，组织获得的是空洞的口号、外在的姿态，而没有做出多少改变。如果高层领导者没有注意并度量，他们最终会产生一种错误的成功感。

但并不意味着大规模组织变革或"掏空"中层管理者。中层管理者有很多遗留的知识，对在组织中执行变革有细致入微的理解，并且在一定程度上影响了企业在行业或领导力中的地位。应该优先考虑激活那些被"困"的员工，而这些员工构成了该组织过去成功的基础。

高层领导者应持续与中层管理者沟通，在变革中对他们进行指导，创造一种安全感（允许犯错的机制），使他们能够毫无畏惧地变革。不是所有人天生有领袖的气质和能力，这需要榜样与指导来提升，并且通过成功的定义与度量标准促进新的行为。在获得新能力与改变行为规范时，中层领导者与员工一样需要支持。不能简单地将变革推到他们身上，而是应该确保他们不会过度劳累，以至于被"困"在试图维持旧的绩效指标与接受新的工作方式的状态之中。明确哪些领域是组织想要马上进入的，哪些领域是组织想要探索的，哪些领域是组织暂时不参与的。对于当前的组织运营也是一样：哪些是想要立即放弃的，哪些是想要逐步淘汰的，哪些是需要保留的。

与此同时，高层领导者必须持续参与到变革中来，确保中层管理者对变革负责，即变革能够实现成效，引导他们确保新的工作方式被采用和遵循，而不仅仅是演戏。最后，需要的是中层管理者的透明与真实的反馈，使高层领导者能够实时做出正确的决策，产生最大的影响。

所有领导者都需要参与这次技术驱动的变革。授权只会导致一种执行的心态，而不是学习的心态。执行的心态往往导致基于确定性与脱节的度量标准过度投入资源。领导者处于最佳位置，可以帮助团队抵御过度投入，允许组织有时间来试验与学习正确决策的方法，根据数据获得知识，然后采取行动，并通过试验文化强调准确性而不是对未来的确定性。最终能够在自主与控制、学习与行动、小与大之间找到平衡。正如加里·哈默尔（Gary Hamel）的那句名言："现在，你的企业拥有 21 世纪基于互联网的业务流程，20 世纪中期的管理流程，这些管理流程又建立在 19 世纪的管理原则之上。"[注1] 这可能是当今许多组织的真实情况。我们需要领导者通过主导工作方式

注 1：Gary Hamel and Bill Green, *Future of Management* (HBR Press, 2007).

的重塑使得价值在组织的流动。这当然也包括改变领导者本身领导力的特质。

让我们进一步探讨这些概念。

推动技术转型

> 领导者能够以一种与业务产生共鸣的方式谈论技术，并以一种过去从未发生过的方式参与技术。
>
> ——斯图尔特·霍姆斯（Stewart Holmes），
> 时任巴克莱信用卡（Barclaycard）董事总经理

如第三部分所述，在数字化转型中，领导者别无选择，只能跨越技术与业务之间的界限。技术对运营模式、客户互动以及新产品的影响是如此之大，以至于任何人都无法置身事外。随着时间的推移，是否有能力采用新技术之间的差距越来越大，坚持传统思维方式的人则加速失去竞争力。

为了成功地推动变革，领导者必须同时具备业务与技术敏锐性，对技术有强烈的好奇心。需要采用并利用技术提供更多创新的客户体验、员工参与度，以及迅速将创意推向市场的方法。技术敏锐性意味着：

- 知道如何利用技术实现战略优势。

- 洞察技术趋势，了解与组织的成功最相关的技术趋势的组合。例如，增强现实、机器学习、平台和安全。

- 了解技术卓越、现代开发方法对高绩效技术团队的影响。

- 理解高效的技术团队是有竞争力的商业优势。

- 定位技术为一种差异化的能力，关注质量与成效，而不仅仅是成本。

- 利用技术创造新的机会。

- 吸引顶尖人才，以最佳的物质与技术环境进行人才竞争。

领导者需要拥有远见，这意味着保持参与，打破业务和技术之间的竖井，以通过转型用迭代和协作的方式解决问题，让大家拥有共同目标，协同工作。当变革的责任与义务被授权时，就到了数字化转型的关键拐点，转型的原始意图与转型的执行可能发生冲突。这个新的变革负责人将执行举措传递到下一层，而不是传递原始的意图度量标准。随着时间的推移，组织的转型、流程与结构都转变为度量具体执行中举措，而不是度量是否真的带来价值。

　　分享几个我们已经看到的例子，可能会更清楚地解释这个问题。在第一个例子中，一家企业希望将敏捷实践应用到大约 160 个交付团队中。敏捷采用关于价值的迭代交付以及支持团队一起跨职能协同工作，以便团队可以通过敏捷方法来改进并创建一种既符合组织目标又最适合其交付价值能力的工作方式。随着这一要求的逐步落实，成功的度量标准变成了"有多少团队经历过敏捷培训"。不管敏捷经验与能力如何，所有团队都被强行要求参与了为期一周的培训课程。当优秀的敏捷试点团队也被要求放下手头的工作，接受为期一周的培训时，情况变得很糟糕。该团队认为自己是一个高效的敏捷团队，"101"培训对自己来说是不必要的，而且事实上反而会打破他们高效的规范。但领导者的度量标准意味着所有的团队都要完成培训的举措。

　　在一个更常见的例子中，企业的目标是创建与业务目标相一致的自治小团队。企业进行了按照预定模式组建团队的转型计划，这个模式来自另一个组织，在这个组织中没有经过试验。不幸的是，这种设计成了成功的标准，所有中层管理者都被评估其根据预先确定的角色与技能组建团队的能力。很明显，中层管理者倾向于最大限度地扩展直接下属，并保持目前的工作正常进行。随着时间的推移，新的团队被组建起来，团队要么看起来没有什么不同，要么更糟，即交付了未曾参与的原有工作。不难想象，设计的实现看起来进展顺利，但是很少有团队能够满足自治的最初意图，毕竟团队根本没有参与原始设计，不了解原始意图。最终组织比以前有更多的依赖与移交，结果是工作流程与交付价值的时间增加而不是减少。

我们相信，未来的领导者能够理解技术在实现组织战略成效中的作用。他们能够协调技术与业务知识的相互关系，以释放业务潜力。转型成功要求领导者必须对转型流程负责，密切关注最初意图的度量标准，而不是转型"计划"的执行情况。

创造试验的文化

传统组织文化是建立在确定性与高效完成计划的基础之上的。要转变为对市场具有高响应力的组织，需要更具试验性的创新思维方式，而现有文化难以支持。外部变化很快，组织和领导者都需要习惯克服不确定性，处理没有先例的决策。鼓励员工创造性地思考和行动，去探索新的想法，快速验证想法，并扩大那些可行的想法，用短期的不确定性换取长期的确定性、更好的灵活性与决策制订。

领导者需要面对确定性文化与高响应力冲突的压力。支持创新试验性文化，确保它不是一种疯狂、高风险、不成熟、低质量的解决方案，而是一种收集知识的可靠方式。创新文化是针对不确定性降低风险并使决策更明确，只有在知道是正确的情况下，才能节省大量投资。

逆向思维：我们希望根据数据和知识采取行动，要加大投资的是已经验证起作用的举措，因此在加大投资之前需要探索好的想法。我们需要很多好的想法，激发组织中的每个人，让人人都具有试验的能力。组织的文化鼓励探索，对失败保持包容，根据结果而不是领导者的意见采取行动。对于领导者来说，组织需要提供工具、资源并允许人们进行试验。当数据要求改变时，必须保持谦逊。组织中的每个人都具有对学习的渴望，并坦然接受自己可能是错误的事实。

文化的转变始于第一部分中讨论的思维模式，如设定愿景锚点和"好"是什么样子的心智模型。除此之外，领导团队必须确保自己的行为与谈吐符合企业文化。以下是我们看到的一些支持行动的例子：

设置安全护栏

这意味着降低风险，并确保试验朝着组织试图实现的价值成效的方向进行。试验并不意味着无政府状态，也不意味着绝对自由地探索任何事情。你不希望组织充斥着随机的试验，每个人都以试验的名义来证明他们可以做任何他们想做的事。应该深刻理解什么是适当的试验，并要求试验的严谨性。例如，试验进行到了哪个阶段，看到了什么结果，什么时候该做决策。

平等地庆祝学习与胜利

这是一个小的心态转变，也是组织中"安全地失败"的真正含义。如果一个试验没有显示出好的结果，这不是坏消息，而是意味着避免在一些行不通的事情上进行大量投资。这也意味着我们已经学到了新的信息，会引出另一个试验，使我们走上一条通向以前没有考虑到的独特差异的道路。我们应该庆祝一下！例如，想象你作为一个CIO，每天花费大量时间处理资源问题与救火。交流在很大程度上都是负面的，并且其责任包括正常运行时间和错误率。如果没有文化变革和期望，CIO将很难去寻求学习与探索新事物。

确保每个人都能参与

拥有试验思维不应该是特别的人或创意者才能涉足的领域。每个人都应该在创新中持续构建自己的能力。当我们谈到稳定的团队时，意味着每个团队都需要能够识别工作的类别。处于探索或拓展阶段的团队需要能够采取相应的举措，获得试验与学习技能、协作工具、试验工具、数据收集与分析方法、可视化过程与结果。当然，还有安全性，即在业务不受影响的情况下进行安全的更改与验证。

问正确的问题

如果领导者在日常运营时，仍然在项目完成、时间安排、预算等方面提出问题，那么他站在讲台上展示的转型愿景是不管用的。一种新的工作方式需要领导者提出新的问题，这样他们才能收集到真正有价值的信息。例如，不要问"我们完成了吗？"

而是应该问"我们是否实现了预期的价值？"。对许多领导者来说，这很简单，只是他们不知道接下来该问什么，不知道在"新世界"中如何找到"正确"的信息。

领导者需要加强将举措与成效关联的能力，根据成效指标适时做出举措调整，而不是问什么时候能完成。领导者应该更多地讨论如何将举措设计成细粒度的块，以确保经常交付价值，并在适当的时候督促大家，而不是根据时间表询问计划执行情况。同样，领导者需要了解交付的客户价值与投资的关系，而不是谈论预算。另外，还要主动查看可视化墙上的信息和大型可见图表，而不是要求报告和季度回顾。通过这种方式，领导者可以获得更准确的信息、更频繁的更新，以及更容易地感知变化从而做出更好的决策的能力。

下面是一些示例问题：

- 我们的假设是什么？

- 我们如何验证？我们如何度量才能知道结果？

- 度量指标中最重要的是什么？

- 我们学到了什么？

- 我们可以做什么试验？

- 我们如何获得更多知识？

- 我们应该停止还是转向？

- 我们能做的最小的事情是什么？

- 我如何提供帮助？有哪些阻碍需要我解决？

自我试验——实践

同理心是掌握正确支持行为的一个触发器。亲自实践这些技巧能更好地建立同理心，并真正看到这样做的好处，需要身体力行这种文化才能改变思维方式。

拉姆·查兰（Ram Charan）在 *The Attacker's Advantage*（PublicAffairs）一书中引入了敏锐感知的概念，即观察周围环境

的能力，分析周围事物的趋势，寻找介入的机会。在 2013 年 11 月的《哈佛商业评论》中，他说道："如今，找到正确答案变得更困难了。这不仅是需要考虑更多的变量，在高度不确定因素导致目标不断变化的情况下，领导者需要做出主观判断。技术正不断消除行业边界，变化的步伐如此之快，以至于没等到事情稳定下来，通常的竞争分析就不奏效了。"

他提出了一个非常有价值的实践技巧：在任何员工会议开始时，都留出 10 分钟来了解与讨论外部环境中的异常情况。团队成员可以介绍当前趋势、对行业的影响或反思、最近的干扰因素，并追溯其源头。这样，团队可以适应市场变化，组织可以快速采取可能的防御措施或进攻行动。这种"实践"允许人们提出修改意见，增强了不确定的感觉。从这一点出发，关于可能发生的事情或采取的举措，领导者可以形成自己的假设，并与团队一起抓住机会，试验举措，响应市场的趋势。

需要注意的是：企业文化转变为响应不确定性、抓住机遇与赋能的文化时，必须明白，并不是所有人都愿意接受。有些人很快开始学习新的方法，他们将是开辟道路的先驱，并将创造早期的动力。针对这类人，如果你不履行变革的承诺，或者不清除他们前进道路上的障碍，他们还会有很大的风险回退。有些人对这种变革感到乐观与好奇，但不确定如何前进。针对这类人，关键是提供适当的指导，而又不妨碍他们通过自己的方式成长与学习。然后是悲观主义者，悲观对变革来说是抑制剂，如果不加以处理，他们就会变成针对变革的病毒。并不需要每个人的工作方式都是不确定的、快节奏的、需要试验的。无论是领导还是员工，有些人天生就不具备自主性与自由，不能为了一个共同的目标而协同工作。也许是时候把这些人换到不同的角色中去，为转型扫清道路。当这个时刻来临时，领导者必须做出果断的决定。不作为会把相信变革的人与乐观的人变成不相信变革的人与悲观的人。在这里要小心，有时悲观来自那些第一类开拓者，他们具有变革需要的知识与想法，因此不要急于消除悲观情绪而误伤开拓者。

领导者凭借直觉、激情与一点冲动，要去追求突破性的想法、新的市场机会，甚至是疯狂的想法。一定要在试验文化中去做，即通过试验、演进与扩展，把想法变为知识，确保始终致力于为真实的客户创造最高价值，然后让其他所有人也都这样做。

打造未来的工作方式

雅各布·摩根（Jacob Morgan）在他的 *The Future of Work*（Wiley）一书中，描述了影响工作方式变化的五大趋势：千禧一代的期望、社交媒体的影响、新兴技术涌现、全球化和移动性。这为前几章的讨论以及如何塑造领导者的新能力提供了一个很好的理解维度。

工作方式

工作将以不同的方式完成。通过更多的试验与学习来寻找机会或捍卫自己的立场，意味着需要把工作分成细粒度的块，需要数据与分析支持。团队使用这些数据做出改变方向或完全停止的决策。这些数据必须是可见的，并且是实时可用的。这些数据被汇总成可见的大型图表，这样领导者就可以探索或洞察，做出与客户成效度量直接相关的变革。

所有这些都意味着，组织需要为更频繁的变革做好充分准备，领导者需要站在最前沿。新技术、工具、软件、与客户的互动技术都将极大地影响工作方式。除此之外，不论新趋势如何，安全性等问题也必须摆在首位。在快速响应的口号下，组织工作节奏加快，工作变得更有活力，我们希望能够参加编程马拉松、试验、快速启动等活动。较细粒度的工作、新技术、频繁的变化都将挑战组织中现有的许多策略和流程，领导者需要引导与重构这些策略与流程。

工作环境

全球化与移动性意味着我们正在走向一个更加无国界的社会，这也包括组织内部的边界。在哪里完成工作也可能变得更复杂。无论是简单的职能部门之间的隔阂消除以形成跨职能团队，跨国界的工作分配，还是模糊组织间起点与终点的合作关系，工作流程管理都已经改变。

对于领导者而言，这增加了责任和角色管理的复杂性，增加了对部门间的协作、能力建设与组织架构设计的期望，并将对供应商与员工的传统合同管理施加压力。供应商合同也要与新工作方式保持一致，准备好应对变化，不受范围和罚款的约束，需要基于成效的协作，但是同时要确保组织的质量与标准受到保护。员工期望在工作时间与工作地点方面有更大的灵活性，同样希望在管理上更多地基于成效，而不是在办公室的时间。

在澳大利亚，对于正在经历数字化转型的组织来说，要了解实际工作环境，参观 REA 几乎成了必须做的事情。在大楼里，可以在"街道""社区"与"邻居"中找到团队，每个团队都有自己的自治空间。在办公空间鼓励协作与交流，但与远程团队的"永久在线"音视频交流是与众不同的。为了让远程团队成员感觉自己是团队的一部分，团队付出了很多努力，使远程团队几乎看起来就像坐在旁边一样。为了支持新工作方式与员工期望，需要完全重新构建工作环境。这是领导者应该深思熟虑的问题。

工作职责

最后，未来的工作是跨职能的，工作职责也需要重新塑造，如何建立最佳团队有了新的挑战。单一职能部门无法匹配客户成效所需的所有技能与知识，根据成效识别并整合团队对于市场适应性来说至关重要。

领导者就像早期管弦乐队中的指挥，他站在能听到所有乐队成员的地方，如果站在打击乐团旁边，就只能听到鼓声。领导者也应该以能够为整个组织做出决策的方式参与进来，如果看到的只是职能部门，那么决策的方式也只会基于职能部门本身。在管弦乐队中，第二小提琴手坐在能看到第一小提琴手的地方，这样他们就能交流与理解演奏的内容，而第一小提琴手则跟随指挥的演奏信号与节奏，甚至是演奏的风格进行演奏。在组织中，这些职责同样重要。那些需要一起工作或协同工作的人需要被安排在彼此的视线范围内，这样他们就可以根据组织、客户的信号进行微观规划与调整。

我们相信，随着人工智能与其他技术在效率上的提升与价值直接交织在一起，未来的工作将产生不固定的角色和结构，从而将人才的作用放大。团队将不受角色描述的约束，围绕一个明确的成效进行自组织，构建关注客户成功而不是年度绩效的学习环境。巴塔哥尼亚（Patagonia）是一家经营户外服装的企业，只雇用喜欢户外活动的人。这样，他们的员工与顾客之间才能有一种同理心的联系，还能对产品提供即时的反馈。该企业鼓励员工做真实的自己，包括促进环保活动。他们的员工与企业有着深厚的联系，每天早上起床时，都对企业的宗旨和方向有着清晰的认知。该企业的员工流动率低得惊人。你的"巴塔哥尼亚时刻"是什么时候？

推动这一切的领导者需要勇气，必须直面回退到职能模型的引力，避免做出仅仅验证当前组织架构和资金模型约束的决策。

新领导力特质

领导者成功地支持与示范正确行为将大大推动创造与维持变革的动力。领导者需要具备新的特质，这些特质将提供前进的动力，加强数字化转型的可持续性。强大的领导者理解这些新方式工作意味着什么。数字化领导者具有一种独特的品质，能让问题迎刃而解，他们有指导建立社区的天赋。下达"具有最小约束的命令"是一个军事概念，同样适用于数字化转型。变革的步伐太快，不能让团队不断地等待许可来采取举措。2018 年 9 月，iTWire 采访了 Business Agility Institute 的 Evan Leybourn 和 ThoughtWorks 转型领导者 Vered Netzer，他们对这一概念进行了深刻的讲解：

军队训练士兵针对任何情况做好准备，因此，当操作需求或紧急情况出现时，相信下属有能力弄清楚该如何做。在这一点上，设定好路线，说出目标，并让团队找出实现目标的方法。在军事行动中，形势变化得如此之快，没有必要制订详细计划，更没有A、B或C计划，现实也不是这样运作的。无论做什么计划都会与实际完全不同。数字化转型一直在教人们如何接受现实与快速适应。

领导者现在必须授权团队，教团队学会如何自己解决问题。领导者需要描述成效与达成成效所受的约束，而不是指示具体如何做，这些约束可能是时间、利润或其他指标。为团队赋予新的能力，让它知道如何解决问题，如何处理失败和从失败中吸取教训，并在约束下根据不同情况做出适当响应。

领导者需要强化以下能力，以使赋能团队与个人有能力发起变革：

- 愿景驱动。

- 社区文化建立（话题引导）。

- 两难选择。

- 服务型领导（聆听，服务，指导）。

- 赋能他人。

- 成效导向。

- 推动团队目标一致。

NBA传奇篮球教练格雷格·波波维奇（Gregg Popovich）在接受杰夫·麦克唐纳（Jeff McDonald）的采访时，谈到了建立一支能够脚踏实地、适应变化的伟大球队的理念。这与企业中领导力的不断变化非常相似，可以作为数字化领导力的类比。

波波维奇认为，管理一支表现出色的球队也需要不断地督促球队，这样才不会出现自满情绪。即使是表现优异的球队有时也是简单地按照节奏或仪式去做，会忽视目标或成效：

> 波波维奇：……尽管我们的核心球员已经在一起很久了，我们仍需要时不时地进行练习，在练习中着重练习一

下混战。我也需要实时提醒他们，控球时间太长了，移动太慢了，投篮准确性降低。

从优秀到卓越，波波维奇谈到了高效团队的无私精神，专注于成效而不是过程。当我们关注组织设计与领导力时，我们经常看到个人的结果胜过团队的结果。如果不尽全力寻找给客户提供的价值，那么结果通常会是"有争议的投篮"：

> 波波维奇：有很多不错的投篮，但如果可以将其变成一次出色的投篮，得分就会有突破。有争议的投篮真的很糟糕。几乎没有例外，全队命中的比例几乎下降了20%……需要时间来让每个人都参与进来，理解团队合作的好处。不仅要为自己，还要为队友。我想让最佳投篮发生，可能是我，可能是队友，也可能是我传球之后的下一次传球。当人们开始意识到这一点时，就会引起潮流，人们真正开始打篮球，而不是仅仅进行所谓的比赛。

企业的"有争议的投篮"包括不一致的 KPI、层次结构、孤立的职能结构与工作目标。结果，决策不是关于客户价值，而是关于数字和目标。遵循流程也是因为它们存在，而不是寻求持续的改进。

最后，波波维奇谈到了授权与领导者的作用。实际上就是让决策发生在最接近客户的人，也就是那些知道如何调整与立即做出响应的人身上。当领导者感到必须做出所有决策时，优秀的企业就会陷入停滞。20 世纪 80 年代管理学的自上而下的方法无法应对数字化时代所要求的及时性与准确性。

> 波波维奇：……这在很大程度上取决于球员的性格与竞争力，我常常会这么说，我不能替你们做每一个决定。我没有 14 次暂停。你们得聚在一起讨论。你们可能看到了我忽略的情况。你们需要交流，不停地交流，讨论球场上发生的事情。我认为沟通对他们很有帮助，这会让大家产生一种感觉，即他们实际上可以掌控一切。我认为有竞争能力的人不想被不断地命令去做别人想要他们做的事

情。当球员们聚在一起做事情的时候，会有一种很棒的感觉。我们需要采取措施来增强这些人的能力……

在暂停的时候，我会说："我没有什么可以帮你们的，你们想让我做什么？我们刚刚失误了六次。是你们拿着球，想让我做什么？自己想办法！"我会站起来走开。这是真的，我无能为力了。我可以说一些废话，假装是教练的责任，但这是他们的责任……你可以在比赛中暂停或者换人，在这里或那里插嘴，这可以帮助球队赢球。但他们必须负责，否则团队永远拿不到桂冠。

一个优秀的领导者需要设定方向，让约束变得透明可见，然后让工作中的人进行创新与调整，为客户创造价值。像篮球队的队员一样，他们的目标是成为伟大的球员，运用他们的技能和知识，领导者必须后退，否则就有妨碍敏捷性的风险。

认识到自己的领导风格与方法需要改进是很重要的，但不要失去信心，也不要把学习过程误认为是缺乏内在的领导能力。一位客户与我们分享了她对于类似经历的感想：

这种转变将带给领导者很多情感上的高潮和低谷——高潮来自在这样工作的团队中的兴奋和动力，意识到他们的努力将得到认可和回报，以及成功的经验，包括频繁地向客户交付价值；低谷来自你和你的团队将感受到的阻力（有意或系统的），以及通过挑战长期存在的结构信念和实践，而不断给个人领导力品牌带来的风险。

在数字化转型中，最关键的领导技能与许多领导者已经具备的领导技能是一致的——设定明确的愿景使命；让人们根据自己的技能与知识，自主决策完成使命；消除障碍（包括提供重要的试错空间）；让团队认识到成功并承担责任；表现出同理心；通过情商帮助人们踏上一段面对不确定的学习之旅。

为自己找一两个导师，最好是那些身居要职的人，他们可以为你和你的团队提供支持，帮助你们克服阻力——离山顶越近，就越困难/痛苦……

本章旨在阐明：对于数字化转型成功至关重要的是，领导者负责转型目标，而不是给出答案。转型的意义不在于终点，而在于保持不断变化的状态。要做到这一点，整个组织需要学会如何学习，如何反省，并在当下做出决定。领导者的角色是承担变革的愿景，并通过重新构思工作如何在组织中流动以及如何利用技术为客户创造新的价值来实现愿景。他们必须消除阻碍试验性文化的因素，这样创意才能得到验证，而中期的资金投入和工作人员的预留将推动成效的达成。

关键点

本章要点：

- 作为领导者，不要将变革的愿景沟通授权给别人；领导者的参与对变革的成功起着关键作用。

- 领导者需要与关键技术趋势保持同步，采用新技术为客户与组织交付价值。

- 数字化领导者必须学习新的领导特质，并懂得如何重塑整个组织的工作方式。

两个锦囊：

- 创造变革的原动力：领导团队定期讨论与沟通变革愿景、需求，以及对工作方式的期望。

- 发展数字化领导力：围绕数字领导者的新特质，各级领导者构建新的能力。

开始行动

"数字化转型"已经在业界被广泛提及,用来向企业内部发出变革信号。新的领导者就职或本年度业绩不佳时,企业通常会发出战斗口号:"我们必须快速地有所作为!"下一步通常是打电话给咨询公司,咨询公司会给出整体方案。这些建议不可避免地永远无法完成,或者不符合企业文化,或者全是战略,无法执行。

速度与响应力、客户共情、数字领导力以及技术的指数级增长等问题,使数字化转型成为一项重要的战略任务。

问题是,变革不仅仅来自战略、方法、流程调整,也不仅仅来自变革管理的宣传。真正有效和可持续的变革,来自各级员工的热情——对自己的工作和工作方式的激情,对事业的热情,追求成效以推动业务成功进展的热情。很难把一个传统组织的领导方式、组织架构、流程和思维拖入一个充满不确定性、步调迅速、以客户为中心的时代。事情必须改变,组织别无选择,必须处理以下问题:

技术重构业务

技术将作为业务的战略优势。

永不止步

自省、试验、增量、探索和学习是捕获适应性和响应力信号的新能力。

数据驱动决策

从数据中获得知识以驱动行动，而不考虑现有的盈利业务影响的勇气。

简化的商业模式

优化与调整业务来为客户创造价值，而不是维护组织架构和职能。

技术思维

能够响应变化、利用新兴技术、应对细粒度工作和更频繁变化的交付方法。

新的领导风格

让卓越的文化茁壮成长。

记住：没有一种银弹模式能够彻底改变企业，否则每个企业都将是一样的。组织必须学会如何学习，如何识别什么适合自己，以及如何规模化这些成果。希望本书已经提供了足够的工具、方法和策略，能帮助制订你的转型计划。但是，还是需要根据组织上下文去实现这个计划——这样做不是为了实现某个特定的技术或方法，而是真正转型为由客户成效驱动。摆脱预算和职位头衔；细粒化工作，经常学习；让人们聚焦明确的成效目标；根据客户所得来度量成功；持续关注进展。

数字化转型的 34 个锦囊

1. 通过聚焦客户，简化商业模式：讨论"简化的商业模式"涉及的五个领域，以及这些领域在组织内的现状。（第 1 章）

2. 倡导客户价值，构建业务战略：围绕客户价值并使用客户语言来构建业务战略。（第 1 章）

3. 通过客户共情，理解客户价值：描述价值对你的客户意味着什么。（第 2 章）

4. 围绕客户价值，定义业务成效：用客户的语言描述成效，用成效重写你的战略。使用明确的、唯一的度量标准来验证成效。（第 2 章）

5. 围绕业务成效，定义精益切片：选择一个可以暴露组织内核心约束的成效指标，将其作为转型的第一个精益切片。（第 3 章）

6. 根据精益切片，组建转型团队：可视化对数字化转型的假设，并利用这些假设来确定获得最多学习经验所需的跨职能团队。（第 3 章）

7. 构建度量标准，驱动落地举措：为"不确定"类别重新设计度量标准，并根据它们的先见性／后见性特性来指导举措，与"确定"类别的举措分开。（第 4 章）

8. 围绕交付价值，明确投资回报：关键项目持续展示成本与交付价值的关系图。（第 4 章）

9. 级联成效度量，对齐战略到举措：级联度量来决定实现成效所需的工作，建立并可视化这种从战略到"举措"的级联模式的心智模型。（第 5 章）

10. 梳理在途工作，对齐目标举措：评估正在进行的举措，看看哪些符合新的工作方式，并将有助于取得成效。把那些与第一个精益切片相关的人和工作分配到这个团队中。（第 5 章）

11. 设计愿景锚点：它是一张图片和一种语言，始终如一地描述和解释所期望的未来状态，为组织即将发生的变化创造一种回声，将转型的愿景与路线图紧密连接起来。（第 6 章）

12. 创建可视化系统：根据所列的关键元素确定空间和可视化方式，开始转型之旅。（第 6 章）

13. 创建权衡滑块，平衡"转型债务"：为数字化转型创建权衡滑块视图；经常回顾和讨论以达成共识；透明地管理妥协的债务与捷径。（第 7 章）

14. 识别文化阻碍，调整组织约束：识别文化约束，阐明文化演进方向。（第 7 章）

15. 纳入职能团队，共担数字化转型：使用双三角形模型或其他方法，确保职能部门是全面转型的一部分，并且正在自我转变，避免政策和流程的约束。（第 8 章）

16. 构建能力矩阵，识别能力差距：构建一个完整的、符合"期望"的包含交付客户价值所需的新工作和既有工作的待办事项列表。使用它来创建所需的技能图，并分析组织当前的技能差距。（第 8 章）

17. 数据驱动战略：重新思考数据战略，使用数据加速决策和推动数字化转型路线图，了解使用哪些杠杆和何时转向。（第 9 章）

18. 分类投资组合，平衡投资优先级：将投资组合 / 待办事项分为探索、利用和成熟三类。根据所掌握的知识来平衡投资和优先级，使工作日趋成功。（第 9 章）

19. 分享技术概念，建立技术思维：给企业领导者们设置关键技术概念的基线，并将其加入变革以及成功的愿景中。领导者和技术团队之间定期交流，以便直接帮助与支持新技术的采用。（第 10 章）

20. 发展技术人才，内建技术能力：通过能力提升和招聘来发展内部技术人才。倡导确保产出物质量的交付规则。（第 10 章）

21. 内建专业梯队，构建交付团队：避免向"简单的编码任务"混入太多初级技能员工（通常来自低成本的供应商）。（第 11 章）

22. 强化工程纪律，保持低技术债：最重要的是，给团队时间去做。促进业务部门与 IT 部门之间的协作，在交付的特性和内部质量之间保持良好平衡。(第 11 章)

23. 评估数字化人才水平，了解实际能力：有能够提供现代解决方案的一流团队吗？(第 12 章)

24. 识别核心领域，内建技术能力：要意识到，现在的技术领域非常广泛，一个组织几乎不可能覆盖所有领域，因此需要为专业领域寻找合作伙伴。(第 12 章)

25. 度量"四个关键指标"：度量前置时间、部署频率、平均恢复时间和更改故障率。对 IT 团队进行评估，观察度量指标和良好交付效能之间的相关性。(第 13 章)

26. 遵循持续交付的原则：将这些原则用作你的 IT 组织的试金石——业务是否可以没有瓶颈、高可靠地将更改部署到生产环境中？(第 13 章)

27. 检视平台化战略：基础设施平台、内部业务平台以及通过连接参与者的生态系统来创造价值的"平台业务"之间有明显的差别吗？底层平台战略是如何支撑更广泛的业务战略的？(第 14 章)

28. 明确平台客户：对于组织中的每一个平台（所有类型），是否清楚该平台的客户是谁？平台团队如何让客户满意？如果客户对服务不满意，还有其他选择吗？(第 14 章)

29. 梳理产品：在组织中寻找成功的产品。是什么让它们成功？是清晰的目标、品牌、优秀的产品负责人、优秀的团队，还是其他因素？(第 15 章)

30. 组建产品团队：选择一两个内部能力或服务，组建一支产品团队来管理该产品的开发。(第 15 章)

31. 融合业务和 IT：向业务战略添加反映 IT 部门未来期望状

态的内容。(第 16 章)

32. 技术重构业务：确保 IT 部门的主要成员出席重要的业务会议。提供与业务战略相关的技术说明。(第 16 章)

33. 创造变革的原动力：领导团队定期讨论与沟通变革愿景、需求，以及对工作方式的期望。(最后的反思：领导力的重要性)

34. 发展数字化领导力：围绕数字领导者的新特质，各级领导者构建新的能力。(最后的反思：领导力的重要性)

作者介绍

加里·奥布莱恩（Gary O'Brien） 从业超过 20 年，帮助管理人员、团队与个人采用和改进技术以建立更有能力应对不断增长的变化的人性化组织。他致力于帮助高管提高业务敏捷性和战略一致性，从而为客户提供价值。

郭晓（Xiao Guo） 是 ThoughtWorks 首席执行官。ThoughtWorks 是一家全球技术咨询公司，也是一个由激情四射、目标明确的个人组成的社区。他于 1999 年加入 ThoughtWorks，担任软件开发者，一直为组织提供咨询和交付服务，致力于使数字技术成为关键的竞争优势和业务转型的驱动力。自 2013 年起，他一直担任 ThoughtWorks 联席主席和首席执行官。

迈克·梅森（Mike Mason） 是 ThoughtWorks 全球技术负责人，他热衷于弥合技术与商业之间的鸿沟，帮助他人理解应用技术能为他们的企业带来什么。他专注于为 ThoughtWorks 及其客户提供技术战略、领导力和执行力，将工业和技术趋势带到现实的商业环境中。他还是 ThoughtWorks 技术雷达的撰稿人，出版过三本技术书籍。

封面介绍

封面插图由 Randy Comer 创作。

推荐阅读

EDGE：价值驱动的数字化转型

作者：Jim Highsmith 等 ISBN：978-7-111-66306-5 定价：79.00元

世界级敏捷大师、敏捷宣言签署者Jim Highsmith领衔撰写，Martin Fowler等大师倾力推荐，ThoughtWorks中国公司资深团队翻译

本书涵盖一整套简单、实用的指导原则，帮助企业厘清转型愿景、目标、投注与举措，实现数字化转型

数字化转型的道与术：以平台思维为核心支撑企业战略可持续发展

作者：钟华 编著 ISBN：978-7-111-66679-0 定价：89.00元

理论化、系统化地介绍数字化转型的思路与方法，以及产业互联网平台的建设思路，为各种业务模式的数字化转型提供了有价值的参考

本书提出数字化转型中平台思维的十大要素，详细披露了企业数字化转型的真实案例，生动展示了数字化转型过程中的实战经验